信仰の伝統

教会創立以前から文鮮明先生に侍って

金元弼

光言社

天曆二月十七日前一時三十分

祝、祝福家庭長兄

金元弼

天情奉身者 되소서

文鮮明

2010.2.17.

平壌時代からの代表的な食口と共に。中央が文鮮明先生、前列が筆者（1956 年、秘苑で）

（上）避難民のあふれる釜山で段ボール小屋を建てて伝道を始めた。後列中央が文鮮明先生、左端が筆者（1952年)。（下）1954年5月1日に創立された世界基督教統一神霊協会の最初の建物（ソウル・城東区）

改訂出版にあたって

――金元弼先生を偲んで

二〇一〇年四月七日、文鮮明先生がこよなく愛された金元弼先生が昇華されました。文先生は、「祝福家庭長兄　天情奉身者」の揮毫を贈られています。

金元弼《キムウォンピル》先生は、神様の啓示を受けて平壌《ピョンヤン》に来られた文先生と出会われて以来、厳しい迫害と苦難の道を、いつも文先生に身近に侍りながら歩んでこられました。平壌での迫害下で、あるいは韓国動乱時には命懸けで避難し、貧しい避難民生活から始められた文先生を、ひたすら慕い、侍ってこられた先生です。

そして一九六〇年、劉孝元《ユヒョウォン》先生、金榮輝《キムヨンヒ》先生と共に、最初の祝福を受けられました。正に祝福家庭の長兄であられます。

教会草創期の文先生の証し人として、金先生ほどふさわしい方は他にいないでしょう。文先生がどのような心情でみ旨の道を歩んでこられたのか、また人類をどれほど愛されたか、金先生ほどご存じの方はいないのではないかと思います。

金先生は、日本においても様々な機会に牧会、信仰指導をしてくださいました。神様に侍られる文先生を証《あか》されながら、また文先生のみ言を解説されながら、神様と真の父母様の愛について、み言の受け止め方について、あるいは信仰のあり方などについて、真心を込めて語ってくださいました。金先生のお話を聞いたことのある方は皆、その温かな笑顔と優しい言葉に、神様の深い愛と、文先生の愛の香りを感じたことでしょう。

金元弼先生が昇華された今、文先生と共に教会の草創期を開拓された先生の貴重な証言と、その奥深い信仰指導の言葉を後世に残さなければならないと、改めて痛感します。金先生から直接お話を伺うことのできなかった世代の人々も、本書を通じて相続していただきたいと思います。

二〇一一年五月

日本統一教会会長　梶栗玄太郎

まえがき

金元弼《キムウォンピル》先生は、私が最も尊敬する先輩の一人であり、『原理講論』の著者であられる劉孝元《ユヒョウォン》先生と並んで、最も大きな影響を与え続けていらっしゃる先輩であり、信仰上の先駆者であられます。今日、統一教会は世界の百三十カ国以上もの国に広がっていますが、わずか二、三人の時に、既に文鮮明《ムンソンミョン》先生と苦楽を共にされ、今日に至るまで、信仰の本流を歩んでこられました。

統一教会の本流、あるいは原点たる文先生、その人と生涯を知るのに、この先生以上に勝る方はいないと言っても過言ではありません。また、文先生が秘して語られない、その苦難と葛藤の世界、「神の解放と人類の解放」に向けて、全力投入、完全投入された一九六〇年以前の隠された歩み、それを知っていらっしゃる貴重な証し人です。

最初に日本と韓国でお会いして以来、非常に心引かれた先生です。なぜかと申しますと、聞かずして、言われずして、文先生の心情を分かられる方、言葉なくして、行いによってその愛と教訓を示される先生だからです。また、統一教会の「永遠の宝」とも言うべき、目に見えない「信仰の根」を、いつも無言で証し続けていらっしゃるからです。

金元弼先生は、その前半生において、文先生と共に韓国における伝統の確立の中心的役割をされ、その後半生においては、伝統の普及のために世界中を駆け巡られました。イギリスとアメリカ、そして今日、ドイツを中心とする全ヨーロッパの責任者として、メンバーの教育とさまざまな摂理に当たっていらっしゃいます。韓国の現会長であられる金榮輝《キムヨンヒ》先生共々、文先生の最も近い側近として、世界中から尊敬を集めていらっしゃる先生です。

ある時、私は金先生に質問したことがありました。「先生の、日々の信仰の心構えは何ですか」。すると、「それは感謝ということに尽きます」という答えが返ってきました。人間の生涯には、言い表すことのできない喜怒哀楽、栄枯盛衰があるものです。けれども、その間を一貫して、変わらざる一本の赤い糸を「感謝」と規定して歩まれる姿の中に、金先生の柔和な笑顔とともに、信仰の原則と伝統に対する厳しい探求心を思い起こされるのです。

私たちは普通、自分の次元から文先生を推し量るのですが、金先生は、神の心情から万年を見つめられるという、文先生の次元の違った深みと広さと高みを示されているのです。今日、「伝統の相続」ということを考えるとき、このような優れた先輩たちを通して証される天の父と文先生の世界が、余すところなく開陳されることを、読者の皆様と共に感謝する次第です。

この講話集がより多くの人々に読まれ、理解され、そしてそのように生きられることを念じつつ、ひと言ですが、拙《つたな》い序文の筆を置かせていただきます。

一九八七年八月

日本統一教会副会長　小山田秀生

目次

二、祝福の原点

三、理想的な出会い

※世界基督教統一神霊協会（統一教会）は二〇一五年に世界平和統一家庭連合に名称変更しています。

第一部

［証言］先生と歩んだ平壌・興南時代

一、平壌開拓の日々

先生との出会い

文鮮明《ムンソンミョン》先生が、ソウルから北韓の平壌《ピョンヤン》へ来られたのは、一九四六年六月六日でした。

私が先生に出会ったのは、その年の七月十七日でした。四六年というと、皆様も御存じのように、第二次大戦が終わった明くる年になります。

その当時、先生は二十六歳の若さでした。けれども私は、若いというような感じは全く受けませんでした。私は十八歳で、高等学校（平壌師範学校）を卒業して間もない時でした。私のおば（金仁珠《キムインヂュ》女史）は、その年の六月十一日に先生と出会ったのでした。

先生は、天宙復帰という、歴史的に特別な摂理のためにやって来られました。その時、先生はみ旨を慕って、お生まれになったばかりのお子様をソウルに残して平壌に来られたということを知っていた者は、一人もいませんでした。先生は食物を得るために田舎に行かれたのですが、その途中で、「北韓に行ってみ言を伝えなさい」という神様の指示を受けて、それに従ってその場からすぐ、困難に耐えながら三十八度線を越えて来られたのです。

私が先生に平壌で出会うようになったきっかけは、学校を出たあとの自分の将来について、おばに会って相談をした時に、文先生のことを話してくれたことからでした。おばは、私の将来のことよりも、先生について話してくれたのです。というのは、先生に出会うことによって、私の将来が運命づけられることが分かっていたからだと思います。先生は、私がお会いする約四十日前に、韓国の首都であるソウルから平壌（景昌里《キョンチャンリ》）に上がってこられたばかりでした。私のおばは、私よりも先に先生にお会いしていて、大きな恵みの中にあり、その時は、先生に関するお話がすべてでした。

おばは、大変熱心なキリスト教信者の家庭で育てられた人でした。教会へ行ってはいましたが、なかなか解決できないいろいろな問題を抱えていました。そんな時に、先生を通して、その問題についての非常に根底的、根本的な解決を得ました。それと同時に、霊界からの様々な啓示によって、無条件に先生を信じてきたのです。

おばは、「南から上がってきた若い先生がいますが、この先生は神霊と真理によって礼拝し、牧会をしています」と、しきりに私に話してくれました。私はその当時、キリスト教に身を置いていたのですが、まだキリスト教の教理がよく分からず、ただ生活をするだけであって、本当に真理に対して分かっていない、そういう幼い時でした。聖書を読んでも、聖書の内容が理解できず、またお祈りをしても、どんなお祈りをしたらいいのか、そういうことも分からず、ただ心の中でお祈りをするというような時でした。当時、私は、真理を求め、神を求めて、何年もの間、一人で求道生活をしていたのでした。

そこで、おばからそういうふうに聞かされて、直ちに先生の所を訪ねました。しかし、平壌には修行者がお祈りする、大成山《テーソン》という丘のような山があるのですが、そこに先生はお祈りに出掛けられていて、まだ帰ってはいらっしゃいませんでした。それで、その日は会うことはできませんでしたが、一週間後になって会うことができました。

神霊と真理に満ちた礼拝

先生がいらっしゃった教会は、今私たちが考える、こういう教会の建物ではなく、普通の家庭の家でした。その家には夫婦がいましたけれども、長年の間、霊的体験をして、真理を求めてやまない夫婦でした。信仰生活をしながら、別居し、夫婦の生活をしないで、再臨のメシヤを迎える準備をしていた家庭でした。また、親戚の人が二人一緒にいて、信仰の生活だけを中心とした家庭でした。

その家は小さくて、部屋が一つあり、キッチンがあります。キッチンといっても、皆様のお国（アメリカ）にある、そういうキッチンではありません。また、いすを置いて食事をするようにはなっていません。食事を作ったら、小さなドアから運んで、食事をするようになっています。寝室で食事をするということです。そして壁の向こうに、一つの小さな祈祷室がありました。庭があって、そこからも入れるようになっていました。先生は、この部屋にいらっしゃいました。韓国にはスチームがありませんでした。皆様も韓国へ行ってみて御存じでしょうが、全部オンドルのシステムになっています。しかし、この部屋は床式になっていて、冬でも火を入れることはできませんでした。そういうことを皆さんは、頭に入れて聞いてほしいのです。

先生がいらっしゃった教会の建物は、住宅街にあって、ずーっと家が並んでいました。皆様の家は、大きな声を出しても隣の部屋に声が伝わらないようになっていますが、そういう住宅街ですから、大きな声で歌ったりすると隣の家にも聞こえるくらいに隣接して建てられていました。

私が先生を、その家に訪ねた時の様子を話しましょう。その日は、平日でした。当時、「真理と神霊で礼拝する、南韓から来られた若い先生がいる」といううわさは、たちまちのうちに広まりました。真理を求めて霊能者、あるいは求道者が、しきりに先生を訪ねてくるという時でした。私は何も分からない幼い時でしたので、先生に何も聞けませんでした。質問することは全然ありませんし、言われることを聞くだけでした。それは、何も分かっていなかったので質問できなかったということです。

私が初めて先生にお会いした時から二週間、先生は、新約聖書のローマ書を教えてくださいました。暑い夏の七月でしたが、狭い教会に多くの人たちがいっぱい集まって、み言を聞いていました。先生の若い時の情熱はすこぶるすごく、講義が終わったあとなどは、韓国服は汗でぬれ、絞れるほどでした。当時の私は、本当に何も分からない、小さな末端の信徒としていたのです。最も幼い、年よりも幼く見られるほどでした。

私を見て先生が最初にお話をしてくださったひと言が、今でも忘れられません。先生は、「お前は、非常によく瞑想《めいそう》するだろう。しかし、瞑想するときは、中心を求めて瞑想するようにしなさい」と、ひと言話してくださいました。事実、私はたくさんのことを瞑想、あるいは考えたりしました。瞑想する時に、その中心性を求めていくということに気づいておらず、先生が教えてくださったことは、本当にそのとおりでした。全然気がつかないでいる私を、最初に行ったその時に、先生は御存じでいらっしゃったのです。「先生は、どのように私のことを分かって、話してくださったのだろうか」と思います。

火のようなみ言

先生はその当時、先生を訪ねてくる人々に、テーブルに着いて話してくださいました。そのみ言は、とても簡単明瞭でした。創造、堕落、復帰原理という筋で、ポイントを突いて、一、二時間で全部話してくださいました。

周りで一緒に聞いていた人たちは、先生の言われることに非常に感動して、よく頭に入れ、うなずきながら聞いていましたが、私はその人たちのようには、はっきりとは分かりません。感動できません。そこで、どうして私はそうならないのかと、先生のみ言を聞いて感動している隣の人に対して、非常にうらやましく思いながら、先生のみ言を聞いたことを記憶しています。私がキリスト教の教理が何も分からず、人生の問題に対する深刻な悩みを特別にもったことがなかったからかもしれません。

私はその当時、先生のお年を聞こうとも考えなかったのですが、お年が分かったのは、それから何年もたってからでした。私には、先生が若くは見えませんでした。先生は、この世の人とも思えない、本当に慈悲深い、そういう平和のお方であると思いました。心が先生にどんどん引かれていったのは、否定できません。私は先生に会って、非常に平和感を覚えました。先生のみ言の一つ一つを熱心に書きつけておいて、それを覚えるくらい、何度も繰り返して読みました。私の心から離れないのはただ一つ、先生が下さったそのみ言であり、町を歩いても、どこを歩いても頭から離れずに、いつもいつも思い浮かべていました。

先生の周りにいる食口《シック》たちは、年を取っている人や、若い人たちですが、私の目には、すべての人が神様のように、天使のように映りました。そこで、時間があれば教会を訪ね、「帰りなさい」と言われない限り、いつまでも教会の中にいました。もちろん、私に「帰りなさい」と言う人はいませんが、その当時は、午前零時から通行禁止（戒厳令）になっていたので、自分で時間を見て、帰らなければなりませんでした。食口たちと一緒に、先生のみ言を、通行禁止の時間になったことも忘れて聞いていた時には、そのまま教会に一緒に泊まりました。

食口たちは、本当に道を求めてきた人たちでしたので、通行禁止の時間が迫っても、なかなか教会を出ようとはしませんでした。

私がこのように、先生がされた最初の牧会のことを話しているのは、その時の先生の様子を、皆様にも共に想像してもらうためです。

皆さん、アメリカでは、男女が同じ部屋で話し、いろいろな人が寝泊まりしていても、何か言う人はいません。けれども、当時の韓国では、たとえクリスチャンであっても、男女が夜遅くまで同じ所で、長く話し、そこに寝泊まりするということは、本当に理解し難いことでした。アメリカでは、全部屋に壁と戸があって、隣の部屋に人がいても見ることはできませんが、韓国の家というのはそうなっていないので、人々がいるのを見ることができるのです。

先生は、み言を与えることによって人々の生命が復活するのを願う、その一念で、それを心掛けていらっしゃいますので、時間が遅くなっても、人がどう見るだろうかということを気にせずに、み言を下さいました。

先生は、み言を語るにしても、お祈りをするにしても、いつもいつも涙を流していらっしゃいました。今、先生は中年と言われる年齢を超えていらっしゃるのですが、私たちの前でみ言を、本当に大きな声で、熱心に語ってくださいます。二十六歳という若い時の先生が、小さな部屋で、どれくらい大きな声で熱心に語ってくださったか、想像するのは難しくないと思います。

先生はみ言を語り始めると、食口たちが用事があって立たない限り、いつまでも語り続けられるのです。また、先生がお話しされる時に、入神する人、予言する人、異言を語る人、その異言を通訳する人もいました。そのような雰囲気の中で、食口たちの大部分は火を受けるようになり、ある人は肩から火が入ってくるのを感じました。また、胸から火が入ってくるのを感じ、熱いながらも平和感を感じていました。

先生は、公席では、お話をたくさんしてくださいますが、私席においては、絶対にみ言を語られないのです。そして先生がみ言を語り始められると、神霊の役事が起こるのです。そうなると、声が大きくなり、その次には、体がじっとしていられないのです。過去には、神の心情を知らなかった人が、神の心情を体恤《たいじゅつ》するようになって、悔い改めながら泣き、泣いたあとは心からうれしくなって、喜んで歌ったり、踊ったりするので、礼拝は大騒ぎとなるのです。

なぜ大きな声で語られるのか

皆さん、み言を語られる時に、大きな声で語る理由を理解してほしいのです。

先生はなぜそんなにするのだろうか、と考えるかもしれません。み言を知らず、真理が分からずに死にかかっている、そういう人に真理を教えると、生き返って喜ぶ姿を見ることがあると思います。それと同じく、先生は人々が死の中にいるのを見ると、それを生かそうと深刻な心をもたれるのです。先生は、そのように考えてそうされるのではなく、直接それが見えるのです。そればかりではなく、霊的に見れば、サタンが傍らにいて連れていこうとする状態が見えるので、話をする時に、静かに語ることは難しかったと思います。そして先生がひとたび語り始められると、非常に細かく語られ、時間には注意を払っていらっしゃらなかったのです。ですから、十二時になるのも分からなかったのです。

それらの人の中には、家庭を守らなければならない人もいます。あるいは職業に就いていて、出社時間までに行かなければならない人もいます。学校に行かなければならない人もいます。しかし、み言は、非常に大きな恵みとなりますから、あすの時間や、これからの約束の時間を守らないで、み言を聞くようになったのです。

ある時、韓鶴子《ハンハクチャ》夫人が先生に、「お父様、食口たちはみ言が非常に長いと言っていますけれども、なるべく短くすることはできないでしょうか」と勧めたことがありました。その時に先生が夫人に、次のようにお答えになりました。「短くすればいいことは、私もよく知っています。でも、今、この話をしてあげたら、この人たちが生き返る、そういう人が見えるのです」と言われるのです。もし、それをやめたとするならば、そのままになり、生き返らせることはできないというのです。

み言は、人に生命力を与えるものです。短くしたら、別の人には良いのですけれども、こちらの人はよみがえらないのです。ですから、その人の問題を解決するばかりでなく、すべての人に解答を与えるために、仕方なく長く語らざるを得ないのです。この世の講義とは違うのです。知識を伝達するのと違い、生命をよみがえらせるために長くなる、ということをお話ししてくださったのです。先生と私たちと違うのは、死にかかっている姿や生き返る姿が、先生には目に見えるということです。

話をする時、重要な点は、大抵強調します。先生が大きな声でお話しされるのは、その人にとって非常に重要なことですから、真心を込めてあげようとすると、大きな声にならざるを得ないことが理解できるのです。愛する子供が泳げないのに、海の深い所へどんどんどんどんどん行ってしまうならば、皆さんは遠くにいる子供に、小さな声で「帰ってきなさい」と言いますか。大きな声で叫ぶでしょうか。帰ってきなさい。それと同じことです。

私たちの背後には、多くの善霊界と悪霊界があることを、忘れてはいけないと思います。私たちは、それがはっきり分からないのですが、先生には、それが全部見えるのです。そういうことで、その時は何も分からなかったけれども、今考えてみると、そういう事情であったのか、と分かるのです。それは、時間がたつのを忘れて、熱中してみ言を語ってくださったことから理解するようになりました。先生は本当に、さっきも話したように、み言を与える時に、いつもいつも汗を流し、涙で訴えてくださいました。

お祈りの時、あまりにも先生が涙を流され、食口たちが全員涙を流すのを見たときに、私は非常に苦しかったのです。なぜかといえば、そのように全員が涙でいっぱいなのに、私は涙が出なかったからです。お祈りの間は分からないのですが、お祈りが終わった時には、全員が涙をふくのです。私には涙がないから、それが大変恥ずかしかったのです。私だけが涙を流していないので、その人たちが私を見てどう思うかということを考えると、非常につらかったのです。そのくらいに、先生と食口たちがたくさん涙を流したということを、皆様に話したかったのです。

先生は、たとえ年を取った食口であっても、帰ろうとすると、それを決して喜ばれませんでした。「もっとここにいるように」と、いつもいつも言われるのです。また、先生は食口が見えないと、「来ないのだろうか」と非常に待ち遠しくしていらっしゃいました。

礼拝とその準備

先生が礼拝をどのようになさったか、その時の様子をお話ししたら、もっとよく分かるだろうと思いますので、そのことをお話ししましょう。

まず、先生は、牧会を通じて新しい生命を求めてきた人たちを、どのように復活、再生、よみがえらせるかということです。今死にかかっている患者を、これからどのように生かすかという深刻な立場に立って、取り組んでいらっしゃることが分かりました。それは、ちょうど死にかかっている人を、いかに生かすかというお医者さんのような、深刻な立場だと思えば、理解しやすいと思います。そういうことですので、先生は礼拝の前日は、一晩中休むことなく、礼拝に参加する人々のためにお祈りをされました。

み言を受ける人も、自己を分別して、先生のみ言がすぐに受け入れられるように準備をしました。先生が私たちにお話ししてくださったように、一時間のみ言を語るためには、その三倍のお祈りをしなければいけません。先生は、日曜日のみ言を語るのに、神様のためにずーっとその前日の夜を、お祈りで過ごされたのです。

亡くなった劉孝元《ユヒョウォン》協会長は、先生とは違って、常に準備して、全部原稿に書いてお話をする方でした。しかし、先生はいつも劉協会長に、「語る言葉の準備に、三倍のお祈りをしなさい」と語って、先生御自身のことをお話ししてくださいました。「食口のためにお祈りしなさい」と。

その当時、先生は一つの小さな部屋をもっていらっしゃいました。冬は、非常に寒い部屋でした。そういう所で先生はお祈りをされるのですけれども、そのころは、朝の十時に礼拝を始められました。先生は十時になると、先生の部屋、そこはお祈りの部屋を兼ねていましたが、そこから出てこられて、直接礼拝の司会をなさいました。

先生の部屋といっても、礼拝をする部屋のただ一つのふすまを開ければ、そこが先生のお部屋でした。先ほどお話ししたように、先生は死んだ人を生かすための手術をするドクターのような立場ですので、礼拝は非常に熱烈極まるものでした。先生は自ら賛美歌を歌われましたけれど、賛美歌を歌いながら、多くの涙を流されました。賛美歌を歌う時から、祈る時、そして説教する時にも、相当の涙を流されました。先生は、最初から最後まで礼拝を主管され、そこに集まっていた食口たちも、全員涙でいっぱいでした。

そういう礼拝の雰囲気に入ってくると、賛美歌を歌ううちに、あるいはお祈りしているうちに、たくさんの霊的現象が起こりました。もちろん霊能者が多いということもありますけれども、そうでない人も、そういう雰囲気に入ると、新しい霊的体験をしました。ある人が準備しないで参加したり、あるいは疑う心をもっていたりすると、霊能者が様々なかたちで働き掛けました。それゆえに、その当時、礼拝に参加する人たちは、お祈りの準備をしてやって来たのです。先生は、霊的な現象があっても、全然止められませんでした。けれども今は、それを全部止めていらっしゃいます。
ですから、私たちがベルベディアの礼拝に参加する時には、そういう準備をしなくても済むかもしれませんが、もし最初の時にそうであったならば、大変うるさいことがたくさん起こったと思います。礼拝に参加する時に、神が喜ばない心をもっていると、非常に怖いといった感じも受けました。

好奇心から、教会のことを調べたい、知りたい、尋ねたいということで、いろいろな人が礼拝の時に訪ねてきました。そういう時は、心霊が良い状態ではないのです。そういう人は、ほとんど礼拝のために準備をしていない人たちです。そうすると、今まで祈っていた霊能者の一人が、目も開けずに立ち上がって、その人の肩を強く打ちました。そういうことが起こってきます。そうすると、反対しようとしていたのに、すぐに涙を流しながら、自分の誤った心を悔い改めるという現象が起こりました。

そして、ある日曜日の朝のことです。いつも聖日礼拝の前日には、幾人かが来てお祈りをして、泊まっていました。ちょうど朝四時ごろに、その時は眠っていたのですが、ある霊能者が霊に導かれて教会へ入ってきました。寝ている所、真っ暗な所に入ってきて、「今このような時なのに、こんなに遅くまで眠っているのか」ということで、全員が起こされてお祈りをしたこともありました。

礼拝が十時からだとすると、礼拝に参加するために前日から、あるいはいくら遅くとも二時間前には教会に来て、お祈りして準備をするのが常識のようになっていました。幾人かではなく、全部の食口たちが前日に来るか、あるいは二時間前には来て、礼拝に臨みました。なぜならば、「み言、天の恵みを受け入れる心の準備をしていない」と霊能者に言われるし、打たれるので、誰が何と言おうとも、早く来るようになりました。

食口たちがお祈りをして十時になると、先生がその部屋から礼拝室に入ってきて、礼拝をされます。ですから、礼拝の時には、心の状態は非常に授受しやすい、そういう立場に立つので、その礼拝はスムーズに進み、大変熱気にあふれました。

礼拝参加者の心得

食口がほとんど準備していない、そういう中で先生がみ言を語ろうとすると、なかなか大変なのです。そういう時には、たくさんの中で誰か一人でも、よく準備していて基準のある人を見つけると、その人を中心としてみ言を語り始められます。その人と授受作用がなされると、必ずその授受作用は繁殖の現象を起こすので、それによってもう一人が繁殖されます。そして一人、また一人と繁殖されていき、全体が燃え上がるというものでした。

全然心が通じない、そういう環境の中で礼拝をされる時は、のどが渇いて、なかなか言葉がうまく出てこないということです。これは非常に原理的で、対象を求めて授受作用すると、それによって繁殖していくという原理が適用されるのです。

皆さんが競技を見ている時に、自分は感動しているけれども、声を出せなかったとします。しかし、一人が非常に感動して声を出すと、その声に合わせて授受して、その人が拍手すれば、こちらも拍手します。こうなると、全体が拍手をするようになるのです。これと同じことが言えます。私たちも、心情が通じないのにみ言を語ろうとする時、全体を見ていては、授受できる相対者をなかなか見つけられません。その先生の様子から、授受できる人を見つけて語り始めることが大事である、ということを学びました。

皆さんも、水を飲みたい人がいるとすると、その中でも水を本当に飲みたい人に先にあげるのと同じように、恵みを求める心がほかの人よりもっと強いとするならば、神は、そういう人を通じて行われるということを覚えてほしいのです。

朝早くから誰よりも先に来て、先生のみ言の恵みを求めて受け入れる準備をしている者がいるとすれば、その人は、み言の恵みを先に受けるようになるでしょう。

私がニューヨークにいた時に、先生は朝早く、聖日礼拝のみ言を語ってくださいました。そのみ言の中で、「一番前の座席を取ろうと思って、前日から来て待っていた十代の若者たちがいる」と話されました。先に来ないと、ほかの人に前の席を譲らざるを得ないのです。ですからその席を譲るまいと思って、いつも誰よりも先に来るのです。寒い時でも、とにかく朝早くから祈る人がいるということを、非常に喜んで話してくださいました。

探し求めていた真理を聞くことによって、生涯にない感激を受けたメンバーたちは、自分の家に帰ることを忘れて、いつもいつも教会から離れようとしませんでした。最初のメンバーたちは、真理を大変求めていた人たちであり、また神の啓示を受けて、約束されたメシヤを待っていた人たちでした。それだけに、先生のみ言を受けると、すぐ変わりました。ちょうど、のどが渇いていた羊のような立場であったからです。前にもお話ししたように、非常に感動した人は、教会から離れ難くなりました。そうすると、家庭からも、教会からもたくさんの迫害を受けるようになりました。

心の喜びを知った人は、自分の家や、今まで通っていた教会には、なかなかいられませんでした。そういう心情は、皆さんもよく体験していると思います。心から真理を求めていた人が真理を知るようになり、神のお告げを受けていても分からなかったのに、そこに神の啓示を知ったメシヤを迎えることができたのです。その喜びは、何ものにも換えることのできない、そういう貴いものであったがゆえに、一方で、たくさんの迫害を受けたのです。

先生は、ある期間を経過して、そういう食口たちに、「これからは家に帰り、そして教会に帰って、その中でこのみ言を伝えるように」と指導されました。ところが食口の心は、そうではありませんでした。それはちょうど、墓地に行くようにつらいことでした。

昔の教会に行ったら、前は非常に良かったのですが、今はそこにいることができないのです。それで先生の言うことを聞かずに、再び先生のところへどんどん来て、み言を聞こうとしました。そのように真理を慕って、恵みを慕ってきた人に、「お前、帰れ」と言うことはできませんから、先生はまたみ言をたくさん語ってあげました。

ある人は、「帰れ」と言われても帰らないのです。そういう体験をしたことがある人は、そういう心情によく共鳴するものがあると思います。

授受作用から見た喜びと失敗

ここで、皆様にお話ししたいことがあります。人は失敗するときに、二つのポイントがあります。人が失敗するのは、一番喜んでいる時です。次は一番苦しく、つらく、寂しい時です。一番つらく、悩んでいる時に失敗することは、よく理解できるでしょう。

しかし、人が喜んでいる時にどうして失敗するかということは、皆さんもなかなか理解できないと思います。それを、創造原理の授受作用の原理で説明します。

存在というものは、必ず主体と対象があって、それが良く授受作用することによって、初めて安定した状態を維持することができます。私が呼吸をして、息を吐き出し、吸い込む場合に、フーッというかたちでそれを表してみましょう。そうした場合に、喜ぶというのは、フーッと息を吹き出したのと同じで、それをずっとやり続けて喜んでみたら、息苦しさと同時に、必ずむなしさを感じます。そして、寂しさを感ずるのです。それと反対に、非常に寂しくて泣いたとしましょう。そうすると、泣いたあとは、何となく晴れ晴れしたような感じがするのです。これは、喜びの反対のことと考えてください。

必ず授受作用しなければいけないと言ったのですが、問題は授受作用をどのようにするかということです。喜びを感じているときには、この喜びが、神から私にもたらされる前に、神がサタンとの闘いを通じてどのように苦しまれたかを考え、そして今、その喜びを私たちにもたらしてくださっている、ということを考えてほしいのです。

私たちが先生からみ言を受けたとしましょう。そうしたら、その恵みを私たちに与えるために、先生は過去にどのような苦しみを通過してこられたのだろうかと、その先生の苦しみを先に考えてほしいのです。

喜びを得たとしたら、その喜びを得るまでの神の、主の、親の苦しみがあったことを、まず考えてほしいのです。そうすると、喜ぼうとする時に、この喜びを私に与えるために神が、主が、親が、そして我々の先祖たちが苦しんだのちに、このようになったのだと考えて、主体と対象の立場で、まず感謝しようとする心が出てくるのです。ですから、必ずこういう対象の立場を見つけて、喜ぶのです。

反対に、寂しい時にはどうしたらいいでしょうか。寂しいということを、一つの対象の立場、あるいはマイナスの立場として見てみましょう。その時には、プラスの立場を見つけなければいけません。人間は神の前、真の親の前では、愛する子供の立場です。その子供を苦しめて喜ぶ神もなければ親もないのに、なぜ愛する私たちにこういう苦しみを与えなければならないのだろうか、こういう寂しい境地に追い込まなければならないのだろうか、と考えてみるのです。それは、そういう蕩減の道を通じて、もっと大きな恵みを与えんとする神の愛があるからこそだ、ということを考えなければいけません。

寂しさや苦しさを感じるのは、蕩減しなければならない条件が、私たちに提示されたのです。神は、子供に、その蕩減を払わせなければならない条件があるのだから、仕方がないのです。

しかし、これを勝利したら、神は最も大きな愛を与えようとして待っていらっしゃるのです。そのような神を思うと、ただ一方的に私は死にたい、もう苦しくてたまらないという考えに走らないで、神はもっと大きな愛を私に与えようとしているのだ、という神の愛を感じて、私たちは、望み、希望をもつことができるようになるのです。

それゆえ、私の心がプラスの立場に立っているときには、早くマイナスの立場を考えなさい。マイナスの立場に立っているときには、早くプラスの立場を考えなさい。マイナスの立場に立っているときには、必ずプラスの道を見つけなさい。そうすることによって授受作用するのです。

今お話ししたようにするならば、喜びの中にあっても感謝しながら、神がこのようにして苦しまれたので、私に恵みや喜びが来たのだと考えるときには、喜んだのちに寂しいと感じることは、あり得ません。そして、いくら苦しいことがあっても、死にたいことがあっても、このような考えをもつとするならば、神の恵みを見つけることができます。授受作用できずに、喜んでばかりいたら、力を全部消耗するし、また悲しんでばかりいたら、悲しみで全部の力を消耗し、何もかもなくなってしまうのです。

世の中には、そういった例がたくさんあります。山登りは非常に困難が多いけれども、登ったときの喜びを考えながら登ります。そして下りるときには、注意深く登った心で下りるとするならば、失敗しないのです。そういう心をもたないで、そのまま下りていったら、失敗しやすいのです。転落することがあるのです。

お金がなかった者に、急に大きなお金ができると、それによって人は失敗しやすくなります。ですから、貧しい人がお金持ちになったときには、お金のない人のことを考えて、初めてそのお金を維持していくことができるのです。

皆さんが四十日の蕩減条件を立ててお祈りをしたとしましょう。四十日を勝利するのは非常に難しいのですが、勝利した時には大きな喜びを得るでしょう。その時に、失敗しやすいのです。喜びがもたらされる前の、四十日の苦しみの過程を考えないからです。それを考えながら喜びを享受するならば、絶対にそんなことは起こりません。

教会草創期のメンバーたちは、恵みに、真理に触れてよみがえった心持ちで、その喜びのままに、どうしようもなくて駆けつけてきたのです。そして伝道は、「統一原理」を語るというよりも、「メシヤが来ました」と言って伝道するのです。そういう喜びは、必ず心の中に秘めておかなければいけません。喜びを与えるために、今まで苦しまれた神を考えながら喜ばなければいけないのです。でないと、ややもすると、そういった失敗を起こすことがあるのです。

喜びにあふれていたから、先生の言うことを、よく受け止めて聞けなかったのです。それで、家庭や教会からたくさんの迫害を受けるようになったのです。そこでメンバーは、その蕩減を受けるのですが、その上、メンバーをリードしている先生がすべての蕩減を受けるようになったのです。分かりますね。

これから、皆さんに難しいことがあったり、あるいは喜ばしいことがあったりしたときには、いつも、授受作用の原理を頭に思い浮かべてほしいのです。私たちは喜ぶときには、躍り上がるように喜び、悲しいときには、人が見てすぐ分かるように表情に出しますが、先生をずっと見てまいりますと、先生はそういうことがあっても、なかなか表に表されません。

先生に良い報告をした人が、「こんなにいいことなのに、先生は喜ばれないのかなあ」と思ってしまうほど、本当に無感覚のような様子のときがいくらでもあります。

しかし、何日かあとになってみると、そのことを人の前でお話しされるのです。それを見て、「ああ、先生は、非常に喜んでいらっしゃったのだなあ」と分かるのです。反対に悲しいことがあっても、先生は全然それを表さないで黙っていらっしゃり、かえって喜ばしいことを話されるのです。

マイナスの心のときに、先生は意識的に、プラスの心に誘導しようとなさるのです。ですから先生は、それほど感激も見せず、またそんなに悲しい顔も見せられないのです。

それで、先生をいつも眺めていますと、何も語らず、古い苔《こけ》の生えた岩のような感じがします。先生は、本当にたくさんの事情を抱え、感情を抱えていらっしゃいますけれども、それを表されないので、非常に重く見えるのです。

霊界から導かれたおばあさん

先生に指示を求めて訪ねてくる人は、私たちにとって、学ぶべき内容をたくさんもっている人たちでした。

苦しんだ人には苦しむ人の事情が分かるように、この人たちが神の真の心情を求めて、どのくらい苦しい道を歩いたかは、そういう境地を通過してこそよく理解できるのです。そういう人たちの話を全部することはできませんが、何人かの人の話をして、どういう人であったかの一端を考えてみたいと思います。

七十歳近いおばあさんの霊能者がいました。その人は、韓国の土着宗教を熱心に信じていた、信仰深い人でした。七つ星（北斗七星）を信じ、それを神と信じていた人です。四十歳の時、その人に神が現れました。丘に上がって、丘から平壌市内を見せながら、「三角形になっていて屋根が鋭く、その上に十字架がかかっている所があるでしょう」と言われました。毎日曜日には鐘が鳴る、そういう所があるのですが、そのキリスト教会を訪ねなさいと教えてくださったのです。そして、「これからは私に従うのではなく、そこに従うようにしなさい」と教えてくださいました。彼女には、キリスト教とは何かが分からないので、屋根に十字架のある建物を訪ねなさいと教えてくださったのです。

ところが、教会に行って聖書を手にした時に、神のみ言が全然読めないので、大変困ってしまいました。その当時の韓国では、男の人には勉強させたのですが、女の人には学校にも行かせませんでした。それで彼女は字が分からず、み言を読めなくて非常に困っていた時、神は「それでは私が文字を教えてあげよう。そうすればあなたは聖書を読むことができるでしょう」と言って文字を教えてくださいました。そして神は、聖書の一ページを開くように示しました。すると白い髪の毛の人が現れて、彼女の手を文字一つ一つに当てながら、「この字は何という字だ、その次は何という字だ」という具合に教えてくださり、聖書が読めるようになったのです。

そういう霊能者を、周りの人たちは神のように考え、慕っていました。というのは、いろいろと困難なことがあって彼女を訪ねると、彼女は、その人たちに過去のこと、現在のこと、将来に起こることを話してくれたからです。病気になった時には、治してくれたり、難しい問題が起こっても、それに対してどうすればいいかを一つ一つ、絵を見るように教えてくれたりしたのです。

彼女は毎朝早く、高い山に登っていってお祈りをしていました。ある時には、何かに乗せられてそのまま体が浮いて、山の上に置かれたという体験もしました。また別の日に、お祈りのために山の中の林を歩いていると、とても古い木がありました。その木が彼女に話し掛けるのです。「おばあさん、おばあさん」と。それで振り返ってみると、古い木が呼んでいるのが分かったのです。その木は、「おばあさん、人が使うところで一番汚い所でもいいですから、私を使ってください」と頼むのです。一番大事にするタンスなどの材料に使うものもありますが、トイレのような汚い所に使われる木もあります。ですから木は、そういう所でも構わないので、人の近くで使われる、そういう所で使ってくださいというのです。

また、ある人は、四十日断食の、最後の祈りの時に、部屋の中に、白くてとてもおいしそうなパンがお皿に載せられているのを見つけました。ひもじいのですから、直ちに食べたい思いでいっぱいでした。けれども、「これはサタンが私を試験しているのだ」と考えて、すぐにそれを取って外に投げ捨てたというのです。

そういった信仰の篤実な人たちですけれども、先生のところに訪ねてくると、彼女たちにとって先生は孫のような年なのですが、先生に最も近い所に座りたがるし、先生の着物にでも触れたいという心持ちでした。

先生は、夢や幻を見たり、病気を治したり、心霊を透視するというようなことはされませんでした。ですから、平凡で、私たちと同じように感じられる時がたびたびありました。指導者然とした格好ではありませんでした。私たちと同じようだったのです。礼拝の司会をされる時も、説教をされる時にも、私たちと同様に座っていらっしゃいました。食事も同じようにされますから、全然気がつきませんでした。特別な座布団を敷かれるのでもありません。先生は自ら語られることはなかったのですが、信仰の篤い霊能者たちの侍り方を見て、先生がどのような方か、推し量ることができました。

その霊能者たちは、先生の説教を、小学生がその先生の話を聞くように、従順に聞いているのです。また、聖日礼拝が終わると昼食の時間となるので、たびたび礼拝のあとに食事を共にしました。食事にしても、全く同じ食事でした。平日でも、そういう人たちがいつもいつもいっぱい来ており、お話のあとに、お昼になれば教会で一緒に食事をするようになりました。

そこに集ってくる人は中流以上の人たちで、食物に関して少しも不自由を感じない、そういう生活をしている人でした。ですから、自分たちの家でする食事より、教会での食事は、非常に貧しいものでした。

そういう中で、食口の中には、胃腸が悪くて、食べ物がなかなか食べられない人がいました。その人は長年の間、治らない病気にかかっていました。それは、当時の韓国の社会では、医学が発達していなかったからです。先生は食べていた御飯を少し残して、その人にあげました。その人は、消化するのもなかなか難しい状態でしたが、先生を心から信じていましたから、その御飯を食べました。すると不思議なことに、長年胃腸病であったのが、食べた次の週には治ってしまったのです。このようなことが一人、二人と起こり、どんどん数が増えていきました。それでみな、先生が食事される時はいつも、「少し残して、私に下されば……」と願うようになったのです。そのため、その時から教会の食事は、「薬御飯」と言われるようになったのです。教会の食事は、特別なものではないのですが、自分たちの家の良い食事よりも、みな教会に来て食べることを願ったのです。

最初、霊能者たちは、先生がどんな方か気づかなかったのですが、徐々に霊界がいろいろなかたちでお告げをしてくるので、彼らは「このような所で先生を休ませるのは間違いである」と気がついたのです。そこで献金して、先生の部屋を直すことになりました。部屋を造ることはできないので、壁に新しい紙を張ることにしたのです。

韓国では、紙を張るときにはメリケン粉を煮て、のりを作っていました。婦人たちは長年の間、のりを作ってきた経験があるので、誰でものりを作ることができるのです。ところが、粉を混ぜてのりを作ったのですが、粘り気がありません。本当に不思議なことでした。そういうことはめったにないはずなのに、粘り気がないのです。

そこでまた、気がつきました。先生の価値が分かってからは、今まで家で使っていたものの使い掛けで作ったのでは、真心を込めて侍るということにはならないと。それで悔い改めて、新しい物を買い、それを入れて作ったのです。そうすると、全く同じ作り方なのに、今度は、大変粘り気のあるのりができたのです。

真心で指導される先生

先生はみ言を語られる時、冬には綿の入った韓国古来の衣服を着ていらっしゃいました。説教が終わる時には、その綿の服を絞れば汗が垂れてくるくらいに、汗を流してみ言を語られました。それゆえに、食口は毎週着物を洗い、そして作らなければなりませんでした。また韓国の着物は、洋服のようにただミシンに入れて回すのではなく、いちいち手縫いで作るのですが、そのあとに、布は布なりに、綿は綿なりに、初めて作るようにしなければなりませんでした。このメンバーたちは、長年神に侍り、イエス様に侍る生活をしていた人です。それゆえに、神からいろいろなかたちで、先生にどのように侍らなければならないかを教えてもらい、本当に真心を尽くしたのです。

私たちは気軽に握手することもできますが、当時は、霊能者であっても先生の着物に触れるのは難しいことでした。

先生は、何も語られないのです。もちろん、新しい食口が来た時には、み言を熱心に語られますが、個人的にはなかなか語ってくださいません。皆さんは、私は先生と近くにいるから、直接たくさんのみ言を頂くだろうと考えるかもしれませんが、そうではないのです。私が何も分からず、幼いからでありましょうけれども……。

先生は、礼拝が終わると、教会から離れた野外とか、学校の庭とか、そういう所をたびたび訪ねられました。その時に、「何か聞きたいことがあったら聞きなさい」と言われました。しかし、私は、先生の言われることを全部信じていましたし、理解できていましたから、何ら質問の余地はありませんでした。それで「ありません」と答えました。先生は、私が「何も分かっていません」と言ったら、もっと高い次元のみ言を語ってあげたいと思われただろうと思います。

しかし、受ける態勢にもなっていない幼い者と見えたからでしょう、先生は私に、「この教会は六千年前にはなかったし、六千年後にもない。そういう集団であるということだけ分かればいいですよ」とひと言だけ教えてくださいました。その時は、統一教会という名前もなく、集まりであり、群れであり、集団だと教えてくださったのです。今考えてみると、何を言っても私にはよく分からないから、ただ結論だけ教えてくださったのでした。

短いみ言ですが、深く考えてみればみるほど、六千年という有史以来なく、これからもない集団であるというみ言に、原理の結論を示していらっしゃるのです。私は、その本当の意味が分かりませんでした。

先生は礼拝が終わると、よく和動の時間をもってくださいました。当時の韓国の社会では、男女が同じ部屋で一緒に話し合うということは、非常にまれなことでした。女性は、男性の前を通るものではありませんでした。食事も、女性は他の所でしました。そこにキリスト教が入ってきて、そういうことは徐々になくなっていったのです。また、教会の建物自体も、そのようになっていきました。今は男女が一緒の座敷に座りますが、韓国のキリスト教会では、女性の席と男性の席が別々になっていました。そして、男性の説教者は、両側全部を見られるようになっていました。しかし、女性の方からは男の人たちが見えないような造りになっていたのです。

クリスチャンは礼拝が終わると、民謡（歌謡曲）はなかなか歌いません。賛美歌だけを歌うのです。しかし先生は和動する時に、食口たちの中で、民謡をよく歌ってくださいました。今から三十五、六年前（一九四六年ごろ）の話です。これは皆さんの国での三十五、六年前ではなく、韓国での話です。ですから韓国のキリスト教では、このように民謡を歌っても、罪のように考えたのです。革命だとしたら、これほどの革命はないと思います。先生のお心は、たとえどういう歌であっても、歌って愛する愛の対象が神であり、メシヤであるならば、どういう歌でも歌うことができるというお考えなのです。

赤い線でいっぱいの先生の聖書

先生はみ言を伝えるとき、聖書を通して「統一原理」を教えられました。そうして、神の願う人たちを集めました。これからの神の摂理の基盤をつくる時でしたから、先生は心と力、霊魂を投入してこの人たちに教えたのです。それは言うまでもなく、神の心情、神の伝統を相続させるという仕事であったと思います。『原理原本』というものはありませんでした。それは先生の（心の）中にあり、当時は聖書を「統一原理」で教えていたのです。先生の聖書を見ると、旧約聖書の創世記から新約聖書の黙示録に至るまで、赤い棒線が引かれているのです。そしてたくさんのことが書き込まれていました。その聖書には、涙が流れ、それが乾いた跡がたくさんありました。

先生は、再臨主は雲に乗って来るのではなく、イエス様が人の子として生まれたように、人の子として生まれるという原理だけを教えました。創造原理の内容と、この再臨論を話されたのです。

霊能者たちは、牧師から雲に乗って再臨すると教えられて信じているのですが、神は「絶対に雲に乗って来ない」と啓示するのです。イエス様が二千年前に一人の子として生まれたように、肉身をもって必ず来ると教えてくれたのでした。同時に、韓国に再臨すると教えられていました。当時、特に「平壌は第二のエルサレムになる」という啓示を受ける人がたくさんいました。

先生は、御自身で原理を書かれるということも、お話ししてくださいました。もちろん先生が書かれた原本がありますけれども、先生御自身が書かれると思います。今、私が話していることを、皆様もお話ししてください。私が統一教会の教会長の話をしたとしましょう。私にはそう見えて話したとしても、本人はそうではないこともあります。違う点があるのです。ですから結局、先生が直接お話しされたのが正しいということです。

どうしたら、レバレンド・ムーンを理解できますか。それは、私が話していくうちに気づかれると思います。私の話を聞きながら、私がどのようにして先生を本当に理解できたのかが分かると思います。

メシヤに対する信仰を百としてみれば、一の信仰をもってメシヤとして信ずるのも、それはメシヤを信ずることです。そして、どんどん高まっていくのです。ですから、「メシヤが分からない」最初の段階から、その次に「メシヤのようだ」、そして「メシヤに違いない」、「メシヤである」という段階をたどると思います。ですから、ある時にはそう信じながらも、「いや、そうではない」と思うこともあるのです。心の中でいつもアップダウン、アップダウンしながらも、辛抱して確立していくのです。一から二に上がるときにも、(一度)ダウンして、その次に二に上がるし、三に上がるときにも(一度)ダウンしてから三に上がる、このようにして上がっていくのです。

百まで上がるのに、非常に信仰心が篤くてアップダウンがない、というのではありません。信仰が弱いというのは、弱い時にアップダウンを見せる人が、弱いというのです。それをたまたま出している人を、信仰が良くないというのです。ところが、弱い時にこれをやらないで、アップダウンを止めておいていく人を、あの人は信仰が良いというのです。

私も、皆様の初期のころと全く同じだと思います。原理が本になっていたらいいのですが、あまりに感動して、恵みの中にいましたので、人々を伝道する時に結論だけを話しました。「再臨のメシヤが来ました」と。しかし、それに対して説明することができませんでした。説明して結論を出したら理解しやすかったと思うのですが、それが分からず、ただその結論だけが非常に大事ですから、それだけを先に出してしまったのです。そして、どうしてそうなのかと聞かれると、なかなか説明ができなくて、詰まってしまったのです。

街頭伝道ではなく、因縁伝道が主でした。自分の親、子供、一番尊敬する人を伝道したのです。

家庭と教会からの迫害

先生を訪ねてくる人々は、教会でも、家庭においても、また周りの人々からも、大変尊敬されていた人たちでした。ある人は、直接神の啓示を受けて先生のことが分かった人もあれば、先生のみ言を聞くことによって先生のことを本当に分かった人もいました。こうした人たちは、先生と生活をしているうちに、先生に対する信仰が、日がたつにつれて、どんどん深く強くなりました。

いくら啓示を受けるといっても、毎日受けるのではありません。また、疑いがないというのでもありませんでした。疑いがあるときには、他の人の啓示を通して刺激されます。ですから疑いがあれば、その人の行動の一つ一つがふさがれてしまうのを感じるのでした。また聖書を読んで、疑いをもっている、その自分の状態を見つけることもありました。疑いをもつと、再び啓示があります。

こうしたことの連続の中で、信仰は篤く、深くなり始めました。み言を聞いて、真理を通して先生のことをよく分かった人でも、時には人と話をしたあとに、自分の受けているみ言に対する疑いをもつことがあります。そういう時は、気落ちすることもありましたが、み言を聞けば復活し、先生に対する信仰は、一層深く、強くなるのです。

真理によって霊的価値をよく悟った人であっても、外部からいろいろな迫害を受けると、上がり下がりがあったのです。そういう連続の中でも、神が直接守ってくださるがゆえに、私たちの信仰は非常に燃え上がっていきました。恵みの中にいる時は良かったのですが、恵みを人に与える段階になると、人々は素直に受け入れてくれません。そういう時は、先生にお尋ねして、アドバイスを受けなければなりませんでした。

反対された理由の一つは、神の啓示の意味はよく分かっているのですが、霊能者たちは、聖書を通して十分説明できなかったからです。もう一つは、初期の人たちの伝道は、結果をまず先に立てて、特に「再臨主が来ています」というようなかたちで行ったのでした。それで、大変な迫害に遭ったのです。こうして伝道していた人たちは、非常に信仰が篤かったので、家庭においても、教会においても、他の人の模範となっていた人たちでした。この人たちがみ言の恵みにあずかると、元の教会にも、家にも帰らず、教会にとどまってみ言を聞き、信仰の交わりをもつ時間が多くなっていきました。

一つの例を挙げると、結婚して間もない家庭がありました。夫に対してよく世話をする、仲の良い夫婦でした。また、熱心なキリスト教の家庭でもありました。奥さんがみ言に接すると、夫の夕食の時間になっても、以前のようには準備ができませんでした。既成教会にいる時には本当によくやってくれたのに、うわさで若い先生が牧会をするという教会へ行くようになってからは、以前のようには良くしてくれなくなったと、夫は気がつきました。そして、なぜだろうと疑いをもたざるを得ませんでした。また教会へ行くという理由で、夫と共にする時間をどんどん断っていきます。

このことより、もっと理解できない一つの問題がありました。皆様は原理を聞いてよく理解していますから、その理由は何かということはよく御存じでしょう。彼女がみ言を受け入れて、先生がどれほどの方かを知り、そしてこの恵みの生活の中にあって、彼女自身に一つの大きな異変が起こっていました。今までは夫との関係は、この上ない幸せなものでした。けれども、夜になって夫と一緒に寝ていても、夫が近寄ってくると、蛇が近寄ってくるような嫌な感じがするというのです。誰が彼女に教えたのでもないのに、そのように感じられて仕方がないというのです。しかし、夫にはそれが理解できなかったのです。彼女も、なぜそんなに嫌になってくるのか理由が分かりませんでした。皆さんは、そのことが理解できますか。皆さんでしたら、なぜそうなるのか、その婦人や主人に説明ができるでしょうか。

一九四六年ころのことですので、先生以外は、誰もそれに対して説明してあげられる者はいませんでした。しかし、啓示を受ける人は、原理的な説明はつかないけれども、なぜそういうことが起こるのかという簡単な説明はできました。

若い夫婦だけに起こるのではなく、壮婦においても、たとえ六十以上のおじいさん、おばあさんであっても、こういうことは共通して起こりました。家でのこうした話は、夫婦間のことですから、誰かに言うこともできない難しい問題でした。韓国の四六年ころの社会では、そうしたことは言い出し難い問題でした。そこで、そうした婦人のだんなさんは、ほかのことで少し時間が遅れるとか、よくやってくれないということに対しては、まだ理解しようとするのですが、このことについては理解しにくかったのでした。

彼らから見れば、先生は若くて非常にハンサムですから、自分の奥さんが教会へ行くことによって、先生のほうをより愛しているからこういう態度を取るのではないかと、疑いを強くし始めたのです。そして、家庭での迫害が始まりました。「教会には、これから出ないようにしなさい」ということになったのです。しかし、奥さんは、いつもいつも主人と一緒にいるのでもないのですから、そう言われても時間の合間を利用して先生の所を訪ねました。苦しい中で、どのように信仰をもち続けていったらいいのか、アドバイスを受けざるを得ませんでした。また食口に会うことで大変力づけられ、慰められるので、迫害されればされるほど教会を訪ねていくのでした。

彼女たちの夫は、仕方なく奥さんの親を訪ねて、自分の妻に関する話を、すべて報告するのでした。韓国では、娘が他家へ嫁に行ってそこから追い出されると、再婚することは許されませんでした。そこで、その嫁入り先のだんなさんに、たとえ難しいことがあっても、我慢して幸せをつかむようにと教育していました。

大変仲の良かった夫婦なのに、娘が教会へ行くことによって、夫婦の仲が悪くなり、家庭が破壊状態になっているのを聞くと、お父さんは、そのだんなさんに加勢するのです。そして娘に、教会へ行くのをやめさせようとしたのでした。今まで娘に手を上げたこともない親でしたけれども、自分の娘に手を上げるようになりました。しかしながら、その娘を引き止めることはできませんでした。なぜならば、その娘は統一教会と出会うことで、この上もない神の恵みを得ていたからです。また、真理が分かったという確信をもっていたからでした。

お父さんは、教会の中心者である牧師を訪ねて、自分の娘のことを話さざるを得ませんでした。そうしたら、その牧師が若い先生を訪ねて、どれほど異端なのか、間違っているのかを目の前で証明して、娘さんを教会から離してくれるだろうと思ったからでした。ところが、牧師は、一人では先生と会って議論する自信がないと思ったのです。それで、平壌中のいろいろな教会の牧師と力を合わせて、先生を訪ねると決めたのでした。

皆様、一人の婦人の例を取り上げましたけれども、教会に来ていた他の食口たちが属している既成教会の牧師たちも、全く同じような立場に立っていました。

おじいさんが統一教会へ来ました。ところが、おばあさんとの間にさっきお話ししたようなことが起こったのでした。おばあさんは同じように疑ったのです。おじいさんのことを、どうしてそんなに疑うのか理由が分からないと考えると思います。先生は男であるから。そのおばあさんは、自分のおじいさんが教会に行くことによって変わったというのです。教会にはおばあさんも通っているし、中年の婦人もいます。おじいさんと同じような年のおばあさんもいるから、そうしたおばあさんと仲が良くなって、自分に近寄らなくなったと疑ったのでした。この家庭内で起きた疑いの話を聞いて、牧師は、「この教会は、大変間違った教会である」と決めつけたのでした。

こうした人たちは、反対する夫や妻の話を裏づけるかのように、夜遅く帰ったり、時には泊まりがけで通ったりしていました。礼拝は、男と女が一緒になって行い、時には踊る人もいます。牧師たちは、こういう姿を見て、これは間違っていると考え始めたのです。

聖主教と腹中教

先生が平壌に来られたとき、平壌には再臨の主を迎えるための準備をしていた集団が、既にその三、四十年前からありました。平壌は「東洋のエルサレム」と言われ、至る所に神から直接啓示を受けた人がいたのですが、その中に聖主教《ソンヂュ》というのがありました。金聖道《キムソンド》教主がつくった教団です。

その集団では、神が直接その集団の中心者である婦人に、いろいろと真理の啓示を与えていました。そこでは、人間の根本の罪は何であるか、また、どうしてイエス様は十字架につかれたのか、そのイエス様の十字架は既定事実であったのか、そうでなければ人間が不信した結果として生じたものであるかということです。また、メシヤは雲に乗って再臨するのか、普通の人の子として再臨してくるのかということに対しても、一つ一つ教えてくださいました。

その婦人は、何の教育も受けていない田舎の婦人でした。それゆえにその婦人は、神の啓示は受けるけれども、原理的になぜそうであるかということに対しては、全く分かっていなかったのです。その話は、キリスト教の信者においては受け入れ難い内容でした。しかしながら、いろいろとたくさんの奇跡を行っていましたので、その言葉を疑うことは難しかったのです。実際には、聖書的に証されていない内容のゆえに、大変な迫害を受けました。

先生が来られた平壌には、そういう流れをくんだ集団がありました。この集団では、「再臨の主は韓国の人としてこの国に来られる」と、啓示の内容を表明しました。

この集団の信者は全国から集まって、常に自分のすべての真心と財産を捧げ尽くし、その再臨の主を迎えるために具体的な準備をしていました。イエス様の時代には、人々がイエス様を信じられなくて、イエス様は馬小屋で生まれなければならず、ヨセフは誕生日が来ても何も祝わないし、村の友達がお祭りの時に良い着物を着ているのに、イエス様だけは着たいものも着られず、学校にも行けなかった恨みがあったというのです。イエス様が再び来られた時、そのようなことにならないように、イエス様が生まれる時から亡くなられるまでの家具やら衣類など、すべてを準備していました。それも東洋式と西洋式で、全部準備していました。聖主教の婦人の流れをくんだ中年の婦人が、この準備をしていました。

その許《ホ》ホビン女史にイエス様が現れて、「私があなたにお告げをする時には、ちょうど母親のおなかの中にいる子供が動くように、あなたのおなかにそういう兆候が現れる。そうしたら、私があなたに現れていろいろお告げをするでしょう」と言われました。それで「腹中教《ポクチュン》」という名前もあったのです。

ある時、イエス様が現れて、「自分がこの世にいた時、あれほど寂しい生活はなかった。食べたい物があっても食べられない、着たい物があっても着られない、学びたいけれども学校に行って学ぶこともできなかった」と寂しかった時のことを、直接彼女を通して話してくださったそうです。

この話をしてくださった時、彼女は、イエス様がお気の毒で、本当に泣かされて泣かされてならなかったのでした。そこでその集団では、その恨みを晴らしてさしあげなければいけない、再臨のメシヤを迎える時には、絶対に過去にあったようなことがあってはいけないということで、万全の準備をしたのです。再臨のメシヤを迎えることによって、そういったメシヤの恨みを晴らせるということです。そのため、準備をするのに、本当に心を尽くしたのです。

着物を作るにしても、準備する人は身を清め、そして着物を作る部屋を清め、物を買うにしても、絶対に誰も手をつけていない新しい布を買ってきたのです。物を買うにしても、値段をまけさせるということはしませんでした。その理由が分かりますか。

メシヤはこの上もない貴重なお方ですから、メシヤが着る着物を準備する人の心は、お金があれば金の着物を作りたいのが願いです。メシヤが着る着物ですから、高いということはあり得ないのです。メシヤの価値に比べたら、すべての物は、あまりにも、あまりにも、安いものであると考えたのです。高いからまけてもらうということは、心が許さなかったのです。そして着物を作り始めるにしても、その当時は機械がなかったので、全部手で縫ったのです。心を込めて針で縫ったのです。もし着物を作っているところに子供が入ってきて、作っている着物に触れでもしたら、また、やり直さなければなりませんでした。

ある時、その集団では、再臨のメシヤがかぶる韓国古来の帽子を作ることになりました。ところが、それは北の平壌にはありません。そこで南のソウルに行って、それを有名な人に作ってもらい、平壌まで運ばなければなりませんでした。汽車に乗って持ち運ばなければなりませんが、帽子を荷物の上に置くこともできないし、またほかのいろいろな所に置くこともできません。ですから頭の上に掲げて、持って来たのです。十時間以上もかかる汽車の道のりを、二人の人が支えて、そのようにして運んだことを見ても、どれほど心を込めて作り、準備していたかということが分かると思います。

また、食卓を準備する時には、メシヤをそこに迎えたのと同じ思いで準備し、食事をしました。ですから彼らは、常に霊的にもメシヤと共に生活をしたのです。特にこの人たちは、全国から集まって、祝祭日の日を共に過ごし、歌ったり、あるいは、恵みの中に踊ったりして喜びを分かち合っていました。ちょうど一九四六年ころに、神は霊能者を通して啓示し、牢屋の中で再臨の主を迎えるであろうと、常に教えてくださいました。

韓国には、「春香伝《チュンヒャンヂョン》」という李朝中期に作られた物語があります。その主人公と同じように、「お前は、牢屋の中で再臨の主を迎えるようになるだろう」と教えてもらいました。第二次世界大戦が終わった時のことです。またイエス様は、「お前たちの集団の幹部は、自分たちで集まろうとせずとも、全部が集まるようになることが起こるであろう。その時に、お前たちを迎えに行くだろう」とお告げをしました。彼らを迎えに来るというのですから、再臨のメシヤが迎えに来るに違いないと思っていました。

また、イエス様は、中年の婦人を指して、「来たるべき再臨の主の前において、お前がその花嫁になるだろう」と教えていました。

「春香伝」の内容というのは、妓生《キーセン》の娘、春香と両班《ヤンパン》の息子、李夢龍《イモンヨン》が約婚をするのですが、国の試験に合格すれば大きな職を与えられるという儒教の科挙制度の一つがあって、だんなさんは、そのために勉強をしに行くようになります。

そして春香は、主人が成功して帰るまで待つようになります。結局は、その主人は成功して帰るのですが、その間に、この地方の悪い長官（卞使道《ピョンサト》）が、春香に「妾《めかけ》になれ」と強いて言い寄りました。けれども、それを拒まれたので、長官は怒って、春香を殺そうとして牢屋にぶち込んだのです。

そういうところにたまたま、彼女の主人が科挙に合格して、ふるさとに帰ってくるのです。その主人はふるさとに帰る時に、王様から巡回、暗行御史《アメンオンサ》に任命されて地方を回り、悪い政治を行う人たちを治めるための密使のような使命をもっていたので、乞食の姿で現れました。そして、ちょうど自分のフィアンセが殺されようとする、その時に彼が現れます。乞食の姿で牢屋に行く場面があります。

「私は乞食になって、何も成功しないで帰ったのだ」と言った時、春香が言う有名な言葉があります。「あなたが乞食であるにしろ、乞食でないにしろ、あなたは、私のだんな様でございます。私の愛そのものです」と言って牢屋の中で別れるのです。そして死に直面した時に、この男が乞食の衣を脱いで、堂々と現れるのです。こうしてついに、その地方の悪い官吏を取り除いて、妻を救って、二人が再び会う場面があります。

それは、再臨のメシヤが王の王として来られるけれども、私たちのような俗人の立場で現れ、そして信仰者はイエス様の相対（新婦）になり、非常に多くのサタンの迫害の中で信仰を守りながらメシヤを迎える、というのと同じような内容です。「春香伝」のストーリーにあるように、再臨の主を牢屋で迎えるだろうと教わっていたのでした。

大同保安署へ連行される

先生が四六年に北に来られてから約四、五カ月たったころは、毎日のように礼拝や集会がもたれ、朝早くから夜遅くまで涙に満ち、霊的雰囲気が高まっていました。それで、静かではなかったのです。村の人たちは、この集団はどういう人たちが集まって、何をしているのだろうと、相当気をつけて見ていました。

先生は南から北に来られた時に、身分証明書も何も持っていらっしゃらなかったので、村の人たちは、李承《イスン》晩《マン》大統領が、外形は牧師というかたちで密使として送ってきたのだと疑いをもち、四六年八月十一日、先生は保安署（警察署）に連行されるようになりました。先生が連行された大同《テドン》署では、先ほどお話しした腹中教の幹部の人たちが、全員連行されていて、調査を受けているその時でした。その幹部たちは、神の啓示にあったように、全員が教会に集まっていて、その所へ警察の幹部がやって来て、その人たちを警察署に連行したのです。その時は、共産党が主権を握っていたのですが、「自分たちを迎える」というのですから、彼らは、再臨の主が来て自分たちを迎える、と解釈していました。ところが、共産党の官吏が彼らを迎えて、警察署に連行したのです。

（腹中教幹部拘禁事件）

その人たちがなぜ投獄されるようになったかというと、彼らは自分の家財を全部売って、ただひたすらにメシヤを迎え入れるためにすべてのものを準備したのです。ところが共産党は、それを逆にとらえて、集団の責任者が、何も分からない人をだまして財産を全部奪い取り、また信徒のお金をだまして全部自分のものにしたという口実をつけて、全員を投獄したのです。共産党は、地主や資本家が貧しい農民や労働者を搾取することに対して非常な敵意をもち、それでもって大衆を団結させるのです。ですから、宗教の宗主が何も分からない人たちをだましてお金を着服した、という理由で捕らえたのです。

彼らは、もう一つ大きな調査を受けました。

イエス様が腹中教の責任者に現れて啓示する時には、

おなかに子供がいて動くような、そういう兆候が必ずあるはずです。信徒はそれを信じていました。調査官は、いくら調べても着服した事実がないので、その口実を今度はそこへ向けて、「おなかを通じて神の啓示があるということを否定するならば、全員釈放してあげよう」という二者択一を迫ったのです。彼らは、長年の間そういうことを絶対的に信じていました。それを否定しなさいということですから、それは死ぬことと同じです。

そこで、女の人を連れ出して、戦争中に日本軍が韓国人を拷問したのと同じような形で、ひどい拷問を始めました。その女の人は白い着物を着ていましたけれども、その白い着物のすべてに穴がポンポンポンとあくほどに、あまりにも殴られたので、死んでしまうという悲惨なことが起こりました。そのように拷問をされながらも、絶対に信仰を曲げなかったのです。

先生は、腹中教の幹部たちが収監されていた部屋に入れられました。先生が入ると、その部屋にいた腹中教の幹部の一人（黄元信《ファンウォンシン》）は、誰なのか分からないけれども、先生に非常に心が引かれて、自分たちの集団の歴史のすべてと、自分の心のすべてを先生にお話ししました。先生は、幹部の人の話をずーっと聞かれて、非常に哀れみながら、その人になぜそういうことが啓示されたのかを原理的に教えてあげながら、「あなたは、まずそれを否定して出ていくようにしなさい」と教えました。そこで彼は、先生のみ言どおりに（腹中教を）否定して牢屋から出ていくことができました。しかし、牢屋にいる時の拷問があまりにも激しかったので、彼はのちに死んでしまいました。

先生は、腹中教の責任者である婦人（許《ホ》ホビン）に、何とかして手紙を渡して、彼女が出られるようにしなければなりませんでした。そこで、留置されている人には全員に弁当が与えられますが、その中の底のほうに小さなメモを入れました。もし、それが見つかれば大変なことです。先生御自身も、スパイの疑いをかけられて、そこに入っていて大変な拷問を受けられていた時でした。

では、そこには、どういうことが書かれてあったのでしょうか。その手紙には、まず「腹中教を否定して出ていきなさい」と書かれ、そして終わりに、「これを書いた人がどういう人であるか、神にお祈りしなさい」と書き加えられていました。

のちにそれが発見されて、先生は大変な拷問を受けました。その当時は、日本が韓国を植民地として支配していた時に韓国の人たちを治めていた、そのやり方で拷問したのです。耐え切れないほどの拷問を受けて、歯は折れ、たくさんの血を吐きました。約八十日から百日くらい拷問されたのちに無罪とされ、四六年十一月二十一日、牢屋から出るようになったのです。けれども先生は瀕死の状態で、たくさんの血を吐きました。そこで先生の周りに集まっていた食口たちは、死んでしまわれるのではないかと、心配してお世話しました。

結局、そのリーダーは、先生のメッセージのとおりにはしませんでした。そこでそのリーダーとメンバーは、六・二五の韓国動乱の真っ最中に、全員殺害されてしまいました。今まで長い間、直接の啓示によってすべてをなしていた彼女にとって、その啓示を否定することは、死ぬ以上に難しいことでした。しかし、牢屋の中で再臨の主を迎えるようになるだろうと啓示されたことを考え、また「手紙の主が誰であるかお祈りしなさい、書いた人が誰であるか神にお祈りしてみなさい」という、そのことを、その婦人が本当に思い浮かべたとするならば、今お話ししたような失敗はなかっただろうと思います。

結局は、全員強制労働所に送られて、二年後に動乱が起こり、全員虐殺されてしまったのです。

神の啓示のように、「あなたたちを迎え入れる人がいるでしょう」と言われたとおり、迎えたはずです。それは迎えることによって、次のみ言に合わせるためです。というのは、春香が自分の約束の人と牢屋で会えるようになるだろうと言われたように、その人たちを牢屋にぶち込む者がいなければならなかったのです。それによって「メシヤを迎え入れる」というみ言のとおり、約束のとおりにするためであったのです。

では、その婦人のリーダーが失敗した点とは何でしょうか。それは、弁当の中に入れたメモに「否定して出なさい」、「これを書いた人は誰か」と書かれていたことを神にお祈りしなかったことです。神に祈ることは、霊能者や指導者がつまずかないために、一番重要なことです。

謙遜に、素直な心で神にお祈りしたとすれば、神は必ず答えてくださったはずです。それは、乗り越えなければならない個人の責任分担です。これが非常に恐ろしいことなのです。神が何年も何年も教えてくださっても、それができないときには、全部が無になってしまうのです。

では、なぜ、その人がそれを乗り越えなければならなかったのでしょうか。なぜ神は、それを願ったのでしょうか。神の啓示があれば、誰でもついていくことができます。しかし、その最後のお祈りによって、今まで神が啓示したものは、神がお告げしたということではなく、自分で解決したという結果をもたらせたかったのです。

霊能者の入教と悩み

先生が直接街頭に出て伝道されたのではなく、先生に出会った人が伝道をして、連れて来ていました。その伝道も、その人たちはお祈りをして、神のただ一つの言葉を聞いただけで、神のお告げで入信するという状態でした。その人たちは既に、そういうお祈りの準備をしていたからです。ですから、心を決めるのが非常に早いのです。

しかし、神の啓示によって入信しても、難しい問題がありました。その人たちは家族をもち、また既成教会の中心者でした。それゆえに、神の啓示によって真理が分かって統一教会へ入ったけれども、家庭の反対、その次に教会からの反対を免れることができませんでした。家の中で、いてもいなくてもいい存在であればまだいいのですが、家の中心者になっていて、また尊敬されている人たちでした。また、教会のすべての人たちが、その人によって伝道され、育てられたのであり、彼らによって教会が建てられた、という人たちです。だからこそ、迫害が最も大きかったのです。

教会に入ると決めたのですが、迫害が大きかったので、どのようにこれを調和していくのか、縁を切るのか妥協するのか、という点で悩んだのです。それは私たちが最初にみ言に触れて決心した当時を考えてみれば、少しくらいは理解できると思います。皆さんは、今お話ししたような人たちとは事情が違い、家族の一員であり、また教会の中心者でもないのですから、その人たちとはやや事情を異にすると思います。

しかし、自分が今まで情を結んでいた友達と離れなければならなかったり、深く関係している学校を辞めたり、仕事を辞めなければならないこともあったりして、その人たちとは事情を異にしているものの、今まで情を結んでいたのにその縁を切るという点においては、全く同じ内容をもっていると思います。皆様がかつて学校をどうするかと悩んだことを考えれば、その人の事情が理解できると思います。親から離れるのか、友達から離れるのか、それとも学校を選ぶのか、仕事を選ぶのか、職を離れるのか、悩んだ過去があったと思います。

その人たちは、霊能者たちです。そういう人たちは、そのような悩みをどのように解決したらいいのか分からないときに、先生を訪ねるのです。先生は、いちいちテイク・ケア（牧会）しなければなりませんでした。その悩みは、その人にとっては非常に深刻なものです。

天の啓示は、いつもいつも、自分が困難な局面にいるときに教えられるものではありません。天の啓示は、そんなにいつもいつも与えられるものではありません。もしそのように啓示をすることができるならば、そもそも人間の堕落はあり得ないのです。ですから、そういう人が訪ねてきたときに、先生がもしそれをテイク・ケアしなければ、彼らは悩みのために、教会活動を長く続けることができなくなってしまいます。

よく話を聞かれる先生

私は、先生にお会いして以来、たくさんの霊能者たちがつまずくのを見ました。いろいろな所から霊能者が来たり、あるいは霊能者でなくても、新しい人たちが入ってきたりすると、先生は丁寧に迎え入れて、もてなされます。そして、その人の話を、全部聞いてあげられるのです。夜遅くなってもかまいません。全部御存じの話であっても、聞き入れてくださいます。また、その人たちが神の前に心を尽くした善の実績、功績を、先生は大事にしてあげました。たとえそういう実績をもっていない人であっても、先祖が尽くした実績、功績を認めてくださいました。それさえもない人でも、神が長年の間、その人を導くために尽くした神の心情がその人に残っている、そういう神の心情を受け入れてくださったのです。

こういう人たちが入ってくると、先生は必ずよくもてなし、お金がない人にはお金をあげ、着物がない人には着物をあげたりして助けてあげました。このように先生は、相手の人をよく理解してあげました。神がその人に対する以上に、先生は待遇してあげられました。

授受作用の原理によって、このようにしてあげると、逆に今度は、相手のほうが先生のことを分かってあげなければならない段階に入ります。しかし、このようにしてあげたにもかかわらず返さないときには、神はその人のすべての祝福を奪って取り出し、こちらのほうに全部あげるのです。つまり、自分の今までの功績を全部置いて、自分は空になって帰っていくことになるのです。ですから神が、ない者から奪い取って、持てる者にもっとあげるというのは、全部そこに起因するのです。

どういう人を通じて、神は私に啓示するか分からないのですから、霊能者がしくじり、つまずいたようなことが、私たちにないよう注意しなければいけないと思うのです。ですから皆さんも、霊能者が失敗したようなことにならないよう、幼い人の口から出る言葉であっても慎重に受け止め、先生のように、神が私に何か啓示をしているのではないかと、そのようなメンバーに対する謙虚な心が必要だと思います。

サウルとダビデのお話は分かりますか。第一代の王様であったサウルは、聖書を見ればよく分かりますが、サムエルによって油を注がれて王になった人でした。ところが彼は、神のお告げを守りませんでした。その時に、神の心はサウルからダビデに移りました。ダビデはサウルの部下として大変よく従い、忠義を尽くしていました。神の手が自分からダビデに移ったことがサウルには分かりました。そこでサウルは、何回もダビデを殺そうとしたのです。ダビデは逃げ出して、大きなほら穴の中に身を隠しました。サウルはもう主君ではなく、敵のようになりました。

ところが、サウルはそこまで追い掛けてきました。ちょうどその時、彼は足を覆うために、そのほら穴の中に入ったのです。ダビデはその時、刀でサウルの着物のすそを切り取りました。サウルはそれに気づきませんでした。サウルは立って、ほら穴を去り、道を進みました。

ダビデもほら穴を出て、サウルの後ろから呼ばわって、「なぜ追い掛けてきて殺そうとするのか」と、サウルの上着のすそを見せます。そこでサウルは、非常に深い悔い改めの心をもちました。なぜならば、「私を殺すいい機会であったのに、お前はなぜ殺さなかったのか、お前を殺そうとする私をなぜ殺さなかったのか」と思ったのです。ダビデは、「神が油を注いだその方を、どうして私が殺すことができるでしょうか」と答えました。

私たちも、神が祝福された人を大事にする、そういう心掛けが必要です。ですから、足らない私たちですけれども、非常に大切にしてくださる先生の心掛けが分かると思います。だからこそ、そのようなお方がいらっしゃるならば、すべての人は、いつまでもいつまでも、そういう人のところにいたいと思うのです。その人の主管を受けたいと思うのです。

皆さんは、主管されるのは嫌だという考えをもっているかもしれませんが、自分のために本当に尽くしてくれた人には、主管されたいのが人間の本性です。そういう人に主管されることを願うのです。絶対的に主管されればされるほど、自分は平和になり、また幸せになるからです。今までは、そういう人がいなかったために、主管されるのが嫌だったのです。

先生は、御自分だけが語られるのではなく、常にメンバーたちの証しをお聞きになりました。二十人の証しを聞いたなら、たくさん学ぶことができます。先生は、結論を出されません。メンバーたちの証しによって、結論を出させるのです。先生が「原理」を語られますと、それを聞いた人は、み言が正しいということを、自分の霊体験を通じて、霊界を通じて、証しを通じて裏づけられるのです。ですから、証しをする人たちは、ちょうど「原理」を証明するような役割をしていました。

自分のこととして話を聞く

霊能者に啓示があった時には、自分にはなかったとしても、そういう人たちの啓示を自分に与えられたものとして受け入れてくださるようにお願いいたします。それが知恵のある人なのです。

皆さんは、いろいろな先輩たちや、諸先生方の証しを聞いていると思います。その人たちが、二時間にわたって証しをしているとすれば、今まで三十年、四十年、五十年の生涯をかけて積み上げてきたものを、たった二時間でお話ししているのです。それを聞くことによって、その人を通じて神がどのように苦労なさったのか、どのように導いてくださったのかを知り、その神を私の神として受け入れることは、非常に大事なことだと思います。

その人の幼い時から今までの話を聞きますと、自分がその人と共に生まれて、一緒に育ってきたような、そのような親近感を感じるようになるのです。

ここに一人の人がいるとしましょう。今までは何も分からなかったので、この人は普通の人だと思っていたのに、話を聞いてみれば、お父さんが王様であることが分かったとしましょう。そうしたら、それからあとは、この人に対する態度がどんなにか変わっていくことでしょう。

キッチンで働いている人がいるとしましょう。この人は、かつて死にかかっている人を救うために、自分のすべてを投入して助けた経験をもっている人だとしましょう。そうしたら、皆さんは、どんなふうに考えるようになりますか。それと同じように、人を知るということは大事なのです。そうすれば、兄弟を大事にするという考えが出てくるのです。

最も大事なものは、心の中にすべてあるのです。目に見えるものだけを見て知ろうとするだけでは、その人の価値がよく分かりません。秘められているものを知ることによって、初めてその人の価値をはっきりと知るようになるのです。ですから、いろいろと聞くお話は、その人のこととしてではなく、自分のこととして受け取るようにしてほしいのです。そういう人は、啓示を受ける人よりも、もっと大事なことができるのです。

イエス様が亡くなって、復活して弟子たちの前に現れた時に、イエス様は生きていないと考える人と、生きているという人がいました。疑った人の代表は、トマスでした。それでイエス様が「それでは、私の傷あとに手を当ててごらんなさい」と言われたのです。このようにしてみますと、直接啓示を受ける人は、実際に見て信じる者と同じです。人の話を聞いて信じる人は、見ないで信じる人と同じなのです。啓示を受けて信じた人と啓示を受けないで他人の話を自分に告げられたものとして聞いた人と、神はどちらを、より信仰ある者と見るでしょうか。分かりますね。

霊能者とキリスト教信者

先生は体が回復すると、すぐに前と同じく朝早くからみ言を語られ、夜遅くまで語り続けられました。今までずーっと見てまいりますと、先生がいらっしゃる所には、常に大勢の食口たちが集まっているのです。それゆえに、先生お一人の時間というものは全くありません。リーダーになると、自分一人の時間が欲しくなる時がよくあると思います。しかし、先生にはそれがありませんでした。先生の生活は、今でもそうですが、ちょうどガラスの部屋の中で生活していらっしゃると考えれば、大変分かりやすいと思います。

一方、私たちは壁を作って、その中で誰からも見られない、自分だけの時間をもちたいと思い、そういう環境が欲しいと考えます。しかし、先生が何時にお部屋に行かれ、何時に起きられたかということは、私たちはすべて見ることができるのです。

四七年には、約三十人の食口が集まりました。先生を尋ねて集まってくる人たちは、長年信仰生活をしてきた人たちです。みんな、それぞれの教会の中心人物でした。彼らは、いろいろな奇跡や予言をしたり、人々の病気を治したりしたという経験をもっている霊能者でした。それゆえに、その人たちによって、教会の信者は伝道されたのです。ですから彼らは、その教会の中心的な幹部であり、柱のようになっていました。また、牧師のみ言を神のみ言のように大事にし、牧師に対して神に侍るように侍ってきたのです。その人たちに神は、メシヤの十字架は神の計画ではないと啓示で教えてくるのでした。牧師からイエス様の十字架は神の計画であったと教えられているのに、神の教えはそうではないのです。

霊能者はこの神の啓示を非常に喜んで、牧師も必ず聞いてくれるだろうと思って書きつけて、話してあげました。ところが予想とは異なって、牧師は、「それは正しくない。聖書を見なさい」と言って、その霊能者に間違っていることを、聖書を通して話すのでした。また「あなたに教えを告げる者はサタンである」と教えるのでした。その時の霊能者の受けた衝撃は、耐え難いものでした。

それで、家に帰って神にお祈りしました。その啓示は以前と変わらず、「これが正しい」と教えるのです。そこで霊能者は、啓示と牧師の教えとの間にはさまって、非常に悩みました。反対している牧師は、聖書を通して「何章にはこのように書かれている。このように教えている」と具体的な内容で示して、「間違っている」と言うのです。啓示では、正しいということは教えてくれますけれども、聖書を通して、ああであるからこうであるというようには教えてくれないのです。

教会を離れては、行く所がありません。それで、心の悩みを抱えながら、既成教会についていっているのです。そこで、時には真理があると聞けば、このことが解決できるのではないかと思って訪ねてみたり、山へ行ってお祈りしてみたりするのですが、答える人はいませんでした。

そのような中で、教会へ行っても、牧師に対する尊敬の気持ちをもつことはできませんでした。また、韓国のキリスト教会は、家庭復帰されていて、家族連れで参加します。ですから今お話しした霊能者は、教会を建てたのですが、生活の面でも家庭で非常に尊敬される位置にいました。家に病人が出ておなかが痛ければ、おばあさんであればおばあさんの所、お母さんであればお母さんの所、お父さんであればお父さんの所に来て、お祈りしてくれるのです。すると、すぐに治りました。困難なことが起こってそれを話すと、本当によくアドバイスしてくれました。ですから家庭の中で、生活の面でも、人格の面でも、大変仰がれる立場にいたのです。しかしながら、心の葛藤がありましたから、本当の喜びはありませんでした。

そういう時に、南から来た若い先生が神霊と真理によって礼拝をするといううわさを聞いて、その人たちは目が覚めたように、先生の所に訪ねてきたのです。そういう人が先生のみ言を聞きました。十字架は既定事実ではないと、今私たちが『原理講論』を通して細かく教えられるように、教えられました。その人たちは、それこそ、「私が神から教えてもらった啓示は正しかったのだ」ということを体験するのでした。ほかにもいろいろな問題がみ言を聞くことで解決されると、霊能者たちは、そこから帰りたくなくなるのでした。そこで非常に喜び勇んで、牧師に話したのです。

しかし、この人たちは頭では理解できたのですが、牧師が聖書を通して一つ一つ反論するのに対し、説得する力はもっていませんでした。自分よりよく聖書を読んでいる牧師に、よく説明できないのです。そうして傷ついて帰ってくるのでした。

私たちのかつての姿を思い浮かべてみれば、よく理解できると思います。傷ついて帰ってきた人に、一人一人お話をしてあげるのでした。すべての人にそうしてあげるのです。ある人は神の啓示を受けて、「ある所に偉大な先生がいらっしゃるから、そこに行って尋ねなさい」と直接教えられて来た人もいました。また、五年前に、「再臨のメシヤが来る」と、その日付けなどいろいろと啓示を受け、自分の聖書に五年後の何月何日にメシヤを迎えるだろうと記して、その準備をしていた人もいました。

この人がその啓示を受けた時、部屋でお祈りをしていたら、体がくっついて動きませんでした。朝、お祈りし始めたそのお母さんが、一日中出てこないので、子供が不思議に思って行ってみました。そして指を動かしても、びくともしません。起き上がらせようとするのですが、彼の若い力をもってしても、どうしてもそれができませんでした。この人は、それから五年後に、自分でも分からないうちに、何かを探したいといって家を出ていったのです。そして、その心の導きに従って歩いて、ある狭い道路に来た時に、美しい歌声が聞こえてきました。そして、その歌声が聞こえてくる所に入っていきました。そこは、先生がいらっしゃった教会であったのです。その時は、彼女に約束されていた、ちょうどその日でした。皆さんが祝祭日に着る礼服は、その人が神の啓示によってデザインしたものです。

教会の中心的幹部たちが、先生の所にどんどん寄り集まってきましたが、それまで所属していた教会へ帰ろうとはしません。

韓国の教会というのは、国家が助けているのではなく、教会員たちの献金によって支えられていました。ですから、牧師たちの生活も、彼らによって支えられていたのです。そういう人が先生の所に来て、帰らないので、教会は、大変揺れ動き始めたのでした。教会員たちは、そういう霊能者に影響されて、どんどん統一教会の活動をするので、今までいた教会へは行かなくなり、献金も、その人たちが来なくなると減ってしまいました。そうなると、教会を運営するのが困難になりました。そこで牧師たちは、いかにしてその食口を元に帰そうかと考えざるを得ませんでした。

二、いつも弟子に関心をもたれる先生

祈っている人への配慮

礼拝のお祈りの時、あるいは準備をしている時には、常にほかの人のことを考えてほしいと思います。お祈りしているということは、神との対話の時間になるのです。お祈りしている時に、「バン」と音がすると、皆さんのお祈りはパッと切れ、分散されてしまいます。ですから、お祈りをしている人がいる時には、神を愛する、人を愛するという礼儀作法として、その人の邪魔にならないようにするのは、非常に大事なことだと思います。

私がたまたま部屋でお祈りしていると、非常に大きな音を立てて、そのまま気にかけずに歩いていく人がいますけれども、皆さんはそういう人に教えてあげなければいけません。祈祷は神との対話の時間だということを皆さんはよく心得て、人の邪魔にならないような生活をすべきです。そのような生活をすること自体が、その人を愛し、神を愛することになるのです。

み言に酔った信徒

日曜日には、サンデー・サービス（礼拝）があります。説教者に予定されたとき、どのように説教したらよいか分からないので、日曜日が来るのが非常に不安な時があります。聖書を中心として、どのように説教したらいいのか。「統一原理」の内容と聖書を、どのようにかみ合わせていったらいいのかと。

先生はいつも、朝早く、み言を語られました。今は聖書をそんなに見られませんけれども、先生が韓国にいらっしゃった時に、サンデー・サービスの前には必ず聖書を読んで、聖書の内容を中心として、ずっとみ言を語ってくださいました。先生が説教していらっしゃると、霊能者たちは高い心霊の状態になりました。ある人にお祈りをさせると、代表して立ってお祈りするのですが、霊界に入ってしまうのです。その祈りが終わらないと、次の式順に進めません。非常に不思議なことですが、先生が「もうやめなさい」と言われると、霊界に入っていたその人は、自分の意識に返るのです。そういう場面を見ると、先生の世界がちょっと分かりました。

礼拝が進行しているうちに、先生のみ言を聞いて、自分はどれくらい神に心配を掛けていたことかと悟り、悔い改めました。ですから説教の時にも、お祈りの時にも、涙を流して泣かない人はいないのです。中には恵みを受けて、喜んで涙を流す人もあれば、悔い改めの涙を流す人もいて、様々でした。神の愛に感謝して涙を流す人もいました。涙を流す内容は、それぞれ違いました。

涙を流すにも、ただ涙を流すのではなく、胸をたたきながら泣く人もいました。ある人は体が震え、ある人は大きな声を出しました。あるおばあさんは、立って踊るのです。しかし、皆様が思うような、そういう踊りではありません。韓国の女の人は、人の前では踊ることも歌うこともありませんでした。ですからこれは、自分の意志ではなくて、霊の助けによって踊っていたのです。踊る人自身も、目を開けているのではなく、目をつぶって踊りました。ある人は、喜びがあふれて、歌を歌うにしても、手をたたきながら歌うのでした。酒に酔っぱらった人のことを考えてみれば、大変理解がしやすいだろうと思います。酒に酔ったら、黙っていません。歌を歌い、踊って喜びを発散させます。笑ったり泣いたり、話をどんどんする人もいますし、いろいろな人がいるのです。

もともと、人間が神の愛に酔っぱらう世界が神の理想世界です。神の理想世界は、神の愛で酔っぱらう世界です。そのように、酔うという本性がありますから、神の愛に酔うことができないと、トランプでもいいし、何かで酔っぱらおうとするのです。お酒に酔っぱらっている様子と、神の愛に酔っている様子は、全く異なるものではないということをお話ししたかったのです。しかし、方向性が違います。

初期の先生による礼拝の雰囲気は、本当に神の愛に酔っぱらったようなものでした。ですから騒がしくて、それを理解できない周りの住宅街の人たちは、教会の隙間からこれを見ていたのです。こういう状態で、夜になると夫や妻を近づけないということと連結して考えてみると、これは本当に淫乱なことがあるから、そうなのではないかと考えたのでした。

迫害の中での牧会

教会の建物があった所のすぐ隣には、門のある家がありました。その家には、有名な牧師の娘で、統一教会に入教した婦人がいました。その主人は、大変熱心な共産党幹部でした。彼は、猟銃が好きな人でした。それで、奥さんが夜遅く帰ってくる状態だったので、彼女に対し、「お前、教会に行き続けるならば、私はこれで、あなたの教会の中心者を殺す」と脅しました。

彼女が入教したのは、大きな恵みを受けたからです。彼女は長い間病気でした。いろいろな所を訪ねても、誰一人として、その病気を治してくれませんでした。ところが先生に出会った瞬間に、この理由の分からない病気がきれいに治ったのでした。彼女はみ言に感動していたのですが、もっと彼女を引き付けたのは、病気が治ったということです。彼女もやはり、主人をなかなか相手にしませんでした。主人が強いて関係を結んだ時には、不思議にも、彼女に異常なことが起こりました。どんどん出血するのです。そして、心配になって先生を訪ねました。しかし、関係をもたなければ、そういうことがいつあったのかと思うほどに治ってしまうのでした。

一例を挙げましたが、先生のところには常々、「夫が先生を銃で殺すと言っている」とか、「先生を殴ろうとしている」と言ってくるのでした。あるいは「牧師が先生を何とかして追い出そうとしていますが、どうしたらいいですか」とアドバイスを求める人が来るようになりました。それで先生は、そのような話を聞かれるようになったのでした。

子供をもっている人が、神の啓示で「これからお前は伝道に行きなさい」と言われることがあります。「伝道に行ったら、家族は全員反対します。こういう神の啓示がありましたけれども、私はどうしたらよいでしょうか」と先生に尋ねるのです。毎日そういうことの連続でしたが、先生は決まって、常に朝から夜遅くまでみ言を語られました。その時、先生は二十六歳でした。

牧師の反対を利用する共産党

韓半島では、キリスト教が伝来される時、北の方に先に伝わりました。ですからキリスト教は、北の方が盛んでした。中でも平壌《ピョンヤン》には、すべてのキリスト教の中心がありました。

神学校も有名な復興師も、全部平壌に集まっていました。平壌は、霊能者が「第二のエルサレム」と啓示を受けていたほどに、たくさんの教会がありました。日曜日には鐘の音でうるさいくらいでした。そういう所に先生が一人でやって来られたのです。平壌の牧師たちは、その教会の中心幹部で、統一教会につながっているメンバーに対して、「私が今日、あなたの先生に会い、目の前で聖書の討論をして、その教会がどれくらい異端であるか、お前に見せてあげよう」と言って、先生を訪ねました。「それを見たら、お前は必ずこの教会に帰ってくるようになるだろう」と念を押して。

訪ねてきた牧師を、先生は丁重に迎えられました。そして先生は、その牧師が何を聞いてくるか御存じでしたから、牧師が話す前に、彼が話そうとするすべての問題についてお話ししてあげました。聖書を通して、ずーっと説明されるので、牧師は何も言うことができなくなりました。彼はただ、「本当に苦労していますね」という一言を残して、去っていきました。そして、この牧師によって、聖書で討論しては先生を負かすことはできないといううわさが徐々に流れていったのでした。そしてついに彼らは、共産党の官憲に投書をしたのです。

教会の重要な幹部たちが統一教会へ行っていることに対して、「異端だ」と言うだけでは、説得することがなかなか難しいと分かり始めました。しかし、教会では、その重要な幹部たちが全部出てしまうと教会を運営することが難しいと気がついて、どんなことをしても彼らを取り戻さなくては、と考えざるを得ませんでした。

彼らが取り上げた問題が何かというと、「淫乱に違いない。淫乱な集団である」ということです。統一教会は淫乱な集団であると、問題にし始めました。「この教会は、家庭を破壊する教会だ」というふうに言い始めたのです。その次に、「教会を破壊する」と考えたのです。つまり、「社会の秩序を乱している」というのです。これを利用したのが共産党でした。彼らは、「この団体は家庭を破壊し、教会を破壊する」として、さらに「共産主義社会の秩序を破壊するものだ」といって問題にしたのです。

家庭や教会から反対されればされるほど、メンバーたちの信仰はより強くなり、霊界の協助は一層強くなったのでした。霊人たちは、細かいところまで教えてくれたのです。

教会の長老たちは、組を成して先生の所へやって来ました。そして、先生の髪の毛を引っ張って迫害しました。そういう中にあっても、先生は抵抗せず、優しい羊のように、なすがままにしておかれたのでした。その場を見ていたメンバーたちは憤慨して、その人たちを引き離すようにして帰したのでした。

先生は、こうした教会の中心幹部で、み言が分かり、神のみ旨がよく分かった人たちには、「教会に再び帰って、み言を伝えるように」とお話ししてくださいました。けれども、そういう人たちは、一度恵みに出会うと、なかなか自分の教会には帰りたいとは思わなかったのでした。先生の言うことを聞かずに、先生の所にいつもいつも来ていたので、迫害が非常に激しくなりました。

食口《シック》になるのに、二つの場合があるといいます。まず非常に難しい問題を抱えているとき、もう一つは非常に喜びにあふれているときです。この人たちは、恵みの中にあったので、先生の言われることをなかなか聞けなかったのです。

おじさんの回心

事実無根のうわさが流れると、これは南に流れ、日本に流れ、アメリカやヨーロッパ、世界に流れていったのでした。ですからヨーロッパの人に、「あなたはそれをどこで聞いたのか、どこで見たのか」と聞くと、「いや、私は見ていない。私は聞いたのである」と答えるのです。「誰から聞いたのか」と聞くと、「アメリカの友達から聞いたのだ」と言います。その人に「あなたはどこから聞いたのか、見たのか」と聞きます。すると、「いや、私は日本の友達から聞いた」と言います。こうして、結局、北の友達から聞いたということになります。

それで、「見たのか」と聞きますと、「いや、私は見たのではない」。「誰から聞いたのか」、「私たちの教会のメンバーから聞いたのだ」と答えます。そのメンバーは、自分のおじいさん、おばあさんから聞いたと言うでしょう。

そのおじいさん、おばあさんに、「あなたは見たのか」と聞きます。「見ました。私の連れ合いが私と関係しないで、文先生と関係したんだ」と答えるのです。統一教会のメンバーである奥さんは、「いや、そうではありません。夫は、私が夫と共にしないというので、私を疑ってそう言っているのです」と答えるでしょう。

この話は、私のおばさんの家庭で起こったことです。

ですから、皆さんにはっきりと言えることなので、この例を挙げたのです。このおばさんの夫は、先生とおばさんとの関係を疑って、先生を殴りつけました。このおじさんとおばさんは、十年も二十年も夫婦の関係をもっていません。しかし、離婚はせず、一緒に暮らしています。

おじさんは、おばさんが先生と本当に関係をもったものと考えました。それを自分の父親に全部話したのでした。キリスト教会の幹部だったそのお父さんは、牧師に話しました。

このおじさんは、韓国で大きな大学の学長をしています。この間までは統一教会に反対し、奥さんが統一教会へ行くことも反対し続けていました。ところが、自分の妻が絶対にそうした不潔なことをする人ではないということが分かってきました。そして、大学の学長でありながら、学生たちに「お前たち、信仰をもつならば統一教会へ行きなさい」と教えながら、伝道するようになったのです。教授たちにも、「信仰をもつならば、私の妻のようにしなさい」と教えるのです。こうして今や、統一教会の伝道者となっているのです。そして自分の子供もみな、統一教会へ行かせています。その五人の子供は教会員となり、そのうちの三人が祝福を受けています。

このおじさんは年を取っていますし、病気がちです。ある時、私に会うと、「統一教会では、統一教会のメンバーだけを埋葬する共同墓地があるはずだろう。私が死んだら、必ずその共同墓地に埋めてください」と私に希望するのです。また子供に対しては、「私が死んだら、この金《キム》さんを私の代わりとして、彼の話に絶対的に従っていくように」と遺言しているそうです。おじさんは、統一教会のメンバーでもなく、先生に出会ってもいません。

間違った話をする人によってうわさされたことが、南に流れ、日本に流れ、アメリカ、全世界に流れたのです。これをどのようにして償いますか。その人たちは蕩減復帰することはできません。ある一人をつまずかせてしまったなら、その人に対して蕩減復帰することは可能かもしれません。しかし、世界の人々を神に導く、その道をふさいだことの蕩減は、不可能です。本来なら、その蕩減は、その人が受けなければならないでしょう。しかし、この人がしなければならない蕩減を、先生が全部受け継がれたのです。

先生は今なお、その十字架を担っていらっしゃるということを考えてみると、私たちは、そのことから大きな教訓を得なければいけないと思います。

子供と友達になる

涙とお祈り、汗や血を流すといった激しい生活の中にあっても、先生は、主婦の教会員の子供ともよく友達になっていらっしゃいました。

三歳くらいの幼い子供がいましたが、先生はしっかり抱いてあげたり、二歳くらいの子供にキスをさせたりすることもありました。背が低いものですから、なかなかキスができないので、その子供はとうとう、先生のひざの上に上がりました。しかし、先生の口までは届かないのです。それで考えた挙げ句、今度は先生の胸に向かって、はい上がり始めました。そうしたら届くようになりました。ところが、今度は先生が頭をぐっと後ろのほうにあお向けにして、届かないようにしました。子供は、一生懸命にはい上がろうとしてもなかなか届かないので、結局、先生の耳を引っ張ってキスをしました。

先生は、子供とたわむれながら、たまには子供を泣かせることもありました。子供は泣き出すと、なかなか泣きやまないときがあります。先生はそういうときに、かえって泣かせることがあります。そうすると子供は、気に障って、もっと泣くのです。次には、もっと泣くように押してやるのです。子供がいくら泣いても泣いても、泣きやむまでは連れていってやらないのです。先生と子供だけがいるのならば問題はないのですが、子供の母親もいれば、食口たちが周りに座っているのです。子供はしきりに自分の母のほうに向かって、助けを請うて帰ろうとします。

ところが先生は、子供が行こうとすれば引っ張るのでした。いくら泣いても泣いても、お母さんには助けてくれる気はないし、先生は離してくれないので、子供は仕方ないと思って泣きやむのです。子供のお母さんは、先生がどういうお方であるか知っていますから、先生のされるようにして見守っているのでした。先生は、泣きやんだ子供を抱き上げていたわってあげました。そしてその子供に、泣く前に気持ちが良かったその状態以上の喜びを感じさせて、母親のところに返してあげたのです。

皆さんは、これが何を意味するか分かりますか。子供との関係を通じて、二つのことを教えていらっしゃるのです。先生が最初はキスをするようにさせたということは、神が人間に祝福を与えようとするときに、祝福を受けるということは、人間の責任分担であるということを象徴されたのです。それには、蘇生、長成、完成という三階段があることを見せてくださったのです。普通、先生は、子供にただキスしてもいいのに、なぜ子供に、こういう三階段を通してキスができるようにされたのでしょうか。それは神が人間を創造して、人間に祝福を与えるときに、人間は責任分担を通して、祝福を自分のものにできるということと同じです。

自分で完成する

その次に、子供とたわむれ、泣いているのにもっと泣かせて、泣きやんだ時には、泣く前以上の喜びを与えて母親のところに返したということから、何を学ぶべきでしょうか。

先生は、子供が泣きやまないでいるので、泣きたいように泣かせてみるのです。子供が泣くのは、自分の考えであり、それは子供の道と言えます。ですから、自分の道を行きたいよう行かせることです。未練がなくなるまで、全部やらせるのです。最後には、先生の言われることに子供は従ってきたのでした。泣いていた時以上の良い状態のところまでにして、母親のところに返したのです。

先生と子供は、先生と私たちを象徴している、と考えてみたらよいと思います。教会に入る前、私たちには私たちの道がありました。そして先生に出会いました。しかしながら、先生のみ言とは異なって、自分の道を行こうとするときがあります。先生は、私たちの道を断って、先生の道と一体化するように導くのです。ところが、私たちは先生の言われることを受け入れたならば、死んでしまうような気がして、自分の道を行こうとするのです。しかし、世の中は既に、私たちを受け入れる所ではありません。そこで、「ああ、どっちへ行くべきか、こっちへ行くべきか」と考えます。

結局は、先生の道と一つになって行くようになるのです。そうしたときに、自分たちの道を行ったとき以上の恵みを受けるようになるのです。また、私たちはメンバーが受け持ったことを首尾よくできなかったとき、「ああしてはいけない、こうしてはいけない」と言って忠告したり、叱ったりすることがあります。叱って、「こうしてはいけない」と言って終わるのでは、いけないのです。叱っても愛を感じて、「本当に私が悪かったのだ。私を導いてくれて本当に有り難い」と思うようなところまで導いてあげなければいけないのです。こういうふうには、「あなた、それは間違っています。それをしてはいけません」という形で話を終わってしまうのです。

しかし、メンバーにとっては、自分が正しいと思った期間があったはずです。そこで、忠告されても、心の中では寂しい感情が残っているのです。ですから、時間を少しおいてからでもいいですから、「自分がこう言ったのは、こういう理由で言ったのだ」と言って、いたわってあげるのです。叱られても、気持ちが悪いのではなく、気持ちが良かったというところまで、心を高めてあげなければいけないのです。

分かりやすく言えば、たたいてばかりいるのではなく、もんであげることが必要なのです。「これをしてはいけない」と言うのは、たたくのと同じです。叱られたり、忠告されたりすると、「やあ、気持ちがいいなあ、私は感謝する」という心がすぐ起こるものではありません。皆さん、どうですか。言われたことが正しくても、最初は気持ちがいいものではありません。しかし、あとになって、感謝の心をもつようになるのです。感謝するまでの時間は、短い人もいれば、長くかかる人もいて、差はあるのです。

それは、なぜでしょうか。もちろん、自分で正しくないと思っているときに言われれば、反対して文句を言う理由はありません。気持ちが悪いと感じても仕方がないのです。しかし、自分が良いと思ってやっている時に指摘されて、「感謝である」というのは無理な話です。でも、結果的に良くできなかったことに対して言われたとするならば、「ああ、有り難いことだ」と受け入れるべきなのに、なぜ寂しい心が生ずるのですか。自分が悪くないときに言われれば、気持ちが悪いのは当然です。気持ちが良いと感じる人がいますか。

それは、人間は完成に向かって、誰の干渉も受けないで、直接自分の責任で完成するようになっていたからです。誰かを通じて神様のみもとに行くのではなく、自分で直接行くように造られていたのです。そうであるのに、これでは他の人に言われながら完成していくのと同じですから、それが寂しさとなって現れるのです。自分で試験を受けて、百点を取らなければいけないのに、人から教えてもらって百点を取ったことと同じです。これでは、百点を取っても気持ちが良くありません。

惜しみなく与えられる

いろいろな人たちが先生を訪ねてきて、彼らは自分の過去の話、今まであったことをすべて先生に話しました。その話は長くなりました。生まれた家のことから、神に会って恵みのある生活をするようになったことなどを長く話しても、先生はよく聞かれました。また、幼い食口でも、年を取ったメンバーでも、先生は丁重に迎えてくださいました。

皆さんの教会には、新しく教会員となった人で孤独な人が、たびたび教会長を訪ねることがあると思います。先生を訪ねた人の中にも、そういう人がいたことを考えてみてください。その人自体を見れば、みすぼらしい人であるかもしれないけれども、その人が教会へ来て、神のために尽くしたこと、そのすべての功績を、先生はそのまま受け取ってくださったのです。先生は外的なことよりも、内的な、神に対してどのくらい善の功績を成したかと、その功績を見てお迎えになるのです。

反対される中にあっても、神から「開拓伝道に出るように」と啓示を受けたという人が先生の所に来ました。「神はこのように啓示なさいますけれど、私はどうしたらいいのでしょうか」と聞いてくるのです。先生は「神のために、善の道のために家庭を振り返りもしないで尽くしていくならば、絶対にその家庭は滅びないでしょう。かえって神が助けるでしょう」と教えられました。

私たちが開拓に出ても、家のことに思いが残り、手紙を書いたり、心配事があれば帰ったり、心配して祈ってあげるというふうに、振り返ってみるとしましょう。すると、神がその家庭を見てあげようとしても、その本人が全部見ているので、神が見る必要はないということになります。神のために家庭を顧みないとしても、神は、「おお、この者が私のことでこのように家庭を顧みていないならば、私が代わって見ていないといけないなあ」と言って、神が守り、導いてくださるということになるのです。私が守るときには限界を感ずるけれども、神が守ってくだされば、絶対安全だということになるのです。

食口たちは、先生のことがより深く分かってくると、自分の大事なものを全部先生に差し上げたいという思いになりました。着物を買って贈る人もいれば、心を尽くして作った料理を丁重に持参する人もいました。しかし、先生は、献品された万物を、教会に訪ねてくる貧しい人や食口に分け与えられました。

皆さんもよく知っていることでしょうけれども、本当に心を尽くして先生のために作ったものを贈ったとき、先生はそれを他の人に与えられます。先生が持っていらっしゃると思っていたのに、他の食口が持っているのを見るのです。それで心に寂しさを感じるのです。それは気持ちのいいことですか、悪いことですか？ これと同様に、その食口も寂しく感じました。だからといって、寂しい感情を先生の前では見せないのですが、先生はよく知っていて、その人にお話ししました。

「あなたが私にこれを持ってきてくれたので、私は受け取ったのです。私が受け取ったからには、私のものとなったのです。だから、私のものを私が自由に人に与えるのに、どうして干渉するのですか」と言われました。また、「あなたが寂しいと思うのは、あなたがまだ自分のものと考えているからです。私にくれたのなら、私が人にあげたとしても、私の代わりに彼が着ても着なかったとしても、私が着ているものとして対処しなさい」と教えてくださいました。このようにして、一年八カ月が過ぎていきました。

歴史を蕩減復帰する私たち

先生は、「六千年の縦的な歴史を横的に全部復帰する摂理なので、同じ統一教会の中でも、楽に行く人もあれば、ちょっと難しい道を行く人もいるし、いろいろな人がいる」とおっしゃいました。それで先生は、「統一教会のメンバーの中には、野宿者もいるんだよ」と言われたのです。それは、今までたくさんの歴史的な人たちがいましたが、それを蕩減復帰する道が必要だからです。その人たちを解放する使命をもっている人もいるというのです。つまり、歴史に起こったいろいろなことを蕩減復帰するために、同じような状況があり得るということです。私たちによって、そういう人たちの心情の世界が解放されていくのです。

そういう人たちは、霊界に行っても恨みがあります。ですから、私たちが同じ立場に立って、真の親と神を中心として、これを感謝して受けていけば、そういう人たちが全部、解放されていくということです。

では、この世に生を受けた人たちは、どのように恨みをもっていたのでしょうか。例えば、この世で野宿者の生活をして、恨みをもって霊界へ行っている人たちがいるとします。そのために、メシヤと神が私たちを救うために野宿者の生活をして、食べる物も食べず、おなかが減るという生活をしたというのです。

先生でも、そういう野宿者の生活をせざるを得ないのです。それで、野宿者の生活をなさっていたのです。野宿者の生活をしても、神を考えながら感謝していたならば、恨みが残らないのです。しかし、先ほどの人たちは、感謝できないでそのまま霊界へ行ってしまったので、恨みが残っているのです。どんなに惨めな立場に置かれても、神に感謝して、神をたたえていくならば、恨みは残りません。では、どうしたらそういう惨めな時に、神に感謝する心が出てくるのでしょうか。

自分のことを考えると、恨みを抱かざるを得ないのです。例えば、他の人はみんな良い生活をしているのに、なぜ私だけがこのようにならなければいけないのかと考えます。それで自分の親を恨んだり、神を恨んだりするのです。しかし、神もこういう生活をしたのだと考えれば、かえって神を慰めることができるし、また、そうした神の苦しみを分かるようにしてくださった神に対して感謝する心が生ずるのです。野宿者であっても、人のために尽くすならば、絶対に野宿者のままでいるはずがないのです。ですから、人に奉仕し、「私はこのような野宿者にはならないのだ」と心を変えていくならば、絶対に恨みになることはないのです。

野宿者は、なぜ野宿者になったのでしょうか。働かず、奉仕もせず、自分のやりたいことを全部やってしまって、お金をすべて使ってしまったからです。そして働かないから、お金は入りません。もしその人が神を考え、人のために尽くすならば、「野宿者になりたい」と百年間祈っても、野宿者になることはありません。ところが、それができなくて、霊界へ行ってから初めて分かるのです。しかし、悟った時には、既に肉体をもっていません。時既に遅し、です。ですから恨みがあるのです。

では、その恨みは、どのようにしたら解くことができるでしょうか。それは、地上にいる同じ野宿者が心を変えて、人のために尽くすことによって、神に感謝し、人に感謝する心をもつようになれば、霊界の野宿者はその人によって恨みが解かれていくのです。

ですから、私たちが周囲の人たちのことを考える時に、互いに過去の人の恨みを解放してあげる道を行っているのだと考えると、お互いを尊重し合う心も出てくるのです。

私たちが、どういうことであっても、先生のみ言どおりにやっていくことによって、いろいろなものがすべて蕩滅されていくのです。ですから、一番大事なことは、先生のみ言に従っていくことです。それによって、すべてが解かれていくのです。先生自身がすべてのことに蕩滅条件を立てていらっしゃるからなのです。先生は野宿者の生活をされましたし、この世のすべての生活を経験されました。そういう先生についていけば、私も同じ立場で蕩滅したという条件が成り立つのです。

み言で自らを正す

霊界が働き掛けて悪いものをつまみ出すのは、僕《しもべ》に対する教育であって、子供、子女を教育する仕方ではないと先生は教えてくださいました。ですから、妻に対して良くない点を指摘して教えるというのは、僕に対する教育の仕方です。それに対して、真理を与えて、自らが悪いことや誤っていたことを直し、正していくようにさせるのが、子女に対する教育法ということです。霊的な方法で悪いものをつまみ出して正していくようなことはしないのです。

先生の教育法は、私たちが間違っていると分かっていらっしゃるけれども、つまみ出さないで、「原理」を教え、真理を教えることによって、自ら正していくように導くという方法です。

もし、霊能者が一緒にいて、私たちの過ちを人の前で、「あなたはこういう間違いをしたでしょう。そういう間違った考えをしているのですね」というようにつまみ出したとするならば、私たちは、どのような気持ちになるでしょうか。有り難いというよりも、怖いという心になります。

ですから、おばあさんの霊能者で、年を取った人であっても、非常に怖く感じたことがありました。もちろん私が正しければ、どういうことが起こっても、全く怖くはありませんでしたが……。

人は間違いをすることが、往々にしてあります。霊能者からそういうことをされると、怖い感じがするというのです。ですから今もなお先生は、私たちのことが分からないのではなく、分かっていながらもみ言を通して、私たち自らが直し、正していくのを願っていらっしゃることを理解しなければいけません。「私がこんなことを考えても、分からないんじゃないか」と思って行動するような生活になってはいけないのだ、と思います。

先生は普通、「あなたはこれが悪い。あれが悪い」と、そんなことは私たちに一切話されません。その当時、先生は何もそういうことを話されないけれども、霊能者たちの中には、人のすべてが事細かに分かる人がいたのです。

この霊能者たちの中には、病気を治したり、人に何が起こるか予言したり、あるいは人の心霊を詮索する人がいました。心霊が分かるのです。ところが、こういう人たちでも、先生の前では子供のようになっていました。それほどの霊能者でも、先生のみ言だったら、みな従っていくのです。先生は私たちの前で、「私は人の病気を治しますよ。皆様の将来も分かりますよ。何もかも分かりますよ」とはおっしゃらないのです。霊能者たちが先生に子供のように従うのを見て、間接的に先生の霊的な位置を推し量ることができました。

私が「先生も啓示を受けるのだろうか」と考えたくらいに、先生は私たちに、そういうことを何も見せてはいらっしゃいませんでした。

私がこのようにお話ししているのは、最初のころはそういうことがあって、今はないというのではなく、今なお、そういうことが本当に起こっていることを知ってほしいからです。

そして、一人一人は、神とサタンが我々を中心として闘っていることを、いつも心に思い続けて生活しなければいけないと思うからです。ですから、外の世界の霊能者ではなくて、自分の中の霊能者の声によく従っていく私たちにならなければいけないと思います。

犠牲的な心

病気になった時に、お医者さんを訪ねます。そういう時に、お医者さんが親切に慰めながら真剣に本当によくやってくれると、皆さんは安心して、お医者さんを信ずるようになります。そして、自分のすべてを任せたいという心が起こってきます。指導者は、そのようなお医者さんになるために、患者が助けを求めている心、私は助けられたいという心に相応する以上の心で、その人を心配して接してあげなければなりません。そうでない限り、その人たちは、自分の生命のすべてを任せて「助けてください」という心になれないのです。ですから助けられたい、私は生きたいという心と、そして生かしてあげようという心とが授受作用することによって、初めて生きるという結果をもたらせるのです。

「自分は今、もう死にかかっている」という危機感を感じない患者を治すには、どうしたらいいでしょうか。そういう人は、危機感を感じないから、治してもらいたいという心が強くないのです。そういう者を生かすためには、どうしたらいいのでしょうか。

お医者さんは、どういう心をもたなければいけないでしょうか。こうした患者に対しては、「今はこういう小さな病気だとしても、これがもし続いて致命的な病気になったら、あなたは生きることができないですよ」と教えて、その人に「私は、本当に注意しなければならない。治してもらわなければならない」という心をつくってあげるのです。そのようにして、治してあげなければいけないのです。

最初、先生が礼拝で恵みを与えようとされた時に、その恵みを求めて来る人たちは、そういう状態ではありませんでした。先生は、そういう人たちにその心をつくらせて、恵みの必要性を理解させ、その基台をつくらせてからみ言を与えようとしたので、二倍、三倍以上の苦労をされたのです。

そこで霊界は、先生が苦労されるのを見るにしのびなく、この人たちに啓示をして、「お前たちは、そのようにしてはいけない。悔い改めなければいけない」というように働き掛けました。

そして、先生が礼拝する前から準備をなさっているのに、私たちが恵みを受ける基台をつくらない限りは、この恵みを受けることができないというように霊界が助けて、礼拝の前に準備をするようになったのです。

先生は御自身が無理をなさっていても、私たちに「お前たちは早く来て、礼拝に参加しなさい」とは一言も言われませんでした。そのように、私たちがやらなければならない分まで先生がやっていらっしゃったので、霊界が助けたのです。それゆえ、相対の者が問題ではなく、それをリードするリーダーに、本当にその人のために尽くすという犠牲的な心があれば、たとえその人に言わなくても、霊界がその指導者の心、真心を見て、助けてくれるのです。そして、よくリーダーについていくように導いてくれるという経験をします。

必要なものは霊界が援助する

最初のころ、今日の教会とは違って、献金という制度がありませんでした。日曜日に献金するということで、献金箱を回すことはありませんでした。もともと神に捧げるお金というものは、人に言われてではなく、自分の心から進んで献金するというのが、神の喜ばれる献金です。

私がある集会に出てみたら、献金箱を回している光景を見ました。すると、献金を準備していなかったらしい人がいて、一ポンド札を出して、献金箱からいくらか分からないけれども、おつりを取ってポケットの中に入れるのを見ました。

献金する時には、神に捧げる気持ちでするのですから、お札でもそろえて、五枚だったら五枚とも、きれいに折って出すのです。そして同じお金の中でも、自分が全然使っていない新しいものを捧げたいと思いますか、それとも使ったものを捧げたいと思いますか。

物というのは、自分の心の表れといえます。つまり心を捧げるということです。私たちが神の前に出るのに、体を清くし、あるいは着物を新しくするのも、全部理由があるのです。ですから礼拝に立つ時には、必ず礼拝に立つための着物を区別しなければいけないのです。ミサをあげる時には、ミサに必要な着物を着ます。では、着物がない時には、どうしたらいいでしょうか。それ一着しかなくて、そのままで神の前に出る時には、それを新しいものとしてお祈りしたらいいのです。

結局、神の前に出る時の、私の心がどういうものでなければならないかという、心情の世界が問題になるのです。形状は性相の表れですから、そういう心情をもつとするならば、体も外的なものも、そのように表れるのです。

当時、先生は、貧しい中にあっても、人が集まってくると、いろいろなものを与えたり、あるいは食べ物を用意してあげたり、もてなしてあげました。けれど、先生がたくさんの物を多くの人にあげようとしても、あげるものがありません。

そういう時にあって、霊界はお金のある人に「お前のお金を先生のところに持っていってあげなさい」と教えるのです。そういうことが起こります。イギリスのある女の人は、三百ポンドくらい持っていました。それが、彼女の持っているお金の全部でした。次の日に、先生のところへ行く時、その三百ポンド全部を持っていくと、彼女には何もなくなるので、五十ポンドだけを残して二百五十ポンドを持っていきました。ところが、礼拝が終わってそれを差し上げようとしたところ、一緒にいた霊能者が、何も言わないのに、啓示を受けたその人に対して、「あなた、三百ポンドもっているんでしょう」と言いました。それで、彼女は深く悔い改めて、神が啓示したとおりにしました。そういう雰囲気があったので、常に自分を分別する生活をしなければなりませんでした。

ある時には、一人のおばあさんがずっとお金をためていて、自分だけが分かっているお金を、誰も知らないたんすの中に深く入れておきました。神はその人に、これを全部教会に献金するように啓示されました。ところがその人は、なかなか決心ができないで、三日ほどたつうちに家にどろぼうが入って、全部盗まれてしまいました。

こういう話は、お金が必要なのに、ないという時には、必ず天が助けて、必要な物を霊界が援助してきたということを言っているのです。統一教会は、そのように支えられていました。

ですから皆さんも、あるセンターのリーダーの立場で、何かあげたいけれども、ないという時は、いろいろな霊界の助けによって道が開かれるということを確信してほしいと思います。本当にあげたいという心が先に立たない限りは、そういうことは起こらないでしょう。自分の食べ物までも人にあげようとする心があるとするならば、霊界が助けるのです。ですからお金がなくても、先生のそういった心情の基台のもとに、天の助けによって統一教会の経済の問題は支えられてきたということです。

相手の立場に立つ

み言を語ることは大事です。けれども、み言を受けた人が消化できないで、どうしたらいいのかという第二の問題を抱えて訪ねてきたときに、いかによくテイク・ケア（牧会）するかということが、最も大事であることを忘れてはいけないと思います。ですから、み言を語ることよりも、いかに導いてあげたらいいのかを考え、その時間を最も長くもつのです。

皆さんも、よく経験されていることと思いますけれども、メンバーの一人が問題を抱えてリーダーのところへ来てお話しすると、その人の悩みや問題がリーダーに移ることがあります。その意味が分かりますか。相談に来た人が、怖い怖い心をもって、怖くてたまらなくて、「どうしたらいいのか」と話してきますと、その話を受け入れた人も、怖くなってしまうのです。リーダーがその怖さ以上の強い心をもっていれば解決できるのですが、それ以上のものをもっていない時には、リーダーも怖くなって震えるようになってしまうのです。

「統一原理」が真理か否かという問題に悩んだとしましょう。皆さんは、み言を聞いて、「統一原理」を聞いて人に伝えます。ところが、反対されて答えることができなかったら、ガタンと悩んでしまいます。「ウン、ウン」言って悩んでしまうのです。悩むということは、結局、反対する相手の考え方に同意したということと同じ意味になります。ですから、伝道した本人も悩むようになるのです。「あの人の言うことは非常に良さそうだ、正しいのかもしれない」と、こう考えるとリーダーに、そのことをなかなか言えないことがあるのです。それで非常に悩むのです。

しかし、そのメンバーにこの道が絶対に正しいという信念があるならば、リーダーにすぐこの問題を打ち明けます。そうでないときには、打ち明けることもできないで、「あの人の話は正しいのではないか、この教会の話が誤っているのではないか」、こういうふうに一人で悩んでいるのです。打ち明けてきた時に、リーダー自身がそれに対して答えることができないと、リーダー自身の心情も落ちていくのです。皆さんは、そうではないのですか。

ですからメンバーが訪ねてきて、「質問があります」と言う時は、皆さんにとって一番怖い時なのです。私が分からない問題をもってきたらどうしようかなあと、心配でたまらなくなります。そのような質問を受けて答えられない時には、血気にはやったりしないで、皆さんは信じていくことです。相談してきた人に向かって、「その人は間違っているのだよ」というようなかたちで詳しく理解させようとしないで、「それでも信じていくんだよ。その人は誤っているのです」と言えば、自分で問題を解決するようになるのです。

そうすると、メンバーはなかなかそれが理解できないので、非常に悩みます。自分のリーダーが言うのだから、まあ信じていこうと思っても、いつもいつも心の中では、それに対する悩みが去らないのです。真理の問題、み言の問題であれば別に問題はないとしても、情の問題については、非常に難しい点があります。

家を離れなければならない、教会活動に専心したい、そういう中にあってどうしたらいいのか悩んでいるメンバーに対して、どのように指導をしていくのかという問題は、もっと難しい問題です。

先生は、朝早くから夜遅くまで、訪ねてきては泣きながら、どうしたらいいのか分からずに悩んでいる人に対して、適確に、親切に、一つ一つを指導してあげることによって、その難しい迫害を勝ち抜くことができるように指導されました。

メンバーたちがそういう問題を抱えて先生を訪ねる時に、私たちが感ずるのと同じように、先生もそういう苦しみをたくさん感じられたのでした。同じ立場に立ってこそ、牧会する出発点ができます。第一に、同じ立場に立つことです。同じ事情、同じ心情に立つことです。事情が違っているのに、どのようにしてその人を牧会できるのでしょうか。それは不可能です。

学生を牧会するためには、学生の立場に立たなければなりません。男性が女性を牧会するためには、男性が女性の立場に立ってみなければ分かりません。老人を牧会するためには、皆さんが老人の立場に立っていなければなりません。ところが、男性は女性になることはできないし、若い人が老人になることもできません。学生でない人が学生になることもできません。どうしたらいいのでしょうか。

牧会するためには、同じ立場に立たなければいけないと言いました。どうしたらいいのですか。

オールド・ピープル（老人）がいるとします。その人が今、牧会を願っているとしましょう。そうした場合は、自分が分かっている世界で話そうとすると、非常に難しいものです。もちろん、牧会の基準は「統一原理」になるのです。「統一原理」が牧会の一番の基準になります。しかしながら、その人の事情、その人のいろいろな状態を適確に指導するためには、「統一原理」をいくら知っていても、十分ではありません。まず、その人の立場に立つことです。ですから、同じ立場に立つということが原理です。「統一原理」の教えでもあるのです。

同じ立場に立つためには、どうしたらいいのでしょうか。その老人を牧会するためには、その老人の立場に立たなければいけません。老人の言うことを全部聞き取ることによって、自分がその老人の立場に立てるのです。その次に皆さんは、「統一原理」を中心にしてどのように話してあげようか、どのように解決してあげようかと努めることが必要です。

ところが、私たちは、なかなかそうはしません。その人の話を聞かないで、どうしてその人の事情が分かって牧会することができるでしょうか。それはできません。しかしながら、人の話を聞かなくてもできる道が一つあります。それは霊感を受けてやることです。その人が来ると、「この人はこういう問題点があるのだ」ということを知らされて、話せるのです。そしてお祈りすると、自分の霊感を通じて、その人の事情が分かるのです。

先生の関心はいつも弟子に

先生は説教で、たくさんのみ言を語ってくださいますが、その中で信仰生活のポイントをたくさん暗示されます。また、先生がお一人で外に出たり、山に行ったりするところを、私は今まで見たことがありません。食堂へも、お一人で行かれることはありません。大変苦労した食口がいれば、そういう食口たちを連れて一緒に行かれるのです。あるいは、み旨に活躍した人ばかりではなく、その時にいた人と一緒に行かれるのです。映画にもいつも一緒に行きます。先生は日曜日の説教のほかに、和動会を通じていろいろなことを教えてくださいました。説教の時間以外のみ言によっても、豊かな霊的な充実を保つことができたのです。

先生は、短いみ言でも、私たち一人一人に適確なみ言を下さいました。それは、先生が私たち一人一人に対して非常に関心をもち、私たちを理解していらっしゃったからでした。先生は、普通はそんなに語られず、私たちがお祈りしたり、話したりするところをじっと眺めていらっしゃいました。ですから、私たちの一つの言葉によって、すべてを推し量れるのです。

私に間違ったことがあっても、その場ですぐに「間違っている」とはおっしゃいません。一緒に出掛けたり、和動したりする中で、私だけに分かるように、平和なうちに教えてくださいました。普通、私たちは、その人を指して話すので、他の人に全部分かってしまうのです。しかし、先生は、そういうことはなさいません。ほかの誰が聞いても、全然分からないのです。本人だけがよく分かるように教えてくださるのです。それも、「悪い」というような言い方では話されません。それは、「神のみ意《こころ》がこうであった。イエス様の心はこうであった。先駆者の歩みがこうであった」とおっしゃることによって、強く自分で反省するように教えてくださったのです。

私の例を一つ話してあげましょう。

夏のことでしたが、先生が小さな部屋で、新しいメンバーに対して一生懸命にみ言を語ってくださいました。そこに私も一緒にいて、み言を受けました。私は、初めは眠くはなかったのですけれど、だんだん眠くなりました。そして、そのお客さんが帰ったあと、いつものとおり先生は私と一緒に丘に登られました。街を眺めながら瞑想しました。それが終わってから、先生に連れられて丘を下る途中で、少し休みました。

そこで先生は、静かに私に語り始められました。「新しい人がみ言を聞いている時に、お前が眠ったらね、それはその人に非常にすまないのですよ」と語り始められたのです。何かを叱られたのではなく、ただ「それはいけないよ」と言われただけなのに、それを聞いていたら、私も分からないうちに涙が出て止まりませんでした。

もちろん人によって違いますけれども、先生は常にそのように教えてくださいました。

先生は、言葉で表されなくても、黙っている中に、たくさんのみ言を私に感じ取らせてくださいました。秋になり、麦が実っている所を歩くと、「お前は、ああいう実った麦を見て、どういう感じがする?」とか、ある時は「お前、何か聞きたいことはないのか」と私に聞かれます。時には、「私と永遠に、神様のみ旨のために働くの?」と聞かれたこともあります。

このように先生は、個人個人に決心をさせたり、私の考えも及ばないことを考えさせたりするために、いろいろなヒントを与えて、覚えていてくださいました。そういうことができたのは、私のために祈っていてくださり、私が今まで言ったことを全部聞いて覚えていてくださり、その次に、私が毎月行ったり来たりしているときに、どのように導いてあげようかと常に関心をもって眺めていらっしゃったからでした。いかにしたら神の心情が分かり、神のみ旨を理解させることができるだろうかという、変わらない深い心をもっていらっしゃるから、そういうことができたのです。

三、興南監獄での伝道

四八年二月二十二日、拘束される

当時私は、朝、暗い時に外へ出てみると、先生はいすに座って、常に瞑想《めいそう》にふけっていらっしゃるのを見ることができました。

私は先生が貴重に思えて、なかなかお話しすることができませんでした。また食口《シック》たちも、私にはみんな天使のように貴重に思えて、話をすることもできませんでした。私は、教会へ行っていながら、食口たちと誰一人として話したことを覚えておりません。私は、み言を聞くだけで忙しかったのです。私は何も分かっていなかったからです。

先生は、一九四六年六月六日に平壌《ピョンヤン》へ着かれました。そして四八年の二月二十二日の日曜日でしたけれども、官憲がやって来て、先生の牢屋の生活が始まっていくのです。日曜日には、十時に礼拝が始まります。私は、その二時間前に来て、お祈りの準備をしていました。食口たちが相当の人数、来ていたのですが、官憲たちが入ってきました。先生が上の部屋で、お祈りの準備をしていらっしゃった時でした。

先生が連行される時に、私は先生の隣を歩きました。電車の通る市街を通り掛けた時でした。いろいろな音がするのですが、私の耳には、先生を揶揄《やゆ》する声が聞こえてきました。先生は、非常に落ち着いていらっしゃいました。しかし、非常に緊張されていることが分かりました。というのは、こういう中では隣の人が息をしていても、その息の音は聞こえませんが、先生と私が並んで歩いていたその時に、私は先生の激しい呼吸の音を、ものすごく強く感じたのです。

そのようにして、先生と私と女性食口二人が、共産党当局の内務省に連れていかれました。女性食口は二日目に拘束が解け、私は四日目に出獄しました。先生だけを残すようにして、ついていった人は全部帰ってきたのです。

八十通の投書

「先生は魔術をする人だ」といううわさが出ていました。それは、一般の教会で一生懸命やっていた中心的な信者が、先生の話を聞いてからは牧師の言うことを聞かなくなって、何十年間も因縁をもってきた教会をきっぱりと切ってしまい、すぐ私たちの教会へ来るようになったからです。あるいは、どんなに仲のいい夫婦であっても、また親子でも、いったん統一教会のみ言を聞けば、そうした関係よりも、統一教会と深くかかわって離れようとしないからでした。

このような力はなかなか理解できないのです。そこで、魔術師が催眠術をかけてこうなったのではないかと考える以外に、理解する道がなかったのです。

特に、若い夫婦でありながら、夜になっても近寄らないことを考えると、疑問に思わざるを得なかったのです。ですから、統一教会に不倫な関係があるのではないかという疑いも、そういうことから起こったのです。

八十通の投書は、ほかの人ではなく、キリスト教の牧師によって、反宗教、反キリスト教である共産主義者によってなされました。どうしてそういうことができるのだろうかと、疑われるかもしれません。しかし現実に、牧師たちは共産党に奉仕したのでした。

二千年前のイエス様の時に、ユダヤ教徒がローマと手を組んでイエス様を十字架につけたことを考えると、全くあり得ないことだとは言えないと思います。この牧師たちは、自分の力では先生を屈服させることができなかったので、共産党と手を組んだのです。四八年でしたから、共産党はまだ、北に共産国家を樹立していませんでした。政治綱領では、集会、宗教の自由はありますが、それは国際世論や国内世論を考えてのものでした。

共産党の抑圧政策

事実、共産党は、徐々にキリスト教を抹殺していました。一例を挙げてみましょう。

小学校の児童の中には、親が教会に行っている子供がたくさんいました。子供も親と一緒に通い、日曜学校にいつも参加するのです。平壌は、韓半島でキリスト教が最初に広められて、非常に盛んな所でした。ところが、学校では日曜日に、特別の登校の日を設けました。クラスの全部が全部、教会の学生ではないのですから、クリスチャンでない子供を日曜学校の時間に教会へ送るのです。そして、自分のクラスの誰が日曜学校に出ているのかをチェックさせました。

北韓では、少年の時には少年団を、青年になると民主青年同盟をつくっていました。そこから労働党、共産党へと行くのです。このような段階を通して、小学校の時から既に共産党員になるための教育を、着々と進めているのです。全員、少年団員になるのです。月曜日には、学校の勉強が終わってから、少年団員の会議があります。そこでは自己批判、総合批判が始まります。お互いに批判するのです。そこで日曜日に出てこなかった児童を立たせます。先生がそうするのではありません。先生は、そばに立っていて傍聴しています。

少年団の団長は、日曜日に学校へ来なかった子供の理由をよく知っています。それを知らないふりをして、その児童を立たせて、「お前は、なぜ日曜日の特別の学習に、特別の集会に出なかったのか、その理由を自己批判しなさい」と言って、自己批判させるのです。幼い子供ですから、強い信仰をもっているのでもないし、全員の雰囲気がそうなるので、正直に「私は教会へ行っていました。これからは、そうしない。その活動には悪魔がいます」と、涙を流しながら悔い改めなければならないようになります。

それは小学校ばかりではなく、中学校、大学、どこにでも適用されるのです。職業をもっている人は職業別に、教員、農業関係、炭鉱労働者など、職業同盟をつくりました。個人で商売する人は、四八年の時には街頭組織がありました。ですから、働かないと食べられないような社会になっているのです。

野宿者は、働かないで食べる者です。物を乞うということ自体は一種の働きですが、それは自分のため以外の何ものでもありません。それゆえに、野宿者でも働かなければ、食べ物は何も与えないという主義ですから、全国の野宿者を一つの島に収容しました。そこで働かせたのでした。また、酒を飲んで人を殴ってお金を取るという、やくざな者たちがいました。そういう者を一つの所に集めて働かせます。ですから、やくざは一遍にいなくなりました。やくざも野宿者もいないのです。

また個人の財産をどろぼうするのは、とっても軽い罪ですが、公的なものを盗めば、極めて厳しいのです。軽くて三年の刑です。

　仕事をしている人たちには、仕事が明けたら、毎日のように復習の時間を与えて、理論を教育していきました。しかし、学校教育を受けていない人は字が読めず、いくら共産主義理論を教えても分からないので、教えることができません。そこで、小学校の児童を動員して、文盲退治ということで、田舎の人たち、勉強していない人たちや老人の教育を始めました。子供たちには、親のところへ行かせ、どんどん連れてくるようにさせました。親は、子供がかわいそうに思われて、出なければならなかったのです。

　次には、地主から土地を無償で回収して、地主を追っ払い、ある者は炭鉱に行かせて強制労働をさせ、その土地は、土地のない農夫に分け与えたのです。苦しく貧しい生活をしていた人たちですから、まずは喜びました。ところが、収穫の大部分を現物税という名目で取り立てるので、地主の下で暮らしていた時より税も高く、もっと苦しい生活となったのでした。

　転職のとき、南では自由にほかの職場に移ることができるのですが、ここでは許されませんでした。行こうとしても、お金がなければ、また許可を受けなければ行けない世界なのです。そういう中で、先生がみ旨を行うのは、どれほど難しいことであったかが分かると思います。神のみ旨からすれば、先生を迎えるためにキリスト教を準備したにもかかわらず、そのキリスト教は、先生に反対し、牢屋に送ったのでした。

内務省での拷問による取り調べ

　その当時、先生は、「私はもう牢屋に入るのだ」ということが分かっていらっしゃったと思いますか、分かっていらっしゃらなかったと思いますか。イエス様が来られたときに、十字架につけられると思っていたのでしょうか、それともつけられないと思っていたのでしょうか。第一に、十字架につけられるとは考えませんでした。しかし、人間がみ旨についていかないとするならば、そういうことも起こり得るというお考えはあったでしょう。

　内務省に連行された先生を、刑事たちも魔術師のように考えていたので、三、四人で先生を調査し始めました。先生が魔法を使うと思っているので、調査の途中でも、先生がトイレに行かれれば、魔法を使っていなくなるのではないかと思い、常に二人の刑事がトイレまでついていったのです。また一人にしておくと、いついなくなるか分からないというので、先生を七日間眠らせないで監視しました。

共産党の拷問の中でも、最も大変な拷問には、「食べさせない、寝かせない」というものがありました。そのようにすると、言うとおりに答えるようになるのです。その官憲は、先生を寝かせないために、自分たちだけ交代して眠り、先生が眠りそうな時間になると、眠らせないようにしたのです。どんどん話し掛けるのでした。

私が二日間入って取り調べられた内容と、先生に対してどういう罪をかけようとしていたのか、ということの一端をお話しします。

私は、二つのことについて中心的に聞かれました。一つは、「お前は、この人をどういう人だと信じているのか」ということでした。その次に、「お前は教会に献金をしたことがあるか」と聞くのです。

この人たちは、キリスト教の教理とかは、頭にはありません。それは何でも構わないのです。なぜならば、彼らはキリスト教自体を否定していたからです。彼らは、教会の人々からお金を搾取して、私たちがそれを自分たちのために使ったのではないか、とねらっているのです。

また、先生がどういう人であるか聞いたのは、「メシヤだと言って、それを利用してたくさんのお金を取ろうとした」という条件を奪おうとしたのです。

私のことをもっと詳しく調べようとしました。そのために、当時私は小学生を教えていたので、私が学校で担当していた子供たち全員を一人一人呼んで、「金《キム》先生はお前たちに何を教えたのか」と、全部聴き出して調べました。

先生には、七日間寝かせないでする取り調べをしました。そういう中で、先生が拷問を乗り越えられたのは、目を開けながら、十分間だけでも熟睡することを心得ていらっしゃったからです。目を開けているので、官憲は眠っていないと思うのです。

苦労させなければならない神

共産社会では、先生の裁判のことが大変な話題となりました。先生は、電気工学も科学も勉強したお方です。彼らは、先生の裁判を共産党の幹部たちに見せたかったのです。四八年二月二十二日に入られて、四月七日に裁判がありました。しかし、実はもっとあとに裁判をしようと計画していたのです。その予定を変更して、七日にしたのです。法廷には、私たちに反対してきたキリスト教のリーダーや信者は言うまでもなく、共産党の幹部が立錐の余地もないほどにいっぱいに集まりました。開廷する前に、先生は何人かの犯罪者と共に、鎖をつけられて前のほうに座られました。先生の頭の毛は全部刈られて、坊主のようになっていました。

一年八カ月の生活は、涙と汗と、そして血を流す道のりでした。先生は、平壌での牧会生活で、涙を流されない日はありませんでした。私が先生の路程を語る時は、皆様が見るように、深刻な思いに駆られます。先生のそうした日々を思い浮かべると、そうならざるを得ないからです。

先生は牢屋に入ってからは、いっさい涙を見せられませんでした。先生は、先生が牢屋の道を行かなければならないことを知っていらっしゃる神様の苦しみを考えるとき、先生の苦しみよりも、愛する子が刑務所にいて苦労するのを見る神の苦しみが、もっと大きかったということをよく御存じでした。

苦労する先生よりも、苦労させなければならない神の心は、もっと沈痛に駆られていることを知っているので、それよりも、神の心を慰め、勝利して、その喜びを神に絶えず返すという強い決意のもとに、弱さを少しも神の前に見せられませんでした。神に対して、弱い心を絶対に見せたくなかったのです。「私のために心配なさらないように」と、そういうふうにかえって神を慰められました。

ところが、一日の休みもなく、本当に心を尽くし、愛した一年八カ月の牧会の日々が過ぎて、牢屋に入られた時は、先生は壁にぶつかったような状態であったと、私は推測します。

神を慰め勇気づける

しかし、神は先生に一条の光を啓示されました。というのは、その刑務所には先生を待っている一人の青年がいるということを、牢屋に入られる前に教えてくださったのです。

もちろん先生は、「み旨の道を復帰していくためには、どのような死の道があろうとも行く」と覚悟していらっしゃいました。けれども、それが現実として現れたときには、どのようにしてこれを克服していったらいいのか、という問題にぶつからざるを得ませんでした。

皆さんは、どうですか。「私たちは、どんなことがあっても行きます」と言ったけれども、突然困難なことが自分の前に出現してくると、まず「どうしたらいいのか」というふうになるのと同じだと思います。そしてまた、こういう時には、お祈りすると、常に神が共にあるように感じられるのです。

反対に遭うと、神も何もかも、どこかに行ってしまいます。自分だけが残ってしまうのです。皆さんは、そういうことがありませんか。今は、何をしても神は聞いてくれるように感じられますが、いったんそういうことが起こると、もう誰もいない状態になり、自分だけが残るようになります。そのあとに、神がやって来るということを感じるのです。

不安な時、寂しい時、つらい時、怖い時は、神がいないのです。それが過ぎてから、神が現れるのです。ですから、こうした危機的な怖い時でも、平和な心で応じたときに、初めて神が現れるのです。お分かりですか。

私たちが神と授受作用できる自分となっていれば、神が入ります。しかし、神との授受作用がプツンと切れた時というのは、不安な時なのです。そういう時には、神を得ることができません。それは、授受作用の道がないからです。

不安というのは、既に神から離れている状態なのです。自分の心と体が授受作用するときに、神が運行するのです。神のみ意《こころ》を中心として、心と体が授受作用するはずなのに、サタンを中心として授受作用したら、サタンの主管を受けるようになります。ですから不安を感じるということは、「神の愛から離れるよ」という予告なのです。早く神に帰れということなのです。

そういう不安な中で、先生はかえって神を慰め、神を勇気づける心をもたれたので、先生は涙を見せられなかったのです。それゆえに神は、牢屋の中に先生を迎える準備を既にされていたのです。ですから先生は、牢屋の中に入っても、絶望よりは、かえって希望をもたれたのです。先生を迎える準備をしている青年が待っているから、希望に満ちた心情で訪ねていかれたのでした。神から愛される人は、死の境地を訪ねていっても、そこにはなお生きる道を準備している人たちが待っている、というところに神の愛があるのです。

先生は呼吸しても、初めの呼吸は神の呼吸であり、朝起きる第一声は、神から始められるのです。きょう、み皆のために出発するに当たって、この第一歩を誰のために歩むのですか。私たちにおいては、第一歩をお父様、第二歩をお母様のために歩むのです。先生は第一歩を神、全部を神というように、神を第一として出発されるというのです。

「お父様」、「お母様」と、私たちは口癖のように言っています。けれども、神が願ってきた心情で眺めた場合、私たちが唱える「お父様」と、神が願ってきた「お父様」には、相当の差があるのです。

牢屋においてさえも先生を待っている青年がいるように、先生が行かれる道は、神が摂理をされました。先生の行く道を神は、どうして準備しなければならないのでしょうか。その内容がどこにあるのだろうかということを考えながら、先生を研究してくださるようにお願いします。正しい心情でもって、先生を正しく見つめることができれば、十年間共についてきた人よりも、短期間のうちに先生を推し量ることができると思います。

普通の人たちは、何気なく歩いています。しかし、「誰も知らない神との時間をもつ」という心情で一歩を歩むのです。「こういう心情は、世界に誰ももっていないだろう」と。皆さんの歩き方一つさえも、意義深いものがあると思います。「天はお父様を象徴し、地はお母様を象徴する」といつも言われますが、それを実感できないことがあると思います。実感するためには、この地はお母様であるという心情でこれを踏んでいく場合、何の気もなくお母様を踏んだら、痛いでしょう。痛くないようにするためには、どうしたらいいのか。その心情で歩く場合に、皆さんに与えられる心情と、何の気もなく歩く心情とは、全然違うのです。

準備されていた死刑囚

平壌の刑務所の中には、一人の死刑囚がいました。この人は、第二次世界大戦の時に、韓国人なのですが日本の陸軍士官学校の砲兵科を卒業して、日本の軍人として出征した人です。大けがをして生きて帰ってきた将校（大尉）であり、北の共産国家が成立すると、人民軍に入って中佐となった人です。人民軍に服務していた時に、北の情報を年一回ずつ南に流したという証拠を示されて、死刑の宣告を受けたのです。死刑囚は別に収監されますが、彼は自分で自分の命を絶とうとしたのが知れて、手錠をかけられて死の日を待っていました。その人は、金《キム》元徳《ウォンドク》と言います。

ところが、その青年にひと言の言葉が聞こえました。それは彼の名前でした。意識して見回しても、誰もいません。二回目の声がまた聞こえました。しかし、見つけることができませんでした。三度目の名前を呼ぶ声がして初めて、「はい」と答えました。そうしたら、その声は白い髪の毛のおじいさんの声でしたが、そのおじいさんは彼に、「お前は絶対に死なないだろう。お前は南から上がってくる青年をお迎えする準備をしなさい」とお告げを残して去りました。

それから幾日かたって、外から自分の番号を呼ぶ声が聞こえました。しかし彼は、幻の中の出来事は全部忘れていて、死刑執行の時が来たのだと思い、恐る恐る立ち上がって出たのです。「これで死ぬ。死刑場へ行く」と思ったのでした。

ところが事情が変わって、彼の予想もしないことが起こったのです。

彼は人民軍司令官の厚い信頼を得ていましたが、その司令官がモスクワでの軍事会議に行っている間に、彼の裁判があって死刑の判決が出たのでした。司令官が帰ってみると、自分の一番信頼する部下が死刑囚となっていたのです。能力のある部下でしたから、死刑にだけはしないようにということになりました。そこで最高責任者に、「この人は砲術には貴重な人で、うまく使ったならば、本当に有望な人物である」と言って、直接自分が身分を保証するという条件でやっと死刑を免じてもらい、四年八カ月の刑を言い渡されるようになりました。

彼はそういうことを通じて、幻でのおじいさんのお告げを思い出したのです。「死なない」と言われたように、死を免れたのでした。大部分の人は、大きな恵みに会うと、次にやらなければいけないことをおろそかにしがちです。彼も一カ月も過ぎると、先生を迎える準備を全部忘れていたのでした。

そうしていたある日、再び白い髪の毛のおじいさんが現れて、彼の名、金《キム》を激しく呼びました。「金！ 私が言ったことをお前は忘れたのか」と言って叱りました。それからこの人は十九日間、体が痛くてどうにもこうにもできないような苦痛を受けました。その人の父親は、自分の愛する子供が死刑を宣告されたことを知ってから、心を痛めて病気になってしまいました。その上、自動車にひかれて死んでしまいました。

すると今度は、幻の中にお父さんが現れました。「おじいさんが話してくれた青年の所に、私が導いてあげよう。私の後ろからついてきなさい」と言われて、先生のいらっしゃる所に連れていかれました。

そこは宮殿でしたが、その階段を最初は三段ずつ上がって礼をし、その次は一段ずつ上がって礼をし、やっと輝かしい玉座のある所までたどり着きました。そこで、玉座の青年に大きく三拝敬礼を行いました。あまりにも厳かな所だったので、顔を上げることができないでいたところ、お父さんに言われて顔を上げ、玉座に座っているお方の顔を見ました。

するとそこは、金のように光がまばゆく光り輝いていました。あまりにもまばゆいので、見つめることができず、顔を下げていました。

お父さんが「帰りましょう」と言うので、今度はお父さんを従えて階段を下りてきました。そして最後の階段を下りた瞬間に、お父さんはいなくなり、それから自分の意識が戻りました。そして、幻の中の出来事であったと知りました。

先生は五年の判決を受けて、その青年のいる同じ部屋に入るようになりました。その部屋には、二十人近い人が収容されていたのでした。

裁判で五年の実刑が下る

私は教会生活の中で、先生は静かな方とだけ考えていました。けれども、先生の威厳のある様子を見た時に、先生の違った世界を見始めました。本当に闘う時が来たと感じました。先生が考えていらっしゃる様子は、これから闘う時が来るというふうに構えていらっしゃるような、あるものを感じました。

裁判の全貌が新聞紙上に発表され、多くの既成教会の人たちが裁判所に集まってきました。彼らは、「イエスは頭に何をかぶっていたか」と嘲笑し、先生を「殺さなければならない」と叫びました。先生は多くの教会指導者たちや共産党員たちが大勢傍聴する中で、四月七日に、公判の席に出られ、大きく背伸びをし、余裕をもって堂々と裁判を受けていらっしゃいました。その姿に、教会では見られなかった面を見て、深く考えさせられるところがありました。

最初に先生の裁判が始まり、彼らが第一に先生に質問したことは、「お前、何を専攻したのか」ということです。それから、名前などを全部聞くのです。先生は、「電気工学を専攻した」と答えました。それで彼らは、「それでは、電気はどのようにしてつくるのか」と質問しました。先生は、電気がどのようにしてできるのか電気発生の原理を説明していかれました。彼らはその点をねらったのです。

なぜならば、電気は見えないものであり、人間がつくるものです。それで、人間が見えない電気をつくるというならば、神は見えないのだから人間がつくったものだというのでした。見えない電気を人間がつくるように、人間は神を、あるようにつくり上げたのだというのです。

そのようにして、先生に対するいろいろな問題を取り上げていったのです。そして、先生に対する判決文を読み上げました。そこには、先生がたくさんの無知な人たちを甘い言葉で誘惑して、虚偽を捏造《ねつぞう》し、たくさんの金品を搾取したとか、キリスト教の信者たちの家庭や社会を破壊したということが記され、さらに社会の秩序を乱したという名目で判決したのです。

判事は判決文を全部読んでから、「これに関して改める言葉はないか」と先生に聞きました。先生は、判決文の中で、社会秩序を乱したとか金品を取ったとかということにはひと言も触れないで、北韓で虚偽を捏造したという名目に対しては、「判決文から取り除きなさい」と願い立てました。

共産主義の社会でそういう話をすれば、かえって罪が重くなるということを考えるので、普通の人は、「あなたの言うとおりに服従しますから、何とか罪を軽くしてください」という思いをもって、黙っています。しかし、先生はそういうことは問題にしないで、正しいことは正しいとしたのです。「要請を受け入れる」と判事は答えました。

こうして先生は、五年の実刑判決を受けました。他の人たちは、手錠をかけられた先生の姿を見て、泣いていました。先生は大変ひもじいはずですから、メンバーの一人(玉世賢《オクセヒョン》先生)が先生にお弁当を作ってさしあげました。私たちは、これから五年間は先生との時間をもてなくなり、別れていなければならない立場に立ちました。それはちょうど、親から離れる子供のような心情でした。

先生は他の囚人と同じく、片方の手には手錠がかけられ、片方には食べ残したお弁当を下げていました。私たちといよいよ別れるとなると、弁当をお持ちの手を高く挙げて、「私は、今は行くが、再び帰ってくる時まで元気で頑張っていなさい」と暗示をしてくださりながら、笑顔で私たちを送ってくださいました。

先生には一つの啓示があって、牢屋には先生を迎えるために青年が待っている、ということを御存じでした。それで牢屋に入られる時にも、その人に会えるという喜びと希望を抱いて出発されたのでした。

裁判を終えて、先生は既決囚たちの待合室で待っていたのですが、そこに、たまたま先生を調査した検事が何かの用事があって通りかかりました。その時に、彼は長い月日の間先生を取り調べていましたから、先生の顔は一見して分かるはずですが、良心の呵責があったので、知らぬふりをして通り過ぎようとしました。

先生は彼を呼び止めて、「私が分からないでしょうか」と聞かれたのです。すると彼は、「そうでしたね」と答えました。そして先生に本当に申し訳ない顔をして、「実はあなたについて何もなかったのですが、上のほうから命令がありましたので、私は致し方なくてこうなりました。人間的なことは全部水に流して、私をお許しください」と先生に話しました。

そして彼は出て行ったのですけれども、先生が牢屋に入られると、彼からたくさんの食べ物が贈られていました。

先生はその食べ物を見て、食べるべきか、そうすべきでないかと思って、長い時間を費やされたのです。というのは、彼が薬を中に入れているのではないかと考えられたからです。先生の性格として、もし先生がその人であったら、体面を考えて差し入れなどはできないと考えられたのです。その体面を乗り越えて、先生に差し入れをしたという心を非常に重く見られたのです。

先生ができないようなことを、彼はしたのです。そういうことで、先生は中の人たちと分けて食べられたのです。先生は、一言一言に対して細かくお考えになることが分かると思います。

判事の言行から見ても、先生は何の罪もなくて五年の刑を受けたのです。

刑務所では、名前が呼ばれるのではなく、代わりに番号で呼ばれます。先生の番号は五九六番でした。これを韓国の発音で読みますと、オ・グ・リュクとなりますが、オグルハダ（억울하다、悔しい、濡れ衣を着せられるの意）と発音が似ています。先生は罪なくして牢屋に入られました。それに対して番号自体もオグルハダとなって、五九六になったのです。

牢屋で最初の弟子を得る

牢屋の中には柵があります。あるものは鉄格子のような柵です。そこから全部見えるようになっています。少し空気が入るようになっているのです。そこから物を入れます。この片方にトイレがあります。トイレといっても、おけのようなものが置かれていて、その上に座って用を足すのです。ですから人のいる中でしなければなりません。見える中で……。においも全部出ます。もし、下痢でもしたら大変です。

入り口だけは格子ですから、空気の流通は非常に良かったのです。その部屋に最初に入って長くいる者は班長になるのです。そして風通しのいい所に座るのです。最後に入った者は、トイレのすぐ隣に座らなければなりません。死刑囚は、長い日数をかけて判決が下されます。牢屋の中で、金元徳さんは一番長くいましたから、班長になっていました。

寝るときは、下は床だけで、何もありません。そして寝るのも、そのままで、毛布一枚を下にして寝るのでした。また、日中寝ているのではないのですから、朝の一定の時間に起こし、夜も一定の時間に寝かせるのです。昼間は横になることもできません。正座の形できちんと座っていなければならないのです。足も長く伸ばすことができません。

最初に入った者は、いい所に座るのです。そして、その人が出てしまったら、その位置を代わるのです。牢屋の経験のない人は、入ったらどのようにしたらいいのか全然分かりません。しかし、先生は学生の時から幾度も牢屋に入った経験がありますので、入るやいなやあいさつをして、自らトイレの近くに座られました。

一九五五年に先生が牢屋に入られた（七・四事件）時は、私も一緒に牢屋に入りました。同じ部屋ではないのですが、その経験によって、先生はどれほど牢屋の生活に慣れていらっしゃるかを、つくづくと知ることができました。

社会ではいくら教授であっても、高官であっても、いったん牢屋に入れば、どろぼうと全く同じです。先に入った者が親方になっていて、長官であっても、大臣をした人でも、あとからそこに入ったら、丁寧にあいさつしなければいけません。「私は大臣をしたから、牢屋の中でも自分は大臣だ」と言ったら、みんなから殴られて、生き残れません。皆さんは、そういうことが分からないですね。牢屋には牢屋の規則があるのです。ですから、意地の悪い者たちは、「這いなさい」と言ったり、いろいろなことをさせたりします。布団なんかをかぶせて殴ります。誰が殴ったか分からないのです。先生はそういう経験をよくされました。それであいさつをして、すぐ全く同じ生活に入りました。

ところが、先生を待っていた青年は班長ですから、風通しのいい所にいるのです。その青年は、先生が入ってくるのを見ると、我知らず心が引かれていったのです。そこで彼は規則を破って、先生を自分の隣に呼んだのでした。

先生は共産主義社会の様子をよく御存じなので、牢屋の中では絶対に何も語りませんでした。共産党の牢屋には、たくさんの思想犯が入っていました。共産党は、秘密党員を思想犯や政治犯のようにして、その中に入れます。そして、思想犯や政治犯のように気軽に話をするので、味方だと思ってつい話をしてしまいます。そうすると、その人に秘密を知られてしまうのです。

三日目に彼は先生に、「私たちにお話をしていただけませんか」と願ったそうです。そこで先生はこの人たちに、今まで先生がみ旨のために、人類のために歩んでこられたその路程を、ロレンスという人の名に例えてお話しされました。その話が終わってから、先生はこの青年に向かって、「あなたは誰にも言えない自分だけの悩みをもっていないか」とおっしゃり、おじいさんが現れた時の話を、暗にその青年にお聞きになったのです。先生は、この青年に意味があることを御存じだったのでした。彼は先生のみ言を聞く中で、おじいさんが現れて教えてくれたのはこの方であることに気がついていました。それでその青年は驚いて、今までの出来事を先生に詳しく話したのでした。彼は深く感激し、先生の弟子となることを誓いました。そして牢屋の中での、最初の弟子になったのです。

このように先生が神のみ意、神のみ旨を成就せんとして心情を尽くし、誠を尽くして行く道で、たとえどういう困難が襲ってきても、神は愛する子のために、神だけが知っている準備をされる、ということをお話ししたいのです。ですから皆様も、神に愛されるようなみ旨を携えて行く道に、どういう難しいことがあろうとも、つらいことが襲ってこようとも、心配しなくてもいいというのです。先生は牢屋に入られる時、全く心配なさらなかったのです。

獄中から食口のために祈られる

平壌に残った人たちは、どうなったでしょうか。多くの食口がいましたが、青年は五、六人しかいませんでした。あとは全部、婦人や壮年の方々でした。先生が四六年に平壌に来られて、足掛け三年になります。実際は一年八カ月ですが、足掛け三年です。

最初に霊能者たちが入ってきて、「三年後には、先生はこの世の中に顕現する」と、何人もが同じことを予言しました。私も、三年後に先生は現れるのだと本当に信じていました。それは、天国が実現されることだと思っていましたから、メンバーは、その時になったら勉強も職業も何も必要ないと考えたのです。皆さんも、そう考えたことがあるでしょう。その時の食口たちは、全員そうした雰囲気だったので、いくら迫害があっても何も問題ではありませんでした。

しかし、先生は我々に、そういう話をされたことはありませんでした。そういう啓示を、なぜ受けるのかをよく御存じだったからです。「三年後に顕現する」ということについて、先生のお考えと啓示を受けた人との考えには、大きな隔たりがあったのです。啓示を受けた人は、自分を中心として神の啓示を考えました。それは、「お前がメシヤだ、主である」と啓示を受けたとき、その人は「自分がメシヤだ」と考えるのと同じことです。

再臨の主を迎える準備の集団（腹中教《ボクチュン》）についてお話ししましたが、幹部たちが自ら集まろうとしたのではないのですが、投獄というかたちで集められた時に、「お前たちを迎えるだろう」という啓示に対して、彼らは、メシヤが来て彼らを迎えると考えたのでした。本当にそう信じていたのです。ところが現実は、メシヤが来て彼らを迎えたのではなく、共産党の官憲が来て迎えたのでした。

三年後には、反対のことが起こり、先生は牢屋に入られたのです。それで霊能者たちは、「三年後には現れると言ったのに、どうして牢屋に入るようになったんだろう。私の受けた啓示は、なぜ間違ったのだろうか」と天の教えを疑い始めたのでした。

この疑いが発展していくと、二千年前のイエス様は、イエス様を捕まえようとした人の目をくらまして、危機から逃れることができたのに、先生は官憲が来たときに、あらかじめ知って、その目をくらまして逃れることをせず、なぜ連行されてしまったのだろうかという思いが募ってきました。そして、「私が受けた啓示が間違っているのだろうか。人々が、『お前の啓示はサタンから来たのだ』と言ったように、私が間違っていたのだろうか。本当に神が教えてくれたものであろうか」と、このように発展していくのです。

霊能者は、神のみ言、啓示を受けたら、必ずそれを実体化し、体得する、それが非常に大切です。神霊は、真理の基盤の上に立たなければなりません。ところが、真理の基盤をもたないで、ただ神霊だけという人は、ちょうど目の見えない人が鈴の音を聞いて行くようなものです。鈴の音が止まったら、その時には方向が分からなくなるのです。

啓示というのは、いつもいつも教えてくれるものではありません。メシヤに対する重要な啓示は、疑いをもった時に、「いや、メシヤだ」と教えるようなものではありません。一度教えてから、み言に従わないときには、反対の言葉を通じて教えるのであって、それを繰り返して教えるものではありません。

ノアに神が教えたときにも、ノアに難しいことが起こったから、また教えてあげる、といったものではありませんでした。一度しかありませんでした。モーセにしても同じです。イスラエル民族をエジプトからカナンの地に導きなさいと教えているけれども、途中でこんなことが起こるだろう、そうしたらこういうふうにしなさいと、一つ一つ教えてはいません。

私はあとになって、つくづく感じましたけれども、先生は牢屋の中で、食口たちがみんな疑いをもって、先生を裏切ることをよく御存じだったのです。しかし、先生は一日も欠かさず、一日に三度、私たちに対してお祈りを続けてくださいました。

一人一人を思い描きながら、その人のためにお祈りされるのです。

普通、「お前と私は、死んでも一緒に行こう」と約束します。しかし、そういう間柄の人であっても、ある時に裏切られたら、「お前が私を裏切ったのだから、私もお前を裏切る」というのが普通の人の対人関係です。しかし先生は、先生に誓った人が先生を裏切っても、その人を決して裏切ることはされなかったのです。

先生に侍るということ

初期のころ、「このみ旨は、いつ成就しますか」と聞かれたことが幾度もあります。今のメンバーの中にも、「いつ、み旨が成りますか」と聞く人がいます。それは、このみ旨の道が正しいか、真理であるかどうかの問題になります。我々の責任分担をいかに成すか、果たすかによってその年月は短くなったり、延長されたりするのです。霊能者たちが三年で現れるといったのに、現れなかったとしても、先生が神の啓示どおりの先生であるならば、三年でできなければ七年、七年でできなければ十年、十年でできなければ一生涯かけても行くべきではないでしょうか。

お父さんと子供がいて、「お前が中学校に入ったら自転車を買ってあげる」と約束したとします。ところが十年たっても買ってくれませんでした。おかしいと思っても、十年後の約束がそのとおりにならなかったとしても、お父さんはお父さんです。

それと同じで、時が来れば成ると思います。しかし、準備した人は恵みを受けるけれども、準備していない者は、時が来ても恵みを受けられないのです。自分で準備した人には天国は来ますけれども、準備していない人は、天国が来ても、天国を迎えることができないのです。約束した時が来たから成るという考え方は間違っていることを分かってほしいのです。

ですから、神の啓示があって、たとえ三年を過ぎて現れなかったとしても、信仰をもち続けなければいけなかったのです。常に神が啓示されたその中心に立って、信仰をもち続けなければいけなかったのです。

イエス様がこの世に来られた時に神は、「あなたは三十三歳の時に、十字架にかけられるよ」と、そうおっしゃったでしょうか。そうは教えませんでした。栄光をもって、この世で地上天国を実現されることを約束していらっしゃいました。では、イエス様が十字架につけられなければならないということを知ったのは、いつでしょうか。その時にイエス様は、「ああ、神様の約束は違いました。あなたは、神様ではございません。だから私は、この道は行きません」と言われたのでしょうか。

この霊能者たちは、自分を中心として考えたのです。神の啓示を、自分を中心として見つめ、神の目で見つめられなかったのでした。そして彼らは、たまにしか教会へ来なくなりました。

しかしながら、このメンバーの中には、自分の家で信仰をもち続け、礼拝をして、先生が出てこられるのを待っている人もいました。あるいは、先生の所へ面会に行って、信仰を守っている食口たちもいました。ですから私たちも、何事をするにしても、それが神の喜ぶ道であるとするならば、たとえ一年のうちに成就しなくとも、それを行うべきなのです。

先生のいらっしゃらない教会では、自然と集会や礼拝が行われなくなりました。しかし、メンバーの家に集まって礼拝をするようになりました。

以前、皆様から「どうして霊能者は離れたのでしょうか」という質問がありましたので、その話をします。今は『原理講論』に体系化されていますが、当時、み言が体系化されていたら、そういった人たちは離れることはなかったでしょう。

先生が入獄された時に、神からの啓示によって、自分で先生を助ける条件を立てる絶好の時であったのです。しかし、それを勝利できない人たちがいました。

霊能者の集団（腹中教）の中心者が、長年の間、たくさんの啓示を細かいところまで受けて、メシヤを迎える準備をしていました。そういう霊能者であっても、最後の段階になって、牢屋で先生を迎える瞬間において、たった一つの失敗をしました。今まで苦労して築き上げてきたすべてのものを覆してしまったのでした。

洗礼ヨハネのことを考えてみてください。長い時間をかけてメシヤのために準備した人です。それが、イエス様に仕えることができなくて、どうなりましたか。私たちには、常に謙遜な心が必要なのです。先生のその手紙を読んで、まず神に尋ねたならば、必ずその答えを得たことだろうと思います。

イエス様は十字架を前にして、「わたしの思いのままにではなく、みこころのままになさって下さい」（マタイ二六・三九）と祈ったその祈りは、私たちにとって重要な教訓となると思います。イエス様御自身の意見があるはずがありません。イエス様は、神のみ意《こころ》はこうであると自分で考えようとする、その心までも否定したのです。イエス様が神のみ意を考える、そのみ意と神御自身の本来のみ意との間に、距離があるものだということを教えたのです。

私たちは、「先生はこうである」と考えます。私は長年先生と共にいましたから、先生の御心情が分かりますけれども、私が思うのと先生御自身のみ意とは距離があります。先生が考えられるみ意とは、何でしょうか。そこまで考えてみないと、さっきの霊能者のような失敗を、私たちもしないとは限らないのです。こういう心構えを「謙遜」と言うのです。この点は、私がずーっと先生と共におりまして、非常に重要だと考えたポイントです。これは、先生に侍りながら感じたことです。

興南監獄での食事

一九四八年の五月二十日に、先生は金元徳《キムウォンドク》さんと一緒に、平壌から相当離れている興南《フンナム》という所に移ったのです。咸鏡南道《ハムギョンナムド》興南監獄（徳里《トクリ》特別労務者収容所）です。日本の窒素肥料工場（日本窒素の朝鮮窒素肥料株式会社興南工場）でしたが、解放後に刑務所となったのでした。

興南の刑務所に移ってみると、食事が大変で、死んでいく人たちがたくさんいました。重労働の仕事でしたので、なおさらのことでした。三カ月足らずで健康を害して、多くの人が死んでしまうのです。先生は、その刑務所で働いている人たちを一瞥《いちべつ》して、あの人は三カ月で駄目だというように感じました。そして三カ月たつと、その人は死んでしまうのです。

共産主義国家というのは、その思想に反対する人でも、そのまま殺すことはできないものですから、ほかの人から、重労働をさせて殺したと言われるような条件に掛からないようにしたというのです。

先生は出された御飯を見て、「この食事では五年間、生き延びることはできない」と感じました。そこで、どうしたら五年間、この食事で生き残れるかを考えられました。神が六千年の復帰の摂理をなさりながら、先生一人を尋ね求めてこられたことを考えたとき、先生お一人が問題ではなく、先生御自身が倒れたりすれば、今まで六千年の復帰摂理を求めてきた神様はどうなるのだろうかを、常に考えていらっしゃいました。

先生の使命がどんなにつらく難しいものであるかということに対して、先生の次のようなお話を聞くことで、感じ取れると思います。

先生は、御自身の使命が本当に難しいので、これを他の人に譲れないだろうかと考えられたことがあったそうです。御自身を中心としてそう考えて、いざこれを人に譲れば、先生御自身は非常に楽になります。しかし、「私が苦労するはずのつらいことを、彼が担わなければならないだろう」とこういう思いに至った時に、「彼がその道を行くよりは、私が十字架を負っていかなければならない」と考え直されたそうです。

人を主管する責任者になりたい、あるいはリーダーになりたいという人は、世の中にたくさんいます。しかし、リーダーの責任を果たすことがどれほど難しいかということが分かれば、その責任をほかの人に譲りたいという思いに、必ず至るだろうと思います。リーダーとは、命令し、侍られる者であると考えるのですが、リーダーがそんなにもつらいものとは全然思いつきません。ですから、先生が考えたような心をもたなければ、そのリーダーは既に、リーダーとしての資格がないと思って間違いないと思います。

「私はリーダーになってうれしい」と言う人は、もう初めの動機が駄目なのです。先生は御自身を問題としたのではなく、御自身を通じて成そうとする神を、もっと心配されたのです。それゆえに、先生は生きて神の願いを成就していかなければいけないと、強い決意に燃えたのです。

そこで、先生は、まず精神的に、この食料で勝利していかなければならないと考えられたのです。ですから、「これではおなかがすいて駄目だ」というふうに心が弱くなれば、五年の刑期を終える前に死んでいくという惨めなことが起こるだろうと、考えざるを得なかったのでした。

三カ月間は少ない食事を半分にして、半分をほかの人に与えました。そしてその半分で、「私はこれから五年間を生き延びなければいけない」という決意をされたのです。

都会の人よりも農村の人のほうが、食事の量がとても多いのです。ですから、そういう農村で働いていた人々が刑務所に入ってきて、そのような食事をしたのでは、とても耐えきれません。どのくらい腹が減るかというと、その食事は豆が少し混ざった握り飯なのですが、それを与えられる時、ちょっとした拍子に豆が一粒落ちるとします。すると、その豆一粒が落ちたために、その日、一日中気分が良くないというのです。

あまりにも無理をしていると、御飯を食べながら死んでいく人がいます。そうすると一緒に食事をしていた人にとって、今死んだ人を哀れんだり、同情の心をもったりするよりも、その人の御飯が問題なのです。ですから、その人が倒れると、いち早く誰かがその人の御飯を持っていくという、本当に耐え難い状態であったのです。

また、御飯の中に石ころがあっても、それまでも食べてしまうというのです。あるいは、一さじで食べてしまうと早くなくなって、心理的にも少ししか食べなかったという感じになります。それで、少しずつ食べて、何とか長い時間をかけることで、たくさん食べたような心をもとうとしました。そういう心情を理解できますか。

先生は、三カ月後には、御飯を分けるのをやめて、全部召し上がられました。その時に、どういう心をもって召し上がられたのでしょうか。半分は先生に与えられたもの、御自身のものと考えました。つまり、その最初の半分は、今この牢屋で囚人に与えられるものとして先生の分を受け取ったのです。あとの半分は、神が祝福して先生に与えたものだと考えられたのです。ですから先生は、人の二倍、二人分を食べることができるという心をもたれたのです。だからこそ、満足することができたというのです。

私たちは、三百六十軒の家庭教会（ホームチャーチ）の活動をしています。ヨーロッパからアメリカに来ているメンバーは、一人が一人のメンバーを伝道して、ヨーロッパに帰るようにしましょう。皆さんは、これから難しい使命が与えられた時には、常に今お話しした食事の時の心で行えば、必ず勝利できると思うのです。

先生の第三次七年路程は八一年までですが、私たちは、第二次二十一年路程をまた考えなければなりません。「八一年で全部終わりだ」と考えないで、「これから第二次二十一年を続けてまたやるんだ」という意気込みで行かなければならないということです。その次は、第三次、第四次と、そのようにして地上天国が成就されるまで行かなければなりません。もし、そういう心をもたないとするならば、そこで終わってしまうのです。

朴氏、弟子となる

先生は、牢屋の中では、なかなか語られませんでした。しかし、神によって備えられた人には、冒険をしてでも、話し掛けられました。

昼食の時に、ミスター朴（朴正華《パクチョンファ》氏）に近寄っていかれました。この朴という人は、二千人近い囚人の中で、総監督をしていた人です。しかし、初めて会う人ですから、その人がどういう人であるか、先生には全然分からないはずです。ところが、彼に話したことは、洗礼ヨハネは自分の責任を果たせなかったという内容でした。彼は、「そんなことはあり得ない」と反対しました。洗礼ヨハネは道を直くする立派な人であると信じていたからです。

この朴さんという人は、若いころに勧士《クォンサ》（伝道師）の職分をもっていた、熱心なクリスチャンでした。共産党が北のほうの主権を握ると、そこに入っていって、彼らに協力して働いていました。しかし、その職務を怠った罪で牢屋に入れられた人でした。囚人の中の監督となったのは、そのゆえであると思います。

もし彼が先生に反対し、「これは良くない」と思うようになると、先生の立場は非常に難しくなったでしょう。それでなくとも、先生は、刑務所の中で要注意人物として注目を集めている立場でした。そこで先生は彼に、「そんなふうに言ってはいけないのに……」というひと言を残して別れました。

ところが、その夜の出来事でした。朴さんは、体が非常に苦しくなって、寝ようとすると白い髪の毛のおじいさんが現れて、「お前、五九六番が誰か知っていて反対するのか」と叱るのでした。体が苦しくて苦しくてたまりませんでした。「お前はその人の話を聞かなければいけない」と厳しく言われ、「すみません」と悔い改めると、すっかり体が良くなりました。それは生涯において、初めての出来事でした。

先生は次の日にも、昼食の時に、彼を訪ねました。彼に会うとすぐ、「あなた、きのう、こんなことが起こらなかったのか」と聞きました。彼はびっくりして、昨夜の出来事を話しました。そうしたら、先生が今度は、「イエス様を生んだマリヤは、よく使命を果たせなかった」というお話をされました。これはもっと信じられませんでした。彼は、「イエス様を生んだマリヤが使命を全うできなかったとは、何のことだろう」と考えたのです。そこで彼は、きのうよりもっと怒りました。

その夜は、きのうよりも、もっと苦しい目に遭いました。白い髪の毛のおじいさんが現れて、また、きつく話しました。「五九六番がどういうお方であると思うのか。お前は、絶対に服従していきなさい」と言って、今度は本当に耐え難いような苦痛を体に与えるのでした。もうちょっとしたら息が絶えてしまいそうな苦痛なので、監督は、「あのお方のお話を絶対信じるから、許してください」と言って悔い改めました。

彼は次の日に、先生に前日の夜のことを話しました。そうしたら先生は、もっと信じ難いお話をされたのでした。今、その内容は覚えていませんが、とにかく彼には信じ難かったのです。二回もひどい目に遭いながらも、彼は「とても信じきれない」と強く、激しく反対しました。それから三日間、本当に苦しい目に遭いました。それで彼は心から悔い改めて、三日目に「これから私は絶対に先生に侍る」と決心しました。そして彼は、牢屋の中での二番目の弟子になりました。

先生の路程は原理の道

金《キム》さんが誰か分かりますか。最初伝道された金さんとは誰ですか。先生が牢屋に入る一カ月前、既に死刑囚でありながら、「絶対に死なない。しかし、お前は南から上がってくる青年の先生を迎える準備をしなさい」と言われた金さんです。

その次の朴《パク》さんの話、分かりましたか。ただ漠然と知っているだけではなく、原理が分かるように、先生の路程で起こったことは、はっきり知らなければいけません。なぜならば、先生の路程は、原理の道をそのまま歩んでいる路程であるからです。先生の路程は、原理試験を受けるのと全く同じです。

先生の路程は、ちょうどアダム家庭を中心とする復帰摂理、イエス様を中心とする復帰摂理と同じように、個人から世界までの、すべての路程の典型的な復帰路程なので、最も大事な路程なのです。

いくらアダム家庭を中心とする復帰摂理の意味がよく分かっていても、先生の路程が分からなければ、どうしますか。古い兄弟は牢屋のことだったら、「あそこでこういうことをされた、ああいうことをされた」と、それくらいしか分からないのです。先生がそこで苦労された、その苦労自体が問題ではなく、苦労が何を意味するのかが重要なのです。どのようにしてその苦労を勝利されたかが問題であり、どういう心をもって苦労されたかが問題になります。

私たちは、たくさん決心していろいろなことをやりますが、思いどおりにならないと、そういうところでつまずくのです。ところが先生は、そういう時に、どういう気持ちで、どのようにして勝利できたのでしょうか。それを皆様にお話ししているのに、全部忘れて、ただ苦労されたということしか覚えていないのです。

先生が牢屋に入られて、十二人以上の人たちが神の啓示を受け、先生の弟子になりました。その中の二人を、皆様に話しました。その二人を伝道するために、先生は命を懸けて伝道されたことをお話ししたいのです。

まず、先生は先生御自身の苦労よりも、先生を遣わして六千年の復帰摂理を完成させようとされる神のことを考えられたのです。先生は御自身の運命はいくら変わっても構わない、しかし、先生を通じて六千年の復帰摂理を完成させようとする神の願い、先生が命をなくすことによって神の摂理が延長されたらどうするのだろうか、ということを考えられたのです。先生は、死ぬほど苦しむようなことがあってもいいけれど、命が絶たれるようなことがあってはならないと考えられたのです。普通の人は死にたくないと思うのでしょうが、その心とは全然違うのです。イエス様が十字架にかかる前に、なるべくなら死の杯を、十字架を免れさせてくださいと祈った心と同じものです。

その次に、メシヤの使命がいかに難しいものか、ということを皆様にお話ししました。

記憶していますか、先生御自身が言われたことをお話ししました。「他の人を苦しませるよりは、かえって先生が苦しむほうがいい」と考えられたのです。ですから先生のためではなく、その人のために決意したのです。そこが違います。自己中心ではないのです。その精神は、先生の路程に一貫してみなぎっているのです。

例えば、問題児ばかりのチームを率いるリーダーがいるとしましょう。ほかのチームは、メンバーが良く、うまくやっています。「そこを私がやれたらいいなあ」という心が出てくるでしょう。しかし、先生の精神を受け入れるならば、どんな考えをするようになるでしょうか。もし、「難しい」と言って私がここを離れたら、誰かが私の代わりにこのチームをリードしなければいけません。「私は、この六カ月、あるいは一年、このチームでやってきた。もし、今私が離れたら、次の人は事情が全然分からないから、私が苦しんだ道を、その人はまた繰り返して苦しまなければならないだろう。それならば、私が苦しみを勝利していくほうがいいだろう。その人を苦しませないために、私はもっと苦しんであげよう」。

こういう気持ちになれるというのです。

私の苦しみの前に神の苦しみがある

先生の心を理解したならば、もう一つ考えなければならないことがあります。例えば、私が問題のあるチームに六カ月、あるいは一年、一緒にいたとします。その時、彼らを導くのに、「あっ、これは私の間違いだ」「こんなふうにしよう」「こうして私は導いた」といって、自分だけが苦労したと思ってはいけません。私を通じて、いろいろと教育するために、苦しまれた神がいらっしゃることを忘れてはなりません。

そしてまた、完全なリーダーではないのですから、メンバーたちを傷つけたこともあるし、メンバーが話を聞かないので、自分が傷つけられたこともたくさんあるのです。チーム・リーダーがよく導けなかったがゆえに、あるいは牧会できなかったがゆえに、傷ついて、教会から去ったメンバーもいます。それによって、リーダーもたくさん学んだのです。

「今までチームが問題を引きずってきたが、自分だけでなく、背後で神も苦しんでこられた」というように考えるのです。新しいリーダーが来た時に、彼らの中にはメンバーを傷つけたり、苦しんだりする人も出てくるだろうと思います。けれども、私が神の心でその人をよく指導できれば、そのチームを通じての摂理が延長されるのではなく、短縮されるだろうと考えるのです。

アダムが失敗した時に、アダムの代わりの者を、すぐ立てることはできなかったのです。アダムの身代わりを立てるのに、何年かかりましたか。ノアを立てるために、千六百年かかったのです。ノアが失敗したときに、何年かかりましたか。それと同じように、Aというリーダーを出したけれども、チームをよくリードできなかったとすると、代わりの人を立てるには、それくらいの期間が必要だということです。

皆さんは、最初の人ができないと、すぐ次の人に代えてしまいます。そうしたら、メンバーも変わったと思います。形状的には変わっても、内的にはまだまだ変わっていません。最初の人よりも、あとに来た人がもっと上の立場に立たない限りは、引き継ぎがまだ終わっていないものと考えなければなりません。

ですから、リーダーの立場を受け継ぐためには、新しい人はチームを率いていける基台をつくらないといけません。そこには、最初のリーダーとメンバーとの心情のかかわりがあります。その次の人もよくできなくて、代わりに新しい者が引き継いだとします。そうしたら、最初のリーダーがどのように導いたかを知らなければなりません。また、最初の人が牧会した以上の熱心さ、心情をもたなければなりません。それによって初めて引き継ぎが始まるのです。

最初に良くできなかった者がいれば、新しく来た者が蕩減をしなければいけません。神が中心者を通じて何かを願うときに、神の目的を中心として見れば、最初の人と次の人は、同一の人なのです。ですから、最初の人が良くできたもの、できなかったもの、それらが全部次の人に引き継がれるのです。

アブラハムが失敗したがゆえに、イサクがいけにえに立たなければならなかったのです。み旨を中心として見れば、アブラハム、イサク、ヤコブは同じ人です。最初のアダムが堕落したがゆえに、第二のアダムとして来られたイエス様は、アダムが間違ったすべての蕩減条件を負わなければいけません。第三のアダムとして来られる再臨主は、第一のアダム、第二のアダムの、すべての蕩減を払わなければいけないということになります。

前の人の責任は前の人の責任で、私に責任はないということはありません。皆さんは、それをはっきりと分からないといけません。

犠牲の上にある今の私

皆さん、先生のことを考えてみましょう。韓国の元老の牧師さんたちが先生を訪れました。その時、先生は彼らに、「実を言えば、あなたと私は敵です。あなたは私に反対して、韓国から追い出そうとしました」とお話しされました。

ヤコブには十二人の息子がいましたが、十一人の兄弟は、ヨセフを殺そうとして追い出しました。ところが、殺されそうになったヨセフが総理大臣となってから、彼らはヨセフの所へ来て謝りました。ヨセフは、自分を殺したのと同じ立場の、その兄弟を許しました。なぜ許すことができたのでしょうか。それは、ヨセフが親に侍らなければいけないはずなのに、彼がいない時に、兄たちが侍ってくれていたところを見て、許したのです。

ユダヤ教とかキリスト教が、先生に反対しました。それと同じです。しかし、先生は、どのようにして愛する心をもたれたのでしょうか。統一教会をなくそう、滅ぼそうとし、先生を追い出そうとしたことは、許されるものではないのですが、六千年の歴史を通じて、ユダヤ教とキリスト教が神を支えてこなかったならば、どうなっていただろうかと考えるときに、許すことができるというのです。

ですから、自分を中心としないで、あくまでも神を中心としてこそ、許しの心が出てくるのです。ただ漠然と、「愛さなければいけない、愛さなければいけない」というのでは駄目なのです。「なぜ兄弟を愛さなければいけないのか」「なぜ人々を愛していかなければいけないのか」、そういう心をもたないと、許しの心をもつことはできないのです。

皆さんが、過去を振り返って、「私はたくさんのことを習い、悟りました」と言えるようになるまでには、それくらいたくさんの人を傷つけてしまった経験、それをさせてもらったおかげだということを忘れてはなりません。「もし先生が私の代わりにチームを指導したならば、あのようにしなかったはずなのに」と考えるだろうと思います。それはいいことです。

これをもっと分かりやすく、印象的にするために、名医の話をしましょう。

ある人が医科大学を卒業しました。彼はお医者さんになって、患者を診るようになり、学校で習ったとおりに人を診断し、治療し始めました。最初はよく分からないところがあって、学校で習ったとおりにやりました。ところが効果がなく、かえって患者は非常に苦しんでいます。それで、もう一つのことを試みたけれども、また駄目でした。そうこうしているうちに、患者は死んでしまいました。このようにして彼は、いろいろな経験を積みました。それからのちは、人をよく診断して、治すようになったのです。それで彼は、名医と呼ばれるようになりました。

名医とは、たくさんの人を犠牲にしたということが前提になるのです。お分かりですか。名医になった人は、まず誰に感謝しなければいけないのでしょうか。自分でしょうか、自分を教えた先生でしょうか。もちろん、そうでしょう。しかし、それよりも前に、自分のために犠牲になったたくさんの人たちに、感謝の気持ちを返さなければいけません。悟るとは、人を犠牲にしてできるものなのです。

夫婦の関係も同じです。私が相手を愛するようになったということは、相手をたくさん苦しめたおかげなのです。愛さなければいけないと悟ったということは、過去には愛せなかったということです。愛せなかったということは、相手を苦しめたということです。

星がたくさん付いている将軍が偉いのですか、何も付いていない兵卒が偉いのですか。星がたくさん付いているということは、たくさんの部下を殺したということと同じです。ですから戦争に勝った将軍は、第一に誰を訪ねますか。空のように高い位の将軍でも、一番下の兵卒に頭を下げます。それは、その人たちの死によって、勝利がもたらされたからです。その星は、彼のものではなく、その人たちのものなのです。

ですから、勝利の栄光は、第一に神に帰し、次に、その人たちに全部返さなければいけません。それを自分や自分の家庭に返したら、大変です。自分や自分の家には、その人たちが返してくれるのです。

皆さんが、いろいろ習った、あるいは悟ったというときには、自分で悟った、自分で習ったというのではなく、「犠牲になったメンバーによって習うことができた」ということを忘れてはいけません。足らないリーダーなのに、ほいほいと侍ったのは、リーダーが好きだからではなく、神の啓示があると思ったからです。ですから、何かを習ったときには、まず神に感謝をし、メンバーに全部返さなければなりません。問題児だという人に返さなければいけないのです。

そうしないと、どういうことが起こるでしょうか。メンバーは、皆様を尊敬しませんし、恐る恐る仕えるでしょう。そういう人を通じては、何もできません。主体と対象の授受作用ができません。そこには神が運行せず、何も繁殖せず、悪の循環でしかなくなるのです。

例えば、「水を持ってきてください」と言って頼んだとしましょう。そのリーダーが嫌いなのに、それは命令だから従わなければいけないという気持ちだったら、喜んで行くでしょうか、顔をしかめて行くでしょうか。また、コップにごみが付いているのを見て、心の調子が良い時には、「私のリーダーがこれを飲んだら病気にかかってしまう」と言って、全部ふき取ります。それを飲んだら体が良くなるでしょうか、良くならないでしょうか。しかし、命令だからと思って、寂しい心が水に混じって一緒に入っていたら、いいはずがないですね。愛を込めた水と、心情を込めた水を飲んだらどうでしょうか。皆様が霊的に明るくなれば、それが分かります。

握手にしても、友達と握手をする場合に、嫌な人と握手しなければならなくて仕方なく握手するときと、本当に愛する人と握手するときと、形は同じですけれども、内容が違います。同じように、目を見ても、本当に哀れんで見るのと、憎い心で見るのと、全然違います。ですから、皆様が本当に愛してメンバーや兄弟に対しているのかということは、その目を見たら分かるのです。

では、先生が金《キム》さんと朴《パク》さんに話し掛ける時には、命懸けの冒険であったということをお話ししましょう。

先生のそういう信じ難いお話を、その人が受け入れなかったときにはどうなりますか。そのときには、先生の命はないのです。そうならないようにするために、夜になって霊界が総動員して、働き掛けたのです。朴さんは二千人の囚人の親分でしたから、彼が五九六番は善くないと思えば、先生は処刑されるのです。そこで、そういう霊的現象が起こりました。

その人は先生として侍ったのですが、先生はそれで終わったのではありません。啓示というのは、いつもいつも教えてくれるのではありません。そういう人が先生を信じたからといって、先生はそれで安心したのではありません。彼らは、それからたくさんの試練を受けたのです。

ひとたび誓って侍っても、その人が通過しなければならない路程を先生はよく御存じなので、それからのちの世話はすごいものでした。先生に差し入れられた着物も食べ物も全部あげて、いつもいつも神経を使って弟子たちの面倒を見られたのです。

皆さんも、新しくメンバーとなったといっても、安心してはいけません。メンバーになるまでに尽くした基準で、さらに尽くしていかなければいけません。そういう気持ちで面倒を見ながら、プッシュしたりなだめたりしながら、神の道を行くように導いてあげなければいけないのです。

ですから、リーダーというのは難しいのです。それが分からない人たちは、リーダーになりたくてたまらないのです。しかし、リーダーになりたいという心は悪くはありません。若い人は、そういう心をもたないと死んだ人と同じです。もともと人間は、万物の主管主として造られたものですから、黙っていてもそう考えるのです。ただ、今お話ししたような心をもたなければいけないのです。

犠牲と奉仕にサタンは屈伏

先生は二年八カ月という間、牢屋でどういう仕事をされたか、お話ししたいと思います。

朴正華《パクチョンファ》さんは、先生が天の愛する、天に遣わされた方であることを知りました。それで、先生が刑務所の中で働かれる仕事があまりにも厳しいと感じ、また弟子ですから、先生が苦痛を受けるのは自分の苦しみのように感じました。そこで先生に、彼は総監督でしたから、「そういう苦しいことをしてはいけません。私が話をすれば、非常にたやすい仕事に就けますから、ぜひとも、そちらを選ぶように……」と言いました。しかし先生は、「この刑務所の中で一番つらい仕事は何か」とお聞きになり、その一番つらい仕事を、自ら喜んでお選びになったのです。サタンはいろいろな形で、一番近い人を通して試練をしてくるのです。神によって導かれ、み旨を知って従ってきた人たちが勧めることならば、喜んで受け入れなければならないように思うのですが、先生は、そうはなさらなかったのです。

復帰摂理の中で、神のみ旨のためにすべてを尽くして死んでいったたくさんの先祖、先人、先者たちがいることを考え、先生は最も難しい仕事を探し求めて、その仕事に誰よりも尽くしきることをお決めになったのです。それによって、今まで死んでいったすべての人たちの恨みを解放し、蕩減復帰するという一念でいらっしゃったのです。死んでいった人たちは、神のみ旨のために苦しみながらも、成功を見ることができなかったのです。ですから、先生は、そういう人と同じような難しいところで勝利することによって、すべての人たちが解放されていくのだと考えられたのです。

皆さん、ある人が非常に寂しい中にあって、成そうとしたことを成し得ずして、勝利し得ずして霊界へ行ったとしましょう。そういう人の恨みを、どのようにしたら解放できるでしょうか。それは、その人が苦しんだのと同じ立場に立った人が、それを勝利することで解放されていくのです。自分にはできなかったことを、この人がやってくれたのだから。

考えてごらんなさい。サタンと闘って負けたとします。代わりの人が立って闘いましたが、また負けてしまいました。この人たちは、同じ目的をもってやっているのです。そして、最後の人が闘って勝利しました。そうしたら、この人たちが十人だとすると、人は違うけれども、サタンと闘うというみ旨を中心として見たなら、同じ目的の人なのです。ですから、最後の人が勝利することによって、勝利できなかった人たちの恨みは、全部払われていくというのです。自分が勝利したという立場に立っていきます。

では皆さん、第一のアダム、第二のアダム、第三のアダムについて考えてごらんなさい。第一のアダムは失敗しました。第二のアダムも完全には成功しませんでした。それゆえに恨みがあるのです。しかし、第三のアダムが勝利することによって、第一のアダムも、第二のアダムも、全部が勝利したという立場に立つのです。

収容所、刑務所は地獄と同じであり、その地獄の中でも一番難しいところを勝利することによって、今まで勝利できずに復帰摂理の中で倒れていった人の、すべての恨みを晴らしてあげようというのが先生の立場でした。それで、一番難しい仕事を見つけて、それを勝利しなければならなかったのです。先生が二年八カ月の間に三回の模範労働者賞をもらったということは、先生は完全勝利することができたということです。それは、サタンが先生を認めたことになるのです。

私たちはこのように、神様から、メシヤから、天使から、そして人々から、「あなたこそ真の子女です」という認定を受けなければならないのです。さらに、サタンから認められなければなりません。ですから、私たちは、三百六十軒の人々から、「あの人は本当に神の子です。間違いありません」と認められなければ勝利できません。

そして、サタンから認められるためには、サタンができないことをしなければなりません。サタンには、犠牲、奉仕ということはありません。だからこそ、犠牲となり、奉仕する人の前には、サタンもそれを認めざるを得なくなるというのです。自分ができないことをするから、サタンは認めるというのです。

皆さん、愛というのは、ちょうど明かりのようなものです。昆虫が明かりを求めて集まるように、すべての人はもっと明るい所に集まります。明かりとは、高い愛をいうのであり、高い愛のある所には、すべての存在が集まってきます。愛は、生命、満足、理想の、すべての根本になりますから、サタンも好みます。

ところがサタンは、愛を生命視できても、犠牲の愛を行うことはできないのです。天使長は、自己中心の愛から始まり、犠牲的愛、「ために尽くす」愛をなし得なかったので堕落したのです。ですから、私たちが犠牲の愛を行うときに、サタンは取り除かれていくのです。サタンを取り除く唯一の道は、「ために尽くす」以外に何もありません。

イエス様が、「わたしよりも父または母を愛する者は、わたしにふさわしくない。わたしよりもむすこや娘を愛する者は、わたしにふさわしくない」(マタイ一〇・三七)というみ言を下さったのは、真の神の愛を引き継がせるためであったのです。サタンと因縁のある人は、その因縁を取り除かない限りは、神の愛を受けることはできません。ですから、サタンとの因縁を切るために、犠牲的な愛を行うことを願ったのです。そのために神は、人間に必ず、犠牲的愛を提言したのです。

肥料詰めの重労働

食事は非常に良くない状態であり、人々には労働があまりにも重いものでしたから、先生が周囲の人を見て、あの人は七カ月、あるいは三カ月も生き延びないだろうと思えば、必ずその期間を越えずに死んでいくという状態でした。

興南の工場には、戦争前から肥料が山のように積み重ねられていたのですが、戦争後は人手が足りず、その肥料は岩のように固まっていました。それで、仕事というのは、肥料の山をダイナマイトで爆破して崩し、それを荷造りすることでした。それは窒素肥料でした。十人が一組になって行う仕事で、共産主義社会にあるように、必ず責任量がありました。それができないときには、少ない食料が、さらに減らされます。

まず、肥料の山がここにあるとしましょう。十人が一組になり、二人ずつ五つのパートに分かれるのです。最初に、肥料の山を爆破して壊す人がいます。そして四十キロ入りのかますの中に、二人で入れます。それを重さを量る秤《はかり》まで持ち運んで、その上に載せます。重さを量って降ろします。そして、それを縄で縛って荷造りします。荷造りしたものを持っていって、貨車の中に積み込みます。

この中で一番難しいのは、かますを秤の上に置くことです。というのは、秤が地面よりちょっと高い所にあるからです。また四十キロのかますを持ち運んで、秤の上に置くのですが、あとの山を少しずつ壊すので、距離がどんどんどんどんと長くなっていき、運ぶ距離が長くなるのです。

四十キロの物を引いて運んで秤の上に置くのを、一日八時間の間に、一組が二百かますをやらなければならないのです。できなければ、十人の人たちの食事が全部減らされるのです。それでみな、命懸けでやらなければなりませんでした。その中でも一番つらい、かますを秤の上まで運んで置く仕事を、先生は選んで成し遂げたのです。

普通の健康な人でも、七カ月その仕事をして働いたら、一年休んでもその報酬で生活できるほどの重労働であるそうです。どんな健康な人でも、七カ月その仕事をしたなら、体を痛めて肺病になったりするのです。それでも先生は、その仕事を選んだのです。ところが先生とペアになった人が、肥料を秤の上に上げなければならないのに仕事をしなかったので、先生は一人でするようになりました。

私が先生の所を訪問した時のことですが、煙突からさえ黄色い硫酸の煙が出ており、工場の近くを通る人々は、あまりにもそれがくさいので、走って通り過ぎなければいけないという状態でした。ですから、工場の中の空気は大変なものです。先生は牢屋から出られたのち、長い間、いつもいつも咳《せき》をしていらっしゃいました。

次に、かますのことをちょっとお話しします。二、三百年前、韓国は農業国だったので、わらぶき屋根でした。今のように、麻やナイロンのロープとかはありませんから、麦わらでかますという袋を作りました。「韓国での先生」という題の映画の中で、肥料の山とか、肥料の入ったかますを列車の中に運ぶのを見ました。また、先生が収容されていた肥料工場で、共産党がその仕事をやっている場面がありました。

かますというのは、非常にざらざらして硬く、ナイロンのように滑らかではないために、長い間やっていると、どんどん指の皮膚が裂かれてしまい、血が出たりして、もう治療ができなくなります。「骨が見えるほどに、どんどん深く掘れていく」と先生は話していらっしゃいました。それに硫酸アンモニウム(硫安)がどんどん付きますから、骨が見えるようになったところの痛みというのは、形容し難いものです。

蕩減復帰のための苦労

また冬でも、パンツ一枚で仕事をして、汗を滝のように流すという労働であったのです。そういう中で、先生も天然痘にかかり、夏にはマラリアにかかられました。マラリアというのは、マラリア蚊に刺されるとなるのですが、その病気は、一日熱が出たら、またすぐ悪寒がして、震えがきます。そしてまた、熱くなって震える、そういう現象を起こします。それが十日間余りも続いたのです。

共産主義の方針は、「働かざる者は食うべからず」であり、それが標語、生活哲学のようになっていました。

病気であっても働かなければ、平常と同じ分量はもらえません。食料を減らされるのがつらくて、いくら痛くても、痛みを感じながらも出ていって、働かなければなりませんでした。

そういう人たちとは違って、先生は、どういう難しいことがあっても必ず出て責任を果たさなければならないという一念で、一日の欠勤もなく働かれました。先生は、これは人間始祖の堕落の報いから来るものであると思われ、それを感謝して受けて、過去の義人聖人たちがみ旨の道を歩みながら悲惨に死んでいったことを思い、彼らの恨みを晴らしてあげなければならないという一心で、その苦難を耐えていかれたのです。

先生は、天宙の蕩減という問題を御自身で受け、これを成し遂げなければならない立場です。そのために、そういう苦労を一個人の苦労として受けたのではなく、天宙的な苦労として、これに対したのです。その場合、この労働は、天宙的労働として先生の身を悩ませたということを考えなければならないと思うのです。義人聖人たちが歩んだ十字架の路程を勝利でもって貫かなければ、そういう人々の恨みを解くことはできないと考えていらっしゃったのです。

もし、先生がこれを勝利できないとするならば、歴史の中、摂理の中で死んでいった人を、誰が蕩減し、恨みを晴らしていくのだろうということを考えるときに、先生は、死に物狂いでそれを勝利しなければならなかったのでした。「これが勝利できなければ、神の復帰の摂理は成らない」という気持ちで、どんなことがあっても朝五時には起きて体を整え、その仕事を果たしていかれたのです。

刑務所から労働する興南工場まで、三、四キロメートルの距離ですが、行列を作って行きます。先生を訪ねた時、私が見ていたら、五、六人が横に並び、そして縦隊になっていました。お互いに手を握らせ、顔は絶対に下向きにして行かなければなりません。両側には、武装した看守がつきます。

なぜ手を握らせるかというと、脱走できないようにするためです。人の手で作られた柵みたいなものです。もし一人が逃げ出したら、その両側の人が罰を受けるようになります。そして顔をなぜ下向きにさせたのかというと、工場は社会の中にありますから、牢屋から工場へ行く間に、一般の人たちがいるのです。それで、そういう人たちと何か目で合図したり、連絡したりできないようにするためなのです。

朝六時の起床時間に起きると、マラリアにかかったときは、歩いても足に力が入らないので、自分も知らずにガタンと踏み誤って倒れることが、何回もあったのでした。そして、本当にひもじい時には、非常に粘り気のあるつばが、よだれみたいに出てきました。そういう仕事の連続の中で、先生は歯を食いしばって責任を果たされたのです。先生は模範労働者として、模範賞を三回もお受けになったということを見ても、どれくらい熱心に仕事をなさったか、苦労されたかがお分かりになると思います。

その当時、日曜日の仕事は、全部休みでした。一緒にいた金元徳《キムウォンドク》さんが牢屋から出て、私と会った時に、彼は次のように話してくれました。

「人々は日曜日には疲れに疲れて、みんな昼間も寝転んでいるけれども、自分は牢屋に一緒にいながら、めったに先生が寝るのを見ませんでした。いつも先生は、座って瞑想《めいそう》をしていらっしゃいました」と言うのです。

先生は、「その刑務所の中で働いている数多くの人々の誰よりも、一番険しい苦難を勝利しなければならない」という心構えでいらっしゃったので、日曜日も休まずに、いつも瞑想していらっしゃいました。先生は、そういうふうに苦労しても、今まで苦労してきた人々の恨みを解放してあげなければならない、そのためには十字架の路程を勝利で貫かなければならない、そういう決心を一日も忘れたことはないというのです。

そうした中で、先生の心を最も悩ませたのは、一カ月に一度、反省文を書くことでした。共産党の理念にかなった生活ができなかったことに対する反省文です。「私は共産党の理念のために忠節を尽くします」と書かせるのが、反省文の目的でした。先生は二年八カ月の間、自分の手でそういうことを書かないようにすることが、難しいことの中でも、最も難しいことでした。それは、心になくても、共産主義をたたえる文章を書かなくてはならないからです。

その文章を書くことは、神を否定することに近いことなのですから、それはできないことです。それで先生は、出所されるまで、その反省文を書かれなかったのです。とても書けかったので、先生御自身は書かれずに、周りの人が代わって書いたのです。

自分のものを与えられる

先生は牢屋の中で話をされませんでしたが、不思議なことに、牢屋の人たちが非常に心を引かれて、いつでもどこでも先生について来る人が、たくさん現れるようになりました。刑務所では、先生を要注意人物としてチェックしており、囚人にもっと御飯をあげるということをえさにして、尾行し、先生のすべての情報を採るスパイを付けたのでした。牢屋では、食べ物がメシヤです。ですから、食べ物をあげれば、何でもやるのです。

牢屋の中で、先生が誰だか全く分からない人に、幻の中で、先祖あるいは白い髪の毛のおじいさんが現れて、お告げをしました。自分の家から食べ物の差し入れがあると、「お前、何号室にいる五九六番に、これを持っていってあげなさい」と命令します。それで先生は、全然知らない人からいろいろな食べ物とか、いろいろな贈り物をもらいました。

先生は、その人に何かを返さなければならなかったので、私たちの所に手紙を出して、着物やら、米の粉などの食べ物や、ふとんを送ってほしいと頼んでこられました。その当時、平壌には信仰を固く守っている霊能者のおばあさんがいて、いろいろな物を準備して、差し入れたのです。

先生はそれを受け取られると、そういった人たちに全部分け与えました。次の面会の時に、その着物を着ていらっしゃるだろうと思って行くと、前と同じ、つぎ当ての古い服を着ていらっしゃるので、「これは本当に、届いていないのではないか」という疑いをもちました。ところが先生は、さっきお話ししたように、朴さんとか金さんとか十二人の弟子に、全部分け与えられたのでした。この人たちは、騎手とか技士、軍人などで、それぞれ先祖から、天から直接、啓示があった人たちです。

刑務所では食事が少ないため、世論の風当たりも強かったので、外から親戚や父母たちが差し入れするのは許可していたのです。獄中では食物が差し入れられると、他の人が食べてしまわないように、その人は、眠る時もそれを枕にして眠るのです。

さらに牢屋の中では、差し入れの物を隅に置いて監房を出ると、出ている間に、全部盗まれてしまうということも起こりました。

牢屋の中にもどろぼうがいます。理解できますか。牢屋の中にもどろぼうがいるのです。外から食べ物が入ってくると、それは部屋の中に置いておくようになっていますから、それを盗んで食べるのです。ですから眠るときには、枕にして寝るのです。ところがある時、先生がそれを部屋の隅に置いていたところ、相当なくなりました。食べ物がどれくらい残っているかは、先生よりも周りの人たちがよく知っていました。

自分に関係ない食べ物であるならば、興味があっても、どれくらい残っているかはよく分からないものです。先生は召し上がる時には、必ずみんなと一緒に食べられます。そのためメンバーたちは、先生のものというよりも、「私のものだ」という考えをもつようになっていました。ですから、今これくらい残っているはずなのに、もっと減ってしまったということが、先生よりもよく分かったというのです。その人たちは、おなかがすいていたので、だんだんそれが減ってなくなっていくと寂しくなったのです。

彼らは、誰がしたのかよく分かっていますから、「その人をやっつけようと思います。いかがですか」と先生に訴えたのです。先生は、何も言わずに黙っていらっしゃいました。なぜ囚人たちは、やっつけようと考えたのですか。それは先生のものではなく、自分のもののように考えて「私のものがなくなった」と考えたからです。ところが、実際は自分のものでないから、先生に聞いたのです。先生は、その人を全然罰しませんでした。夕方になり、食事が全部終わって、寝る前の時間のことです。先生は、全員を座らせて、食べ物を真ん中に置き、盗んだ囚人に器をあげながら、「お前が食べたいだけ盛って食べなさい」と言われました。周りの人たちは、非常に不満でなりませんでした。罰を与えると思ったのに、かえってその人にばかり与えようとされたからです。

ところが彼は、以前に取って食べた負債から、頭を下げただけで、手を出すことができませんでした。彼は、それを持っていこうとはしませんでした。すると先生は、器にいっぱい盛って、彼にあげました。自分が悪かったということは、自分自身で分かるのです。ですから、自分が誤っていることをその人が悟っている時には、責めるものではありません。先生のようにもっとあげると、その人は叱られるよりも、何百倍もの感謝で受けるようになるのです。

先生は、そういうふうに一緒に生活していらっしゃいましたが、天から見れば、その人たちは、本当は先生と一緒に座ることも許されないのです。霊通する人の体験を聞いてみると、そういうふうに教えてくれました。「先生の足に土を付けてはいけない、付けさせてはいけない」というふうに教えてくれたのです。しかし先生は、そういう立場、状況においては、その人たちと一緒に、何の区別もなく生活されました。

「神の前の私」を考える

結論として、次の話をしたいと思います。

牢屋の中でも、まだまだ心を悔い改めない人がいて、同じ部屋の人たちをよく殴ったり、苦しめたりする問題の人がいました。一緒の囚人たちは、「あの人がいなかったらいいのに」「誰かあの人をやっつけないかなあ」という心をもちながらも、自分ではどうすることもできないのです。怖がりながらも、何も言えないで、いじめられるままにならなければならなかったのでした。

先生は、部屋の人たちの前でその人を呼んで、「私たちはなぜここに入ってきたのだろうか。ここでも、こういうことをしてもいいのでしょうか」といろいろお話ししてあげました。ところがそれ以後、先生は祈ろうとしても、祈りが出てきませんでした。お祈りの道がふさがれ、暗黒の中をさまようような一週間が過ぎて、一週間後に初めてお祈りができたのです。その時の喜びの心を述懐していらっしゃいました。

善くない人に忠告してあげただけなのに、なぜそういうことが起こったのでしょうか。人が悪いことをしたときに、「お前、こんなことをしてはいけない」と教えてあげるのは、良いことですか、悪いことですか。百度考えても、それは良いことです。

ところが、こう考えてみましょう。

先生に叱られたどろぼうというのは、ちょうど「神の前の私」というかたちでとらえてみないといけません。言い換えれば、「善くない人」と「私」がいるとします。「善くない人」を「私」が見ているとしたら、私の前にいるこの人は、ちょうど神の前にいる私に当たるということです。

「お前が悪い」と人に忠告して言う前に、まず神の前の自分を考えなさいということです。善くないものを見た時、「神様、私はあなたの前で、このように善くない者です」と自分を省みるのです。「神はこういう者を許して、愛して、また信じて導いてくださる」という感謝の心をもたないといけません。そういう心をもってその人を見るときに、「あなたが悪い」と言えますか。例えば、どろぼうした者がどろぼうに対して、「お前、どろぼうするな」と言えるでしょうか。このために、先生の心が一週間真っ暗になったことを考えてみてください。

皆様がこのことをよく心得て生活するならば、カイン・アベルの問題は、絶対に起こりません。メンバーから尊敬される人になり、先生の心、親の心、神の心がよく分かるようになります。

ここに、皆さんが言う問題児がいるとしましょう。その人を見て、「お前、問題児だね」「はい、そうです」、これこそ問題です。神が考える問題児が問題児か、私たちが考える問題児が問題児か、誰が問題児ですか。要するに、私が考える人が問題児ではなく、本当の問題児は私です。私は、神から見た問題児なのです。

ですから、私が皆様にいつも言っているように、「問題児だ」と言う人が問題児です。なぜですか。私は神から見た問題児であるし、「私が問題児だ」と言う人は、私から見た問題児であるということで、そこが違うのです。

ですから問題児を考えるときには、私が問題児であるにもかかわらず、神は許して信頼し、復帰摂理の責任を任せ、私をして神の国を実現させようとしている、その神を考えなければなりません。

兄弟の中には、「リーダーが問題だ」と言う人がいますが、そう言う兄弟こそ問題児です。そういう自分を見るときには、神に感謝の心をもって考えてみなければいけないのです。

これが先生の教えです。先生は、私たちに教えてくださるときには、御自身がそういう神を考えながらお話ししてくださるのです。先生は、常に神の心を中心にしていらっしゃることが分かります。そこが違うのです。先生から何か言われても感謝の心が出てくるのは、そういう動機から教えてくださるからです。

先生がアメリカに来られたときに、アメリカが国を挙げて反対するのを見て、どのように考えられたでしょうか。先生は、「私が、一九四六年に、早く来ていればこんなことはなかったのに、遅れて来たからこういう目に遭っている」ととらえられたのです。

皆さんはよく、「人のために尽くしなさい」「許しなさい」と言います。誰もがよく分かっているのに、なぜできないのですか。それは神の心情を中心としないで、自分を中心として考えるからです。「先生は常に神の心を中心にしていらっしゃる」ということを忘れてはいけません。そういう先生の真の子供になるには、先生と一体となった心をもっていなければなりません。

メンバーの悪口を言うリーダーも、自分のリーダーを悪いと言うメンバーも良くありません。夫婦の関係も同じです。自分の奥さんの悪口を言ったり、だんなさんの悪いことを人に言ったりするくらい悪い人はいません。メンバーが悪いと言うのは、神の前、真の親の前で、「私はこんなに悪い者です」と言うことと同じです。特に復帰摂理路程にあっては、カインの立場の人は、いくらアベルに足りない点があっても、アベルに対して不平不満を言うとすれば、復帰の道はありません。

不平不満を乗り越える

不平不満を乗り越えるには、どうしたらいいでしょうか。さっきもお話ししたように、「リーダーが良くない、アベルが悪い」と言うのは、自分がアベルの前に、神の前に、カインの立場として、それほどに悪いということを知らせるものです。そうせずに、アベルをもっと助け、感謝の心で行くならば、その人はアベルのアベルになり得るのです。

この国が非常に悪いというときには、先生はいつも、もっともっと熱心に尽くしていかなければいけないと考えられるのです。こういう先生を、神はどう考えていらっしゃるかといえば、「お前は、よくやったよ。私が悪いのであって、お前は、よくやったよ」と、そのように考えられるのです。ですから神は、先生の言うことをすべて信じて、先生を立てていかれるのです。神は、先生の中にいつも一緒にいらっしゃいます。メシヤが実体の神として来られるというのは、そういうことなのです。堕落しない完成したアダムとは、そういう方を言うのです。

先生と心情一体化していくお母様が、いかに難しい立場に立っていらっしゃるかを考えてみてください。女性が男性についていくのは、そんなにたやすいことではありません。主体者が大きければ大きいほど、世界的になればなるほど、相対者もそれくらいに難しいということです。ですから、先生御夫妻の生活がどれくらい難しいか理解できるでしょう。

例えばナショナル・リーダーの奥さんは、ナショナル・リーダーと同じくらい難しい立場にいるものです。メンバーの奥さんではなく、リーダーの奥さんなのです。そのナショナル・リーダーに対して文句を言ったら、引っ掛かりますよ。神が喜びません。そういう責任をもつ人は、憎みたいという心があっても、それはできないのです。メンバーはできても、責任のある立場に立っている者には、それができません。

メンバーが誤ったのと、リーダーが誤ったのとは違うのです。十人のリーダーであれば、十人の過ちとして計算されるのです。ですから、責任をもつ人が何かできなかったとすると、その責任が大きいゆえに、叱られるのも大きいのです。

先生のお話に深く入っていくと、「これは本当に難しくて、何もできないなあ、何の身動きもできないなあ」という考えになるでしょう。ですから、これから先生の深い話は避けたいと思います。なぜならば、私たちは分かったならば、やらなければいけないからです。ですから先生は、なるべくその人が受け入れられる範囲で話して、引き上げて導いてくださるのです。深い話を聞いてもできないから、私たちはダウンしてしまいます。それで、先生は、なるべく御自分の話をしないようにされます。その心情が分かりますか。私たちを愛するから、話したくないということなのです。

統一教会は法律をつくりませんでした。法は人を救うところに目的があります。ところが法をつくれば、それを守れない人は、どんどん罪を犯していくのです。法をつくらなければ引っ掛からないのに、法をつくることによって罪人が出てくるのです。先生は、法も三段階にすると言われます。

先生のそういう心情と事情が分かることによって、皆様も、メンバーに対して、リーダーに対して、世の中の人に対して、どういうふうにしていかなければならないかが分かってくるのです。

四、興南解放と釜山伝道

歴史的な解放の日

一九五〇年六月二十五日に、「六・二五動乱」が起こりました。先生がいらっしゃった所は、北韓でも最も重要な工業団地でした。いろいろな武器を製造していましたし、興南《フンナム》には五つの大きな工場が集まっていました。それゆえに、UN（国連）軍の攻撃の目標となったのです。

六・二五動乱が起こると、早速、波状的に爆弾が投下されたので、収容所の人たちは受難の時を迎えたのです。六・二五動乱は最初、北韓から攻撃をし始めたので、南の方では準備をしていなかったのです。急にやられたので、ずーっと南の方まで侵入されました。共産軍は南の方に全軍進軍してきました。釜山《プサン》を残して、全部占領されました。

UN軍の助けによって、戦いの情勢は、仁川《インチョン》の上陸作戦から一挙に北上していきました。平壌《ピョンヤン》に入る前に、先生のいらっしゃる興南に入ってきたのです。そこで、毎日のように爆撃がありました。仕事をしていても、空襲警報が鳴ると、警備の人たちは自分だけ防空壕の中に隠れ、囚人たちはそのままほったらかしにされました。

爆弾の威力と爆風によって、人が一メートルくらいブーンと飛ぶほどの衝撃を受けたのです。皆がうろうろしている時に先生は、今いる場所は大変危ないと予感されました。先生はそこから場所を移動して、向こうの方に走りながら、「私を中心に直径十二メートルの円の内にいれば無事である」ということを話されたのです。そこで人々は、先生の言うとおりにみんな先生の周りに集まった時に、今までいた所に爆弾が投下されました。その一トン級の爆弾で散々に破壊されましたが、先生の一団は全員無事だったのです。

この戦争が起こったのと前後して、牢屋の中で弟子になっていた人の中に、北韓のキリスト教連合会の会長をしていた有名な一人の牧師がいました。彼は先生に一生侍って働く決意をしていて、自分の身に何事か起こると、常に先生に相談していました。

興南から四キロくらい離れた本宮《ポングン》に、刑務所の分所がありました。そこの仕事は非常にたやすいということで、年も取っているので、先生に「私は、そこは非常に仕事がたやすいというので、移ろうと思いますけれども、先生の意見はいかがですか」とアドバイスを受けることしたのです。先生は彼に、「ここにいるほうがいいですよ」と勧めてあげました。彼は、興南にいるのはなかなかつらいと思っていたのです。それで先生から言われても、自分の思いのままに分所に移りました。

次に、牢屋で最初の弟子になった金《キム》さんが、先生のところへ来て、「私も大変なので、分所に移りたいのですけれども、どうしたらよいでしょうか」と聞きました。先生は、「お前が本当に行きたいのならば、行くがよかろう。もし何事か変わったことがあった場合には、そこから逃げ出すようにしなさい」と注意してあげました。

動乱がますます進むうちに、戦いの情勢は逆転して、UN軍は海から興南に上陸することになりました。牢屋では、囚人を別の所に移さなければなりませんでした。しかし、戦いが急に不利になってきたため、収容していたたくさんの人たちを連れていくことができないので、仕方なく処刑しなければならなくなりました。そこでついに手をつけたのが、この分所でした。その分所の人たちを全員トラックに乗せて裏山に運んでいき、残らず銃殺しました。

その時、先生から「行かないほうがいい」と言われていた牧師は犠牲になったのです。ところが、金さんは、トラックに乗せられて走っている間に、どうにかして逃げなければいけないと思い、逃げたのです。そして無事に南まで帰ってきました。牧師さんは、み言のとおりにせずに銃殺され、金さんは、み言のとおりにして救われたのです。

その次に手をつけたのが、先生の収容されている興南でした。夜になると、一人一人、部屋の前で番号を呼ばれます。そして、「この人たちを別の所に移す」と言って安心させて、裏山に連れていくのでした。囚人たちにシャベルを持たせて穴を掘らせ、次に機関銃で皆殺しにして、そこに埋めたのでした。先生には全員が処刑されるということが分かりました。運ばれていって、ある時間が経過すると、銃殺する銃の音が大きく聞こえ、それによって、銃殺されたということが分かったのです。その時の先生が、どれほど緊張されたかということを、私たちは推し量れると思います。一つの部屋から次の部屋へと、先生の部屋までどんどん近づいてきたのです。十月十三日には、先生の部屋から何人か呼ばれました。

ところが、それを最後に、国連軍が上陸してきたので、その時点で共産主義者は、それ以上処刑する時間がなくなり、逃げ出すようになったのです。それで先生は奇跡的に脱出することができたのです。それが五〇年十月十四日のことです。このようにして先生は歴史的な解放の日を迎えるようになったのです。

皆様もよく御存じのように、サタンは先生を自分の思うままに自由にすることができたので、この牢屋にまで入れたのでした。けれども、サタンは先生を讒訴《ざんそ》することができませんでした。

私たちがサタンの侵入できるある条件を提起しない限りは、サタンは紙一枚であっても侵すことはできないのです。先生の歩まれる道は、天が助けざるを得ない、そして霊界が協助せざるを得ない道であると、私は思います。

先生は苦労の中にあっても、それを自分の苦労とせず、神の苦労の身代わりとして、天宙の身代わりとして、世界のすべての人々、あるいは霊界におけるすべての人々の苦労の代表として歩まれました。

そのように、神から見てもサタンから見ても感動せざるを得ない、そういう心情の内容をもっていらっしゃいました。ですから、先生が危ないところに立てば立つほど、神が人を遣わしてそれを免れるようになさっても、サタンは讒訴できないのです。

サタンも先生に讒訴条件がなかった場合、先生をあとにして逃げなければならないということになるのです。

先生は神を感動させ、そしてサタンを感動させる、そういう人間としての勝利の基準を立てたのですから、その先生を慕う私たちも、こういう路程を勝利の基準としながら歩かなければならないと思います。

平壌で先生をお迎えする

先生は、生き残ることができないような状況下で牢屋から出られて、平壌まで四百キロを歩いて帰るのに十日間かかりました。先生が出られた時には、お一人ではなく、牢屋の中で弟子になった方が、自分の家に帰らないで、先生に生涯侍るということで、そのまま平壌までついてきました。そういうことを見ても、先生をどのように理解していたかを知ることができると思います。自分の家庭をもっている人なのに、そして家が牢屋から近い所にあるのに、その家に行かないで、そのまま先生についてきたのです。

平壌までの十日間の生活は、戦争の真っ最中でしたので、共産軍は北の方に逃げ、UN(国連)軍が追い掛けてくるというものでした。逃げ遅れた者は南の方に行き、誰が誰やら分からないような時でした。共産軍は全員頭を刈っているのですが、先生御自身も牢屋に入っている時に頭を刈られていました。ややもすれば、国連軍や韓国の国軍に会っても誤解されて、何回も処刑されそうになったのですが、乗り越えて、生きて帰ることができました。

また、食べる物が全然ありませんでした。冬の初めでしたから、山に行っても、農家の人はみんな避難していて、食べ物も何もありません。あるのは腐って凍ったじゃがいもくらいのもので、それを食べながら平壌まで何とか無事に帰ってきました。

一つ不思議なことがありました。先生が訪ねようとされたのは玉世賢《オクセヒョン》という霊能者の家ですが、そこに私が一緒にいました。先生は、その霊能者の家を御存じだったのです。

先生と一緒に来た弟子の一人が玉さんの家に送られてきたので、その人について先生の所に行くと、そこには刑務所から出てきた数多くの人たちがいました。先生は玉さんの家から四キロ離れた、おばさんの所にいらっしゃいました。私は、その弟子に連れられて、先生がいらっしゃる所へ行き、先生をお迎えして玉さんの家に戻りました。

その時、私は、「どうして先生は、直接玉さんの家に来られなかったのだろうか」と考えました。皆さんはそういうことに対して、何も不思議に思いませんか。私たちが先生を本当に先生として信じて侍るならば、戦争の時であっても、自分の生命よりも先生の生命を考えて、「先生はどうなったんだろう」と案じながら、興南まで行って、先生をお迎えしなければならなかったはずです。

皆様だったらどうでしょうか。先生は牢屋の中にいらっしゃいますから、それを案じて、「いつ出られるか、無事に出られるか」と思いつつ待って、先生をお迎えして、平壌まで帰らなければいけなかったと思います。ところが私たちは、そういうことが全然分からずに家にいたのです。先生が直接訪ねてこられなかったのは、先生のいらっしゃる所まで訪ねていって、先生を迎え入れたという立場に、私たちを立たせんがためだったのだと思います。

四十日間、弟子たちを訪ねる

先生はそれからのち、平壌で因縁をもっていた弟子たち一人一人を訪ねられました。霊能者やメンバーたちが教会から離れていたことをよく御存じでありながら、直接訪ねていかれました。先生が直接行けないときは、人を遣わされました。私が行くこともありました。年を取って病気になっている人にさえも、「先生が無事に牢屋から出られた」ということだけでも、いちいち全員に知らせるようにしました。

このことは、大変重大なことです。なぜか分かりますか。人と人の交わりではなく、神の前で永遠を誓って交わった関係だからです。その人たちは一人も牢屋に訪ねてきませんでしたが、霊的にも先生は知っていらっしゃいました。面会に来る弟子からも、メンバーたちが離れていったことを聞いて御存じでしたけれども、先生は相変わらず二年八カ月の間、一日も欠かさないでお祈りされていました。

その人たちとは、先生が直接因縁をもったのですから、直接会ってみて、先生を受け入れるならば問題はないのです。受け入れられなくても、直接会って確かめない限り、因縁を切ることはできないのです。それは本当に難しいことです。

平壌にとどまっていた期間は四十日でしたが、先生はお帰りになっても、どういう苦労の生活をしたかということは、全然お話しにならないのです。その間ずっと弟子を訪ねて、先生が帰ってこられたということを知らせて回ったのです。中にはそれに反対する人もいましたが、先生は全員を訪ねてお話しされました。それゆえに、そういう人たちが霊界へ行っても、先生を讒訴することはできないのです。

先生の父母、兄弟、親戚は故郷にいらっしゃるのに、そういうことは全然気に掛けていないように振る舞っていらっしゃいました。三日もあれば訪ねていける所にいらっしゃったのですが……。先生の心情の中には父母、親族を思う気持ちは、誰よりももっていらっしゃると思います。けれども先生は、み言によって、天の因縁で結ばれた食口たちを見舞うことを、先に立てられたのです。

先生は、刑務所から出て平壌に帰られてから三日ほどして、二、三人を周りに集めて、牢屋から持ってこられた米の粉を出されました。それは、先生に外から差し入れられたものでした。牢屋の中に米を差し入れる時には、焼いて粉にしました。

牢屋での食事は、非常に重要な問題です。先生は牢屋を出て平壌に来るまでの道のりを、ひもじくても食べずに残しておいたものを、そのまま持ってきて、私たちに分け与えてくださったのです。普通の人だったら全部なくなっているはずなのに、先生はそれを残されたのです。「牢屋の中ではね、名日（節日、祝祭日）なんかには、米の粉で餅を作って、分けて食べるのだよ」と説明されながら、先生御自身がその米の粉に水を混ぜて練られました。練るのは手ではなく、先生が刑務所の中で作られたお箸で練ったのでした。

餅を作ってから、残っている食口に一つ一つ分けてくださいました。こういうことを私たちに見せるのは、御自分がそのように苦労なさったということを見せるのが目的ではないのです。

苦労の中にあっても、神が私たちを救おうとされるように、御自分が食べたいものも全部食べずして、食口たちに食べさせてあげたいという心情で分けてくださったのです。それを見ていると、先生の刑務所での生活は、追われる生活ではなく、もっと苦しい生活を追求する生活だったということを、つくづく感じました。

苦しい生活の中にあっても、自分の生活、生命はどうなるのだろうかという、危機感に満ちた生活ではありませんでした。人類をどういうふうに救おうかと考えられ、また人類に復活の喜びを示すために「余裕ある生活をしたい」という思いで、生活されたことが感じられました。牢屋の中では、人類を救わんがために、どういうふうにしなければならないのだろうかと、ひたすら天のみ旨に走っていらっしゃったことを、つくづく感ずるのです。

先生が残っている者たちを呼び集めて、その米の粉で餅を作って食べさせてくださったという話をしました。「ああ、そのようにしたんですね」と皆さんは受け取るかもしれませんが、そこには深い意味があります。

囚人たちは、生命よりも食べ物を大事にします。けれども、先生は食べたくとも食べないで、残っている者に何かをおみやげとしてあげたいという心をもたれたのです。私たちはそのお心を、とても大事にしなければならないと思います。

死ぬか生きるかという中にありながら、自分と因縁を結んだメンバーに、あるいは霊の子女に何かをあげたいという心、大事な物をおみやげとしてあげたいという先生の心を、最も学ばなければならないと思います。

皆さんが教会員に、あるいは兄弟に、本当に大事にしているものをあげたとしたならば、その教会員や兄弟は、どのように考えるでしょうか。私たちは大抵、使って余ったものや、持っている物の中から贈ります。先生の場合は、ないところからあげようとするお心なのです。聖書の中にも、お金持ちのたくさんの献金よりも、貧しいやもめの、レプタ二つの献金のほうが、もっと価値あるものだと言われているのは、そういうところからなのです（マルコ一二・四一～四四）。

レセプションなどに行ってみると、ドネーション（寄付）という箱があります。開けてみると、中には何もありません。これでは神が喜びません。そういう心を基台としては、神は教会を祝福することはできません。

センターに行けば、ドネーション・ボックス（献金箱）もありません。祝福を受けるためには、受ける器を作らなければいけません。心のドネーション・ボックスを作るのです。

兄弟に与える先生の贈り物が、どれほど貴重であるか分かると思います。自分のポケットの中からというのは、これはギフト（贈り物）ではありません。ギフトというものは、あらかじめ全部聖別して、人にあげる時にも、「これは本当に少なく、足りないものです」という心を合わせて差し上げるものです。先生のなさることは、すべて一つ一つが原理的な生活であることが分かるようになったと思います。

私たちが子女の立場に立っている限り、絶対に先生は安息できないということを、皆さんは考えなければいけないと思います。子女をもっている父母は、休む時間がないのです。子女が父母の身代わりにならない限り、父母を絶対に休ませることはできません。

父母の身代わりになるには、父母の心情を自分のものにすることです。そういう立場に立てば、先生を絶対的に安息させてあげることができます。ですから、ぜひとも私たちが、先生自らが私たちに示してくださった勝利の路程を早く勝利して、栄光を先生にお返ししなければいけないと思います。先生が御苦労されて得たこの栄光を、神と先祖と子女に返そうというのが父母の心情です。

私たちは逆に、その栄光を先生に返す心情をもちましょう。

失敗をはずみとする

先生は困難な中にあっても、余裕があるのです。難しいことがあっても、それを難しいものとはとらえられないのです。例えて言うと、商売をやっていて、それが失敗して、お金を全部失ってしまったとしましょう。そうした時には、お金を失ったことで苦しんだり、悩んだりします。それはちょうど、男がばくちをするためにお金を借りたけれども、ばくちに負けて、お金が吹っ飛んだという気持ちと同じだというのです。

そういった時に、先生はどうとらえられるのでしょうか。将軍が戦いで負けることは、普通にあることだと考えるのです。私たちは一つ失敗したら、立ち上がれないくらいに心配して、悩むことがいっぱいあります。しかし、先生の場合は、「もっとよくやる」という心で、それを全部吹っ飛ばしてしまうのです。理解できますか。私がこういうふうに話すのは、皆さんがたまたま誤ったとしても、それに執着して悩まないで、それを刺激として、次のことに突進していく態勢を整えることが必要だと思うからです。

避難命令下でおばあさんを捜す

先生が食口たちを訪ねていらっしゃるうちに、既に十二月四日になっていました。戦況は、中共軍が参戦すると、また北が優位となって、国連軍は南下し始めました。その後、「全員避難せよ」という指示が下り、自由を求める人々は北から南へと、どんどん避難し始めました。

みんなが次々に避難する中で、先生はあるおばあさんの食口を最後まで捜していらっしゃいました。市民は全部朝早くから逃げていったのですが、おばあさんを訪ねて、日が暮れるまでとどまりました。そのため避難するのが一番遅れました。

そのおばあさんは、四十歳になるまで字が読めなかったのですが、神の手が現れて聖書の文字を一つ一つ指しながら、読み方を教えてもらったのだそうです。また、いつも祈りに行く場所にある老木が、「おばあさん、倉庫にでもいいから私を使ってください」と頼んだり、高い山に登ろうとすると、風がフッと吹いておばあさんを持ち上げて、山の頂上に置いてくれたりしたのです。

その方は、キリスト教を信じる前に、土俗宗教を信じていました。ところがある日、神様が現れて、「その宗教はそのくらいにして、これからは私の導く教会へ行きなさい。十字架のとがっている、あそこの教会に行きなさい」と教えられて、イエス様を信じるようになりました。そのおばあさんが先生に会ったのは七十六歳の時で、先生をメシヤと信じ、いつも先生のそばに座っては、先生の服に触りたがっていたのでした。

十二月四日に先生がやっと捜し当てたら、そのおばあさんは、もはや死ぬ寸前のような状態でした。私が先生の代わりに、そのおばあさんの所に行って、大きな声で先生の無事を伝えると、おばあさんはもうろうとした意識の中で、「うん」と返事をしました。このことを先生に伝えると、先生は初めて「では、これから避難しよう」と言われ、やっと出発することになったのです。

朴正華氏を連れて共に南下

そうこうするうちに、平壌の人たちはみな避難してしまいました。ところが先生は、そういう一刻を争う時であるにもかかわらず、今度は、「君、これから朴正華《パクチョンファ》さんを連れてきなさい」と私におっしゃるのです。

それで私が朴さんを訪ねると、朴さんの家族は、(足を折っていて動けない朴さんがいては)自分たちの避難に差し支えるということで、自転車一台と犬一匹を残して先に行ってしまったというのです。取り残された朴さんは、先生までも自分を捨てて行ってしまったのではないかと思い、泣いていたのでした。ところが、そのような先生のお気持ちを知って、朴さんは、あまりのうれしさにどうすることもできないほど喜びました。早速、彼を自転車に乗せて先生の所に連れていくと、先生がその自転車を押していくことをお決めになり、私はそのあとから荷物を背負ってついていきました。それは雪の降る寒い冬の日でした。

こうして私たちの避難生活は、十二月四日から始まりました。あまりに急いだので、婦人たちを残して、男性だけが避難しました。その時は、「数日後には、また帰ってこられる」と思っていたからです。

大きな道は作戦上、国連軍が遮断してしまったので、私たちは山道を行かなければならなくなりました。中共軍の介入で砲声が耳元に聞こえ、避難民と国連軍がみな下っていったので、人々の心は非常に慌ただしくなりました。そんな時、坂道を越える前に休んでいると、朴正華さんが「先生、このままでは私のために二人とも死んでしまいます。私を残して先に行ってください」と言うのです。すると先生は、「神のみ旨で因縁をもった私たちは、死んでも一緒に死ぬし、生きるのも共に生きなければならない」と言われました。私たちはその言葉に希望を得て、再び立ち上がったのでした。

私たちは、黄海道《ファンヘド》青丹《チョンダン》（海州《ヘヂュ》と延安《ヨンアン》の間）にある龍媒《ヨンメ》島《ド》から船で仁川《インチョン》に直行するために、三キロ余りの道のりを休まず歩き、青龍半島南端にある確山里《ファクサンリ》村に着いたのは、早朝二時か三時くらいでした。

そこから龍媒島までの四百メートルほどの泥道を、寒い冬、ズボンをまくり上げて、私は自転車を背負い、先生は朴さんをおぶって渡り始めました。電気がないために暗く、海の向こうにある島の、綿に油をつけてともしたかすかな灯を目標にして進みました。満潮になると渡れないので、引き潮の時に渡りましたが、それでも水が所々にたまり、また砂でなく泥なので滑りやすく、足が吸い込まれそうで非常に危険でした。

また、朴さんはギプスをした足を突っ張っているので、おぶって歩くのは大変なことでした。途中で一度でも倒れてしまえば、医師もいないので治すこともできない、そういう状態の中を、やっとの思いで渡りました。

しかし、着いてから乗ろうと思っていた船に乗ることができず、仕方なく再び確山里に戻ることになったのです。

おなかはすき、寒い中を、また海を渡らなければならないことを思うと、朴さんも私も非常に心細くなってきました。すると先生は、それに気づかれて、私たちに「きょう、私たちを接待してくれる良い貴人に会うだろう」とおっしゃいました。その話にとても元気を得て、再び海を渡ったのです。

村に着いた時は、すっかり日が沈み、一段と寒くなっていました。ところが、その村を守る人たちが、先生を人民軍の敗残兵と間違って殴りつけてきました。南韓の軍人は髪が長いのですが、人民軍は髪を短く切っていたからです。それで先生は、荷物の中から聖書を出して、自分は牧師だが刑務所で髪を切られたのだと説明しました。村人たちは先生が本当の牧師であるかどうかを知るために、聖書を開いて聖句の内容をいろいろと尋ねましたが、先生は聖書を見もしないですべて話されたので、やっと帰してくれました。

途中、道端の明かりを訪ねて戸をたたくと、若い夫婦が迎えてくれ、良い部屋と温かい食べ物を用意してくれました。

次の日、私はきのう先生がおっしゃった言葉どおりだということに気づきました。きのう、私たちは弱い心をもってしまって、先生に「お疲れさまでした」と慰めの言葉を言えなかったので、あのような言葉を先生に言わせてしまったということを悟ったのです。その「良い貴人」に会うには会えましたが、先生が村人たちから殴られたことを考えると、私たちが受けなければならない鞭《むち》を、先生が代わって受けられたのではないかと思うのです。このようなことを見て、すべての恵みは、先生がその苦難を受けられた代価として私たちに与えられた、ということを悟るようになりました。

朝は早く起きて食事を取ると、そのまま歩き、日が暮れて方向がつかめなくなると、どこの家でも構わず入り、御飯を作って食べる、というのが避難の日課でした。

ある時、夜明け前に空き家で休むことになり、御飯を作るための薪を探したのですが、見当たりません。冬なので乾いた草もなく、その家でも壊さない限り木がないので、困り果ててさまよっていると、我知らずその村の共同墓地に着いていました。ふと見ると、両側に木の付いたかますの担架があったので、喜んでその木を引っ張ってきて、火をたき始めました。ところがその担架は、その村の死人を運ぶのに使われたものだったのです。

先生と朴さんは寒い部屋の中に座っていらっしゃったのですが、先生が部屋の中から戸も開けずに、私に「何を燃やしているのか」と尋ねられました。それで訳を話すと、先生は「どんな木でもすべて燃やすのではないよ」とおっしゃいました。先生は部屋の中にいらっしゃっても、不浄な木を燃やしていることを知っていらっしゃったのです。

自分の考えでは測れない先生

南へ逃げるのに際して、私たちは毎日、三十二キロの路程を歩かなければなりませんでした。それで二週間くらいたった時、その日はいつもより早く出発して、夜遅くまで歩いたので、疲れに疲れ、ひもじくてどうにもなりませんでした。一つの館を見つけて、そこに入って食事の支度を始めました。そこは主人のいない大きな家だったので、たくさんの避難民たちがその中に入り、寝ていたのです。寝るといっても、ふとんがあるのでもなく、荷物をベッドのようにして、着物を着たままで寝なければなりませんでした。

　食事の支度をして、それを食べてしまうと非常に疲れが出ました。夜の十一時になっていました。それで朴《パク》さんと私は、ここで休んでいくことを先生にお願いしました。いつもなら受け入れてくださるはずでしたけれども、「行かなければならない」とおっしゃって、この時は二度、三度お願いしても、聞き入れてくださいませんでした。十二月の末だったので非常に寒く、また疲れていましたが、仕方なくまた出発し、二、三時間歩いてから、道端に家を見つけて、そこに泊まりました。

　次の日は、朝早く出発しましたが、途中で橋が全部壊されている川があり、その中を渡らなければなりませんでした。そのころは、ＵＮ（国連）軍のジェット機が空をうるさく旋回しており、向こう岸ではＵＮ軍がバリケードを構築していました。後ろからは、中共軍が加わって追撃し、大砲の音が身近に聞こえる切迫した時でした。ちょうど私たちがその川を渡ろうとした時のことです。一人の若い将校が、「以後、この川を避難民が渡るのは許さない」という命令を下しました。敵軍がどんどん追撃してきているので、最終的にこれを防ぐためにバリケードを構築しているのです。ところが、避難民をそのままほうっておくと作戦がうまくいきません。いったん通過を全面禁止にすれば、作戦を自由に行うことができるのです。

　その命令は、私たちが渡り終わった時に下されました。その人たちが私たちに、「避難してここまで渡ってきたのだから、これを手伝え」と言うので、私たちは一生懸命に手伝ってから、また出発しました。

　そこで私は、昨晩、もっと休んでいきたいと先生に申し上げたけれども、先生が聞いてくださらなかった理由が、その時、初めて分かりました。私が「寝ていきましょう。泊まっていきましょう」と言った時に、先生がなぜ泊まってはいけないかと一つ一つ説明されたならば、私はすぐに納得したでしょう。しかし、そういうことを言われないで、ただ「行かなければいけない」と言われただけでしたので、なかなか理解できなかったのです。先生には、そういう世界があるのです。自分の考えで先生についていこうとしたら、難しいことがたくさんあります。

巌徳紋先生の入教

二カ月ほど過ぎたころ、朴さんの足がほとんど治ってきたので、別れて、先生と私だけが釜山に向かうことになりました。途中、蔚山《ウルサン》で初めて汽車に乗ることができました。

釜山に着いた最初の夜、先生は、昔ソウルで日曜学校の先生をしていらっしゃった時の弟子の、その家で休まれました。私は他人の家なので、世話になることができず、ある食堂に就職して、そこに寝泊まりするようになりました。

ある時、先生は日本で一緒に勉強していた巌徳紋《オムトクムン》さん（三十六家庭）に会われました。そして、巌さんの家に落ち着かれることになりました。巌さんは、先生と学校時代（早稲田大学附属早稲田高等工学校）の同窓生であり、互いに友達のような間柄で、先生は巌さんに、これからの理想世界に対するいろいろな話をされました。

すると彼の夢にイエス様の妹という人が現れ、「私はイエス様のことで、私の母に恨みがあります。その恨みを解くには、大きな門があって、その中に小さな門があり、またその中にさらに小さな門がありますが、それを開けなければなりません。その鍵を持っている人は文先生だけです」と言うのです。巌さんは仏教の人ですから、キリスト教のことも聖書の内容も、全然知らないのです。それで朝になって目を覚まして、先生にお話ししたのですが、その時はひざまずいて話しました。

きのうの夕までは、「君」「お前」と言っていたのが、その朝はひざまずいて、「先生」と言うのです。そして先生に鍵のことを、「それは何のことですか」と聞くのです。そこで先生は、ずっと歴史をお話ししてくださったというのです。そして巌さんは、それからずっと熱心に先生と共に歩んでいらっしゃいます。

また、先生は、金さんという弟子の家に二週間くらいとどまられたこともありました。金さんは、北韓の興南の獄中での、最初の弟子でしたが、その後、結婚して小さな家に住んでいました。先生が巌さんと働いていらっしゃった時、部屋がありませんでした。それで結婚して何日もたたない金さんの、四畳の小さな部屋に行って一緒に暮らしたのです。そこで先生は、「原理」を書かれました。『原理原本』です。先生は、巌さんと一緒に本の表紙を作る仕事をしながら、原理を書き始められたのです。

ある時、先生は、「ここではどうしても原理を書くことができないから、お前が下宿している所に私は行かなければならない」とおっしゃいました。それで先生は、私が下宿していた所に一緒に住まわれるようになりました。その下宿というのは、三畳の部屋なのです。ですからもう、先生の頭と足が壁にぶつかるのです。そういう狭い所にいらっしゃりながら、先生は「原理」を書かれ、また開拓伝道をされたのです。

釜山での開拓伝道

先生は時々、私が働いている食堂に巌さんや金さんをお連れになって、紹介してくださり、また私のことも二人にお話ししてくださいました。そうすると、食口がとても多くなったような気がして、私は本当に力がわいてきたものです。

そのころの先生は、あまり満足に食事をされていないようでしたので、食堂の主人に、私の尊敬する方なので昼食を接待したいと頼むと、承諾してくれました。そこで部屋にお連れしてお膳を整えると、すぐに御飯を召し上がられました。それでもう一杯差し上げると、それもすぐになくなってしまうのでした。そのころ、先生は召し上がるものがなくて、「波止場に出掛けて夜は仕事をし、昼には暖かい日の当たる所で休む」という生活をされていました。

小さな下宿に、食口《シック》たちが集まってきました。ある婦人は、ソウルにいる時に信仰で交わった人で、韓国の一流新聞の編集局長をやった人の奥さんでした。その奥さんは四十年の信仰生活をし、聖霊を受けて、霊通するようになった方なのです。その人の家を先生が訪ねて、先生の家を訪ねてくるようにと約束したのです。それで訪ねてきました。その人は霊通する人ですから、いろいろな話をするのも簡単です。

その人の信仰を先生はよく知っていらっしゃいますから、結論的に何を言うかというと、「世界の全部の人間と文鮮明《ムンソンミョン》と、誰が高いか祈ってみなさい」と言われるのです。その人は、先生のことを普通の青年ではないことは知っていましたけれども、世界の人類と比べよということには、かっかしました。

そしてまた、先生はイエス様を生命《いのち》の中心としているその婦人に、「祈ってみなさい」と言われるのです。それでその婦人は、とても信じられなくなって、家に帰ってしまったのです。帰ってからは、先生に会いたいという気持ちは、もうありません。しかし、先生のお話を否定しようとすると心が暗くなり、納得しようとすると心が本当に平和になるというのです。

そこで、「これではいけない。私は命を懸けても、祈って解決しなければならない」という決心をしたのです。そして再び先生を訪ねて、私たちがいた家の前に小さな山があったのですが、その山に登ってお祈りをしました。「神様、この問題に対して教えてもらわねばなりません」と心から祈っていると、「先生のお話のとおりだ。文先生が高い」というふうに教えてくれたそうです。けれども、その人には実感がないのです。そこで、またお祈りしていると、イエス様ではなく、無形の神が現れて、いつも教えてくださったそうです。

御主人から石をぶつけられて迫害されている時も、いつもいつも無形の神が現れて、その人にいろいろと教えてくださったということです。それは、先生が座っていらっしゃると、無形の神がだんだんと先生の体の中に入って、ついに見えなくなってしまったというのです。これは何かというと、無形の神が実体の先生の中にいらっしゃり、先生と一体であるということの証しを示しているのです。

そういうことがあったのち、その下宿で先生が礼拝をされました。しかし、部屋があまりに狭くて、どうにもこうにもできない貧しい生活でした。先生はそのような貧しい生活の中でも、いつも歌を失われませんでした。お友達の巌さんは歌が上手で、先生は何回も歌わせられました。下宿から少し登ったところに、公共の墓地があって、そこに平地が少しあったのですが、いつもそこに登って、歌い、また瞑想にふけったりしていらっしゃいました。

先生の開拓伝道を通して、一人を立てるために御自分のすべてを尽くして、愛と真理で語られたことを知っていただきたくてお話ししました。先生のそういうことを心に置いて、先生が開拓していかれたその道をついていくのです。

本当の開拓というのは、先生が既になさったものですが、開拓された時の先生の心情をもって、私もこの道を行ったら、それも開拓ということです。開拓伝道を通じて、父母の心情を所有するならば、私の心は父母の心情と同じということです。

監獄で弟子になった人たちは全部北に残っており、南にいる人は南に帰ってきて、私がお会いした人が三人と、まだ会っていない人が一人です。計四人くらいです。ほかの人たちは、今はもう、どうなったか分かりません。

『原理原本』の執筆

その後、私は米軍部隊で働くことになりました。その間、先生は「原理」を執筆され、私が帰ってくると、それを私に渡してくださるので、読んでさしあげると、先生はじっと聞いていらっしゃいました。

先生はよく山に行かれ、暇さえあれば山から石を拾ってきて、土を運び、家を造る準備をしていらっしゃいました。

そのころ私は、米軍部隊でいろいろなペイントの仕事をしていました。ある日、私がいたずら半分に絵を描いていると、先生が御覧になって、「これから、どんどん絵を描くように」とおっしゃるので、不思議に思っていました。するとある時、同じ職場の人が私に、絵を描いてみないかと言うのです。その人は、米軍の婦人とか女友達の写真を見て絵を描いてあげていたのですが、私にもその注文を取ってやるというのです。

最初の仕事は黒人の写真でした。私は黒人を見たことがなかったので、どんな色を入れたらよいのか迷いながら、とにかく四時間半かけてそれを仕上げました。私は、それでお金をもらおうという考えはなく、ただ悪口さえ言われなければと思っていたのですが、意外にもその人は、「良く描けた」と言ってお金をくれ、さらに注文を取ってくれました。それで私は力を得、先生のお言葉どおりに絵を描くようになったのです。その後、食口の数が増えれば増えるほど、注文も多くなっていきました。

私は毎日、五時に仕事を終え、注文を受けて帰ってきて、それから絵を描き始めるので、終わるのはいつも午前零時か一時ごろでした。先生は私が帰る前に、市場に行って必要なものを買って、絵を描く準備をしてくださいました。そして、私が描き終わるまでそばで見守っていてくださり、そのあと私が休むと、先生はそれを朝に持っていけるように、切って丸めてくださるのでした。

そのうちに、先生も色を選んだり、背景を描いてくださったりするようになり、またしばらくすると、私が顔だけ描けば、先生が服や髪の毛や背景を塗ってくださるようになりました。そうして、一日に十五枚、二十枚と注文が来て、時には午前四時、五時までかかることもありました。

時々おばあさんの食口が訪ねてきて、疲れて横になろうとすると、先生はその食口に「（元弼《ウォンピル》さんが）このように苦労しているのに、眠ってはならない。眠気が来たら、壁に寄り掛かって寝なさい」とおっしゃいました。仕事をする人は、仕事に酔うのでそれほど疲れを感じませんが、そばでただ見ている人は大変だったろうと思います。そのような中で、先生は絶対に私の前から離れないで、見守っていてくださったので、私は疲れても耐えることができました。

私は、働いて得たお金は全部先生に差し上げました。すると先生は、一カ月間に食べる米と燃料、石油、そしておかずとして煮干しを先に買っておかれました。私は、部隊で食事をしました。先生は、御自分で御飯を炊いて召し上がることが多く、女の人よりも上手に食事を作られました。先生は、貧しい修道者たちに米や服を買ってやったり、またお金を与えたりして、お金はすべてそのように使われたようでした。

ある日先生が、「あなたが持って来たお金を全部使った」とすまなさそうにされ、誰々に何を買ってやったとか、何にいくら、本を買うのにいくらかかったと、私に報告をされました。先生がそのお金をどう使われようが、いったんお捧げしたものだから私には関係ないのに、かえって私の気持ちを案じてくださる先生の姿に、自分の足りなさを感じ、もっと尽くさなければと、心の底から思いました。

私の帰りが遅くなると、先生は路地まで出てきて、待っていてくださいました。また私が疲れて眠ってしまうと、先生はよく泣き声の混ざった声で歌われたり、祈ったりされました。ある時には、まだ暗いのに私を起こして山に登り、岩のある所で、先生が、「あなたはここで祈りなさい、私はあそこで祈るから」と言われて、一緒に祈ったこともありました。

ある日の早朝、先生は突然、私を起こして「早く明かりをつけなさい」とおっしゃいました。私がランプをつけると先生は、鉛筆と紙を用意させて、「私の言うとおりに書いておきなさい」と言われました。私たちが何か文章を書く時は、途中で考えたりしますが、先生は初めから終わりまで休まず続けられました。それは再臨論に関するもので、『原理原本』はほとんど先生の筆跡ですが、その部分だけは私の筆跡になっています。

先生は神のために愛して、それでもなお不足を感じられる方です。ですから私たちも、いつも不足を感じながら神と先生を愛し、またすべての人々に愛を与え、また与えながらも自分の足りなさを感じている、そうすることによって初めて、天の誇り得る人となることができると信じます。

尊敬のあまり心情的距離があったころ

先生にお会いした時の私の心と、先生が刑務所から出られて避難していた時の心との変化について、述べたいと思います。

最初先生にお会いした時の私は、ただただ私とは次元の違う方だと考えました。ちょうど小学生が初めて入学した時、自分の先生に対して感じるのと同じように、次元の違うお方であると感じたのです。

今、ヨーロッパの兄弟たちは、学校の先生に対してそういうことを感じるかどうか分かりませんけれど、私が幼い時は、教えてくださる先生に対しては、とにかく尊敬の念で対しました。今は韓国も、西洋文明が入ってきて、小学生でも先生に対する尊敬の念はかなりなくなりました。

学校の先生を尊敬するようになったのは、その当時の先生が、親が子供に対するように、教え子に対して犠牲的奉仕をもって教えて、愛したからです。先生も模範的な生活をしたのでした。自分の尊敬する先生の写真をポケットの中に入れて歩くこともありました。

私たちが原理を理解して子供を教えるならば、子供たちは私たちを尊敬してくれるようになると思います。三百六十軒の人に奉仕し、尽くすならば、彼らは最初のページに文《ムン》先生や親の写真ばかりでなく、私たちの写真も貼るようになるだろうということも、先生のみ言の中の一つでした。学校で子供にそのように教えるならば、子供たちは先生を、そう考えるようになるのです。その学校では、先生の恩に感謝するということで、謝恩会がありました。

幼いころ、自分の先生をそう考えていたせいか、文先生にお会いした時に、私はそういう心を抱きました。率直に言って、先生は私たちと違って、トイレにも行かれず、食事もなさらない、そういう超人間と考えました。その私の年齢はその時、もう十八歳でした。その私の目には先生と共にいた霊能者も、年取っている人も、すべての人が天使のように感じられました。そして、その人たちのお話は、神のみ言のようでした。私はただ聞くだけで信じられるものですから、聞くだけでいっぱいになり、何も言うことがなかったのも、当然なことだと思います。

ある日のこと、先生が牢屋に入られていた時のことですけれども、ある婦人の食口が教会の庭にあった花鉢が壊れていたので、それを丁寧に直していました。そして、「人間の心霊がこのようであるとするならば、どうでしょうか」と独り言を言っているのを聞いて、私は信仰の在り方を習いました。

先生が牢屋に入る前、私はいつも家から通い、先生とある距離をもってお会いしていました。ある時に、たまたま家に帰る時間が遅れて、先生と一緒に休んだことがありました。同じふとんに寝たのです。夏でしたので非常に暑く、その当時、教会には南京虫がたくさんいました。それは丸くなっていて人の血を吸い、かまれたらとてもかゆくて、はれ上がります。色は赤みがかった茶褐色の虫です。今からもう三十三年前ですから、駆除するいい薬がなかった時のことです。

夜中の一時ごろになって床に入ったのですが、先生は隣で何も気にせずに寝ていらっしゃるのに、私は最初かまれて、かゆくて眠れませんでした。眠れないこと自体は問題ないのですが、とにかくかゆくてしょうがありません。でも、私がかくために体を動かしたら、先生が眠れないと思い、闘っていました。そして私も、いつの間にかくたびれて、寝てしまった覚えがあります。

先生にお会いすると、心は喜ばしいのですが、何も話ができない状態でした。一人でいる時には、これを聞きたいと思う大きな悩みがあっても、いったん先生のところに行くと、いつの間にか小さな悩みに変わり、聞こうという勇気が何も出てきませんでした。しかし家で一人になると、その悩みがどんどんどんどん大きくなって残ります。そしてまた先生にお会いして、いろいろな話を聞いていると、それは小さくなってしまいます。「なぜこんなことで悩んだのだろう」と考えました。

それで家に帰ると、それがまた大きくなってきます。「これだったら、先生にお話しして打ち明けたらよかったのに。次に行ったら話そう」と考えて、また訪ねます。しかし、また小さく見えてきて、何も問題になりませんでした。そのようにして、いつの間にか、自分でそれを解決していくようになったのでした。

それからのちも、いろいろと問題はありましたけれども、直接お聞きしなくても、間接的にいろいろなみ言を聞くことによって、一人で整理していくようになりました。私は、そんなに深刻な問題をもって、「これはどうですか、あれはどうですか」と先生にお伺いした覚えがありません。どんなに信じられないことがあっても、先生のすべてを見ることによって、徐々に全部分かっていくようになりました。

メシヤに侍るということ

避難の路程の時には、先生との心の距離は全くなくなりました。先生と一緒にいるような生活に変わったからです。朝起きる時から、何事も一緒にするようになったのでした。

私は一緒に歩きながら、自分の信仰を次のように打ち明けたことがあります。「もし、二千年前に生まれたならば、私はイエス様を飢え死にさせたでしょう」と。メシヤは、食べなくてもひもじさを感じないお方である、と信じていたからです。

私のような者ばかりがいて、食べる物も飲む物も何も差し上げないならば、どうなりますか。先生も、私たちと同じく、ひもじい時にはひもじさを感じ、暑い時には暑さを、寒い時には寒さを感じるお方であると、はっきり分かったのです。私は先生を通じて、二千年前のイエス様の事情、心情が理解できました。

同時に、私たちがもう一つ分からなければいけないことは、メシヤの立場から見ると、私たちよりもっともっと敏感だということです。私たちより、何倍もひもじさを感じる方だということです。

なぜでしょうか。それはちょうど親と子のことを考えてみれば、もっとはっきりします。母と子が二人で住んでいたとしましょう。とても貧しい家庭です。子供は幼いので、母親が稼いで子供に食べさせなければいけません。何とかしてやっと稼いで、牛乳を買いました。ひもじいからといって、親が先に飲むことはできません。まず子供に飲ませます。残した物があれば、その次に母親が飲みます。

子供がひもじいと言うのと、親がひもじいと言うのとは、同じ言葉ですが、内容は違うのです。子供は自分のひもじさばかり考えて、ひもじいと言います。しかし母親は、子供に食べ物があって、自分にない時は、ひもじいとは言わないのです。母親がひもじいと言う時は、子供のひもじさと自分のひもじさが合わさっていることを忘れてはいけません。

このことを通じて、はっきりしておきたいことは、子供がひもじい、親がひもじい、その次に国を治める人がひもじい、世界を治める人がひもじいと言う時、「ひもじい」という言葉は同じですが、ひもじさを感じる度合いは、次元が全然違うということです。個人、家庭、氏族、民族、国家、世界、天宙というふうにレベルが変わってくると、喜びも、個人的喜び、家庭的、民族的、世界的、天宙的喜びというふうに違ってくるということです。ですから、国を心配する人を悩ませたならば、それは国家を悩ませたことになります。

死にかかっている人を救ってあげたというのと、国を治める責任をもっている人が死にかかっているところを助けたのとは、同じように一人の人間ですけれども、その内容は違うのです。

一人の人を救ってあげると、その家では、「自分の子を救ってくれた」と言って、いろいろな御褒美を与えるでしょう。ところが、ある人を救ってみたら、それが王子様だった場合、王様は「私の子を助けた者は誰だろう」と探し回って、その人を見つけたら、どういう御褒美を与えるでしょうか。「お前は、私の宮殿で一緒に暮らそう」ということになるのです。

反対に、王子様を殺したら、その人はどういう罰を受けるでしょうか。個人を殺した場合は、個人の罰を受けるでしょう。しかし、王子様を殺してしまったならば、国家的な罰を受けるのです。王子様が死んだ時、王様はどれくらいの痛みを受けるかといえば、国家的な寂しさを感じるのです。

メシヤは、どういうお方ですか。メシヤを少し喜ばせたら、それは天宙的な喜びを与えたことになるのです。もし反対のことが起こったらどうでしょうか。イスラエル民族は、たった一人のイエス様を殺害したのですけれども、その罰がどんなに大きかったか考えてみてください。

ですから、メシヤに侍るということは、どれほど注意深くしなければいけないかが理解できます。ところが、神は愛なるがゆえに、罰は二、三代で終わるようにし、いいことは何千代にも及ぶようになさいます。

リーダーとメンバーのことを考えてみてください。私自身がほかのメンバーに心配を掛けたとしましょう。また、リーダーである皆様を悩ませたとしましょう。心配を掛けたのは同じですが、内容が違います。十人のメンバーを担当した皆様は、十の悩みを担っています。私がリーダー一人を心配させたことは、十の悩みを与えたのと同じです。百人のリーダーならば、百人分の悩みを与えたことになるのです。ですから、自分のアベルに当たるポジションの人に対しては、訴えるな、批判するなと教えたのです。それは、たくさんのメンバーの悩みを抱えている人であるからです。十人のリーダーであるならば、十人の悩みに責任をもっている人なのです。

全人類の悩みを抱えているメシヤの心を少し痛めたら、大変なことになります。その代わり、少しの慰めを与えるならば、大変な喜びをもって私たちを迎えるでしょう。ですから、メシヤは私たちの感情よりも、はるかに敏感であるということを分かってほしいのです。たまたまメンバーが少し良いことをしたら、先生は大げさに話してあげることがあります。褒められた人は、「私はそんなに良くできなかったのに、先生はとてもよく見てくださいますね」と感ずるのです。

一人でいる時には大きな悩みであっても、先生のところに行くと、小さく見えるのはなぜでしょうか。それは、私にはとても大きく見えることも、先生があまりにも大きいがゆえに、小さく見えてしまうと考えるのです。皆様にも、そういう経験がありますか。とても心配して、リーダーに何か聞こうとしたら、小さく感じて聞く必要がなかったことが。皆様がどんどん成長していくと、メンバーが皆様に対して、そう感じるようになるのです。

心を変えない

先生が牢屋に入っている間、霊能者たちは教会からどんどん遠ざかっていきましたが、私の信仰には少しの変化もありませんでした。どうしてそうなったのだろうと考えたことがあります。私だって、天使のようだ、神のみ言を聞くようだと、尊敬していた霊能者たちや先輩たちが教会に来なくなるのを見て、心の動揺がないわけではなかったのです。

しかし、私が先生と一緒にいた時、先生から受けた平和感、そして真のみ言、そういったものが私の心から離れませんでした。私は「いつになったら先生に会えるのだろうか」という心が先立って、それ以外のことを考える余裕がありませんでした。そこで、自分のノートに、

一、二、三、四……十二、これが一九四八年、また一列に書いて四九年と書きました。刑を受けたのが五年間ですから、五年分を書いたのです。すると、ここまで消した時に、先生に会えるということです。ですから、私が一番楽しい時は、一カ月が過ぎて、一つ消すことができる時でした。

先生がお話ししてくださったことが、いつも頭から離れなくて、何をする時も、一人で考えながら歩きました。そうしていたある日、私の心に強く教えられることがありました。

「お前は今、先生を信じて侍っているのではないか」と自分に言いました。「今、先生は牢屋に入っていらっしゃる。けれども先生は、今も心を変えずに信仰をもっていらっしゃる。それなのに、なぜ私が先に変われようか。私がもし、信仰を変えることがあるとすれば、先生が先に信仰を変えてからのことなのだ。それ以前にはできない」。

そういう心が強くわいてきました。それで私は心を変えることができなかったのです。

このことは、何をするにも同じです。メンバーと私が約束して、何かをやろうとする時には、ほかの人より先に心を変えてしまうことがあってはいけません。

先生と約束し、先生の前で誓った人たちが、食口の中にいました。その人たちが離れていったのが分かっても、先生はその人たち全員を訪ねて、それでも受け入れなかったという時になっても、その人たちに対する心を変えなかったのです。

ここに一本の線を引きます。これは先生にお会いする線です。そしてある人の先祖の実績、先祖の功績が、例えば十だとしましょう。この人が先生にお会いして、神のために善いことをして、善の実績を積んだとしましょう。ところが、この人が先生から離れて、つまりこの線からどんどん離れていきます。さらには、統一教会に対し、神に対し反対して、かえって反対の量が増えていきます。

善の先祖と自分の実績が、この人の善の実績になるのです。反対すると、反対の実績の量がどんどん増えていくのです。それで、ここまで来たとしましょう。そうしたら善の実績は、これくらい残るのです。まだ善の実績は残っています。そうである以上、この人を切るわけにはいかないのです。

ところが善の実績に対して、マイナスの実績が同量になれば、切ることができるのです。切っても讒訴《ざんそ》されません。そうでない限り、反対するからといって、切ったりはできないのです。今までよくやっていた人がいるとします。その人が駄目になったとしましょう。その人が善の実績を積み、忠義を尽くした部分が残っている以上は、切ることができません。

このように考えてください。ある会社に、一人の社員が入ってきました。彼のお父さんは、その会社で昔、非常に善いことをした人でした。その子供も会社に入って、とても善いことをしました。ところがそのうちに、この人が会社にどんどんマイナスをもたらしました。だからといって、すぐに切ってはいけないのです。この人が入社してから十万ポンドをプラスしたとしましょう。ところが社長の話を聞かないで、自分勝手にやって同じくらいのお金を損した時には、切っても何も問題になりません。

ところが一万ポンドの損害を出したとして切ってしまったら、その人は非常に恨みをもつでしょう。「私はたくさんお金をもうけてあげたのに、こんなことで切るとはけしからん」と考えるでしょう。会社の秘密を外に出てから訴えて、この会社をつぶそうとするでしょう。

こういう心情の世界を考えると、神のために今まで尽くした善の実績の量に匹敵する悪の、反対の量をもたらさない限り、その人を切ったりはできないということです。先生は、最初よく教会に来て熱心だった人が、たとえ反対するようになったとしても、すぐに心を変えるようなことはなさらないのです。今まで尽くした量より悪の量が増えた場合には、切っても讒訴されることはないということです。

先生を信じてついていきましょう

いつもいつも堅苦しい話ばっかりして、皆さん、頭が重いでしょう。「私は当分、重くて歩けない」と言う人がいるかもしれません。先生は、御自身のことを全部は話されませんでした。先生のこういう世界を一つ一つ教えてあげると、あまりにも重くて、身動きができなくなると思われるからです。

分かっていてできなければ、それは大変なことになります。知らなくてできないのは、まだいいのです。ですから、先生は全部話されません。ところが、メンバーたちは、たくさん知りたいと言うのです。しかし、難しい過去のことをお話しすることで、皆様にはそのとおりに行かせたくないのが親の心なのです。先生は道を開いて、私たちが容易に到達できるように導きたいので、全部は話してくださらないのです。その代わりに、「私の話を信じてついてきなさい」と要求されるのです。

ところが、信じていこうとしても、なかなか理解できないので、「何か、ちょっと分かるようにしてください」と要求するのです。お話ししてあげて、実践したらいいのですけれど、そうでないと大変なことになります。

ですから二千年前、トマスが復活したイエス様を信じられなかった時に、「あなたの指をここにつけて、わたしの手を見なさい。手をのばしてわたしのわきにさし入れてみなさい」と言われて、そうしてみて初めて信じたのです。イエス様もその時、「信じない者にならないで、信じる者になりなさい」とお話ししたのです（ヨハネ二〇・二七）。

手を当ててみないで信じなかったならば、赦《ゆる》しの道があるのですが、当ててみて信じないと大変な目に遭うのです。ですから、知るというのも大事ですけれど、分かったあとがもっと大事です。

しかし、先生から直接聞いたのではなく、私が言ったのですから、まあいいでしょう。私たちが成長していくなら、先生が、今言った以上のお話をしてくださいます。そうでない時に、それ以上のものを聞こうとしたら、かえって成長を妨げます。ミルクを飲む子供に、固い物を食べさせるのと同じです。

そういう先生の世界を、私たちが知っているということは、非常に大事だと思います。今、私が皆様にお話ししていることは、ただ牢屋の中で、あるいは平壌で、また牢屋から出られてからこういうことがあったということばかりでなく、それ以後、今までもそういった生活をなさってこられたということです。そのことを覚えてほしいと思います。

ただ過去にそういうことがあったということではなく、今もなお、これからもなお、そういう生活をなさるということを考えると、この話の意義があるのです。

第二部

［講話集］生命と愛と理想を懸けて

一、何よりも神のものを愛する

自分から進んでする人

私が韓国を留守にしていた時のことです。ある家庭の婦人が教会を訪ねてきました。彼女は、全然霊体験のない人で、また、勉強もしていない人です。先生の霊が彼女を支配するのです。もう普通の顔ではありません。霊の主管を受ける人の顔を見たことがありますか。はっきり区別がつきます。

その人は、すべてを先生のように行います。名前も、「誰々さん」と呼びます。教会長であっても、部長であっても、その人の前では、先生の前に座るように座るのです。そしてナショナル・リーダーであっても、教会長であっても、「誰々」と呼ぶのです。そうしたらもう、ナショナル・リーダーでも、ひざまずいて黙っているのです。そして、「これが間違っている。あれが間違っている」という話をします。私たちは、そういうことをたくさん経験しました。

その人から先生の霊が離れますと、本当にすまないという顔をします。メンバーの中には、それがなかなか信じられない人がいます。しかし、何回もそういう体験をさせられて、やっと分かるのです。ワシントン大会（一九七六年九月十八日）の時には、霊界がいろいろなことを具体的に教えてくれました。条件祈祷をして、霊能者の言いつけを守って、様々な条件を立てたりしました。そういう時には、こういうことを今やっていますという手紙を先生に出すのです。

こういう霊界の協助がないと、私たちの一体化というのは難しいのです。リーダーが誤っていることを、メンバーとしてはなかなか言えません。カインはアベルを通じていくのですから、アベルの批判をすることを喜びません。そういう時には、霊能者を通じて、リーダーの過ちを教えてくれるのです。たまには、メンバーに夢を見させて教えてくれることもあります。

たまたま統一教会の霊能者とか統一教会のメンバーを通じて教えると、同じ教会員ですから、なかなか言うことを聞かない時があります。そういう時には、神は統一教会のメンバーでない、ほかの宗教人を入れて教えます。

親も同じです。親の言うことを子供が聞かない時には、ほかの人が教えるのです。世の中でもそうでしょう。自分の親の言うことを聞かない者は、警察の人が来て罰を与えたりします。自分の家で、「お前が聞かなかったら、大変なことになるのに」と言いながら、教えてあげても聞かないで、社会に出て勝手なことをして過ちを犯したら、今度は親の代わりに警察が罰を与えるのです。

私たちが言うことをよく聞いていくならば、今お話ししたようなことはないだろうと思います。いつもいつも難しいことを言ってすみません。皆様がこういう話を聞かないと、先生は御自身のことを話されませんから、先生は私たちと同じだなあと思ってしまい、いろいろつまずくことがあると思いまして、お話ししました。

先生は原理を通じて、歴史的な神の心情やすべてのことを教えてくださいました。そして私たち自身がどれくらい誤っているのか、よくやっているのかを、自分で判断できるように教えてくださるのです。

先生は、「お前、これが間違っている」「これをしなければいけない」とは教えません。御自身の行いを見せることによって教えようとされるのであって、言葉で話して教えることはなかなかされません。

ですから、自分で理解して自分でやるのを、先生は一番喜ばれます。「これをやりなさい」と言われてやるのは、神の喜びとなりません。お礼を言う時にも、私は親のおかげでこのように有り難いと、心から「ありがとうございます」と言うのを喜ばれます。

そうでなくて、「おいお前、親に礼をしなければいけないよ」と言われてからするのでは喜ばれません。言われたならばよく聞き、言われなかったらやらないという人は、出世できません。幼い時はそれでいいのです。それからのちは、親が、神が喜ばれるのを知って、自分から進んでする人、言われる前に自分でする人、それが、神の一番喜ばれる人です。

段階に応じて語られるみ言

先生が語ってくださるみ言を聞く時、それはただ頭や口から出るみ言ではないということを、まず分かってほしいのです。

長年、先生のみ言に接していますと、先生は従来の聖人、哲人、神学者の話をそのまま話されているのではないということが分かります。先生は神学をよく御存じです。神学者たちが今まで解決できなかったいろいろな根本問題を、聖書を通じて教えてくださいました。どうしてそれが可能なのでしょうか。

「統一思想」を学んでみれば分かるように、哲人たちが解決できなかったいろいろな問題に対して、先生は的確に説明されています。どうして先生が「科学の統一に関する国際会議（ＩＣＵＳ）」を考え、主催できるのかということを考えてごらんなさい。

先生は博士の資格をもっていらっしゃいません（当時）。そういう方がどうして、ノーベル賞を獲得している学者たちを集められるのでしょうか。日本で、我々はテレビとか街頭で共産主義者との公開討論を提起しました。どうしてそういうことができるのでしょうか。先生は、それをいつ習ったのでしょうか。

韓国には、キリスト教系統、仏教系統、儒教系統などの会合があります。しかし今、韓国では霊界に通ずることを迷信視し、非科学的なことだと言っています。学校でもそう教えています。

それでも、最高学府を出た人であっても、国会議員の選挙になると、占い師の所に訪ねていって、「今度、私が国会議員の選挙に出れば、当選しますか」と尋ね、その占い師の話を聞いて立候補したりすることがいくらでもあります。結婚のことから事業のことまで、すべて相談してやっています。政治家は、いわばそういう人を背景にもっているのです。

昔、王様がイギリスを治めていた時には、必ず王様の近くに霊能者がついていました。宗教家を顧問にして政治を行ったのです。政治をする人たちは、宗教家が必ず隣にいて、アドバイスを受けたのです。雑道の霊能者の話も、時代によっては真理のように感じられ、受け取られたのです。現在、宗教と科学は相反するもののように受け取られていますが、政治家は、宗教の教えに大変依存する傾向があるのです。

占星術の人たちは、人の運命をよく証してくれます。それゆえに、何か自分に難しいことがあれば、そういう人を訪ねるようになるのです。韓国にはそういった人たちがたくさんいて、それぞれ天から「私は仏様だ」「私は再臨主だ」「道主だ」と、いろいろなお告げを受けます。そういう人たちは、人の病気を治したり、心霊の状態がよく分かっているのです。そういう人によって、お金をたくさんもうけ、成功した人もいます。ですから社長であっても、霊能者のアドバイスを常に受けていることがあるのです。

私たちの霊能者の中にも、霊能者の集いを指導している人がいます。一週間に一度ずつの集会があり、そこに行けば大変おもしろいことがたくさんあります。彼らは、自分のことだけを話し、誇ります。全然人の意見を聞きません。自分の意見が絶対だという雰囲気なのです。ところが不思議なことに、彼らは私たちの教会員である一人の霊能者に対しては、そうではないのです。「私たちの指導者はあなたです」と話します。どうしてそうなるのでしょうか。

避難の路程の際に、そのことに関して先生が話してくださったことがあります。先生は、私たちの知能、あるいは心霊が成長するにつれて、適切なみ言を下さいます。未来に起こり得る理想の世界のことをお話ししてくださり、私たちはそれによって、明るい未来を見つけたのです。また、それに反して、二つの現実に厳しく適応するように教えてくださいました。先生のなさっていることを見つめていると、私たちには見えなくとも、ある計画があって、その計画どおりに進めていらっしゃるような感じを受けました。

一つの例えを言えば、伝道しても人が全然来ていない時に、先生は、「今年の十月になれば、人がたくさん入ってくるだろう」とお話ししてくださいました。そして、そのようにになったのです。

春夏秋冬の季節をすべて体験してみれば、春の次に夏が来て、その夏は暑く、いろいろな花が咲いて、厚い着物を着ることができなくなることを知ります。そのようにして春夏秋冬のすべてが分かるのです。先生が語られることは、ちょうど春夏秋冬が全く分からない人に、季節を教えているようなものです。

その当時先生は、「これからは、どうして、どうする」と、具体的には話されませんでした。それで私たちは、時が過ぎて、その時が来てみないと分かりませんでした。当時、私たちは、「どのようにしたら神を喜ばせることができるのだろうか」「親の心を休ませることができるのだろうか」と考えて、自分なりにみ言を応用して、「こんなことをしたら喜ぶだろうか」「ああいうことをしたら喜ぶだろうか」というふうに気を遣った時期がありました。ある時は、「先生が喜ぶだろう、神が喜ぶだろう」と思ってやったところが、失敗した人たちもいました。

先生は、私たちに必要なことであれば、必ず教えてくださいます。しかしながら、人によって成長の段階が違うのです。旧約以前の人もいれば、新約時代に当たる人、成約時代に当たる人もいるのです。そういう人たちに同じ形で教えるということは、大変難しく、無理が生ずると思います。

先生は、全体にお話しされるほかに、いつも個人的によくアドバイスしてくださいました。そういう意味で、日曜日の説教の時間よりも、かえって平常の時間のほうが重要でした。

一人一人を大切に

説教では、「神の心情とはいかなるものか」とか「イエス様はみ言を伝えようとこの世に来たが、人々が信じてくれない時のイエス様の心情は、どんなにつらかったことだろうか」ということをよく教えてくださいました。

ところが、その受け入れ方は個人個人によって違うのです。その時に起こり得る問題を、どのように処理するかは、先生が平常、一緒に生活しながら、個人的にふさわしい牧会をしてくださいました。

私たちは先生のおかげで、たくさんの有名な山に登ることができました。そのころ先生はお若かったので、誰も先生より速く登ることができませんでした。そして、山に登っては、いろいろなお話をしてくださいました。そういう中で、兄弟が抱えている問題が一つ一つ解かれていったのです。

先生はまず、食口《シック》たちの証しを聞いたり、どんどん歌わせたりされました。それで全員に歌わせました。人の前で歌ったことのない兄弟たちが、たくさんの人の前で歌う訓練ができました。好きな歌があると、先生がそれを歌ってくださいました。

指名されて兄弟が歌うときには、毎日同じ歌を歌うわけにもいかないので、何を歌おうかと迷っていると、先生が「この歌を歌いなさい」「その歌を歌いなさい」と言ってくださいました。先生は、私が歌う歌をよく覚えていてくださり、私以上にその歌を好んで、御自身で歌われました。

そういうことによって、メンバーはどう考えるかというと、「ああ、私の愛する歌を好んでくださっている、私よりも好んでくださっている」と考えるのです。そして、「先生は、私をこのように覚え、好んでくださっているんだ」と感じるのです。歌一つで、先生に対する信頼感をもつようになるのです。

皆さんもそうではないですか。愛する夫婦の間で、相手にとても好きなものがあれば、自分は本当は好きではなくとも、相手を愛するがゆえに、相手が好きなものを自分も好きになろうとする世界があるでしょう？ 自分の尊敬する人が左手で字を書くとすれば、私も左利きで書きたいという心がないですか。

自分の尊敬する人が赤いネクタイをよく締めていると、私も赤いネクタイをしたくなります。愛する人、尊敬する人を見れば、自分もそうなりたいという心がわくのは、人間がもともと神に倣《なら》うように造られているからです。神に近いお方がいれば、その人のようになろうとするのは、神に近づこう、倣いたいという心があるからなのです。

それと同じく、私が好きな歌を先生がよく好んで歌ってくださるということは、先生がその歌を好むように、私を好み、愛してくださっているということを意味するのです。ですから、皆さんもメンバーが好きなことを好んでやってあげるならば、メンバーはリーダーに対して、とても信頼感をもつようになるでしょう。このように先生は、とても近くでいろいろなことを教えてくださいました。

先生は時々、「あなたの顔を鏡で見てごらんなさい」と言われます。「お前の顔は、上向きになるのが美しい」とか、「笑う時には、こうしたほうが美しい」とか、いろいろ気を配ってくださいます。心はそうでなくとも、顔つき、座り方、いろいろなことによって、人々にいい感じを与えたり、良くない感じを与えたりすることがあるのです。

皆様の中にも、顔を変えなければいけない人がたくさんいます。顔が上向きになるのと、下向きになるのと、正面向きになるのとでは、表情が全然違ってきます。例えば、私がここにきちんと立って話すのと、近寄って話すのと、どう違いますか。笑顔をつくって話すのと、厳かな顔、恐縮した形で話すのと、また違います。先生は、そういう点まで非常に細かいのです。私は初めて会った人にも、笑いながら話す習慣があります。私が笑顔でやっていくものだから、気持ち悪く感じたらしく、言葉も通じないから、誤解されてにらまれたこともありました。「あまり笑顔で話し掛けると、軽く見られるんだ」と先生が教えてくださいました。また髪の毛を真ん中から分けた時も、「こちらのほうから分けなさい」と言われました。

そのように先生は女性会員にも、男性会員にも、そういうところまでいちいち気をつけて、人のたくさんいるところではなく、先生と二人でいる時に、静かに教えてくださいました。ですから、中心に立つ者は、メンバーを嫌いになってはいけません。嫌になったら、もう何もできません。先生がそのようにしてくださると、私たちは先生を好きになって、どんどん話したくなります。

先生が歌を歌わせる時にも、上手に歌う人の歌は聞きたいけれども、上手でない人の歌は気分を騒がせます。でも先生は、それをよく聞いてくださったのです。そういう人は、歌が上手でなくても、心はとても良い気分になって歌うのです。また、歌の内容をとても大切にして歌う人がいます。先生は、その人の心を大切にしてくださるのです。

み言と一致化する努力

初期のころ先生は、若い人の話も、年取っている人の話も、おじいさんの話も、おばあさんの話も、よく聞いてくださいました。そのころは、おじいさん、おばあさんを仲間にして話し合ってくださった時期だと思います。中間期には、壮年の方とよくお話しされました。今の時期は青年の時代です。

先生は、「人のために尽くしなさい。指導者はこういうものです」といろいろ話してくださいますけれども、それは御自身が勝利された上で話してくださるみ言なのです。

先生のみ言がどこからどのようにして出てくるのか、ということを考えた時の結論です。「心情」という言葉も、一九六〇年の二、三年前から初めて使われました。そういうのはたくさんあります。

私たちは、自分の頭の中にあるものだったら、新しい人の前でも、一から百まで全部話そうとします。自分でよく分かっていないことでも、全部話してしまいます。しかし自分のためではなく、その人のために話しているのですから、相手の人が話を聞くことによってプラスになり、神の心情にもっと近くなるのを確かめながら話していかなければ、かえってその人にとってマイナスになることがあります。「正しい話をしてあげたから、その人が傷ついたとしても、私の責任ではない。彼の責任だ」と考えてはいけません。いくらおいしい食べ物でも、それを消化できない子供に与えたら、生かすのではなく殺すことになります。

どんなにいいものでも、時至らない時に、時の話をすることは罪になります。アダムとエバの愛も、時至っての行為なら喜びでしたが、時至らない時に時のことをしたので罪となりました。皆さんも、たまには良くないうわさを聞いて、精神的にまいってしまうことがあるでしょう。それは、時至ってない時に、時の話を聞いたからです。

ですから、そういうことを話したら、話した人が責任を取らなければなりません。話をする目的は、聞く人のためにするのですから、かえってマイナス的なものを与えた場合には、その人が責任を取らなければなりません。皆様が分かっていることを人に与える時には、必ずその人のために与えるということを忘れず、その人のことをよく分かって話してあげなければいけません。ですから、人によって話すことも違ってくるのです。

先生が勝利されたみ言を下さるということの理由を、一つお話しします。神はみ言と一致化することを願って、私たちにみ言を与えてくださいます。神は、最初の人間にみ言を与えました。祝福を受けました。しかし、そのみ言と一致化できませんでした。祝福を受けましたが、自分のものにできず、愛を受けましたが、それと一致化した人間になり得ませんでした。

神がみ言や祝福を与える目的とは何でしょうか。それは神のみ言や愛と一致化することによって、神と一つになることです。そうすれば、いろいろな人に愛を与えることができるのです。愛の根本、み言の根本である神と一致化すれば、与えても、与えても、絶えることがありません。

ところが、私たちは一致化する前にどんどん与えていきますから、与えれば与えるほど枯渇を感じます。ですから私たちはまず、み言と一致化する期間が必要なのです。み言を理解した、分かったというだけでは、まだまだ一致化したとは言えません。み言どおりに実行することによって、初めて自分のものになり始めます。これが一致化です。それも、何度か回数を経なければいけないでしょう。そこで初めて、み言と一致化する自分となります。

私たちは頭で理解し、分かった時点でどんどん話をしていきます。けれども、人に「こうしなさい」と言う前に、自分自身で実行し、実践することです。頭で分かって、さらに体で行っていかなければなりません。

皆さんがスケートをするとします。そのためには、スケートはどのようにするのかを習い、そのとおりに自分でやってみて、初めてはっきり分かってくるのです。

み言を実践すれば神が分かる

み言も、先生が勝利されたのちに、私たちに与えてくださるものです。試験をし、勝利して初めて、一つ一つ与えてくださるのです。人から聞いた話を語るのではありません。ですから先生は、尽きることなく、何回でもみ言を語ることができるのです。

頭で習ってやったものは、何回かすればやりたくなくなります。そういう言葉は、人の頭の復興はできるかもしれませんが、生命の復興はできません。そこが違うのです。「人のために尽くしましょう」という同じみ言でも、語る人によって感動は違うのです。あなたとメンバーとが同じことを言っても、受け取る内容は違ってきます。

まず、み言を自分のものとする過程が必要であることを忘れないでください。統一教会で長年やってきても、そういうことをしなければ、喜びがなく、み言の価値が分かりません。

よく語る人がいいですか、話さなくてもよく行う人がいいですか。言葉で「愛する、愛する」と言う人より、「愛する」とは一度も言ったことがなくても、愛してくれる人が好きでしょう？　例えて言えば、話をする時は全部を話さないで、十あれば三くらいを残しなさいということです。

話をたくさんすると、そのあとでおなかがすいたように、何かむなしさを感じます。自分にいっぱいあったものも、全部あげてしまえばなくなるでしょう？　例えば、一千ポンドをもっていたとしましょう。それを与える時は気持ち良くても、全部与えたあとは、何もなくなるからむなしいのです。それと同じです。

そのむなしさは、満たされなければなりません。そしてそのためには、基盤がなければなりません。お金を稼ごうとしたら資本金、種になるお金が必要です。それがあれば、すぐまた増やせるのと同じです。

昔、聖パウロが天上の情景を見ました。それを、十三年後になって人々に証したのです。なぜか分かりますか。貴重さというのは、全部分けてあげると感じなくなります。自分だけがもっている時にこそ、宝石なのです。この人もあの人ももっていたら、価値がなくなります。それゆえ彼は、十三年前に見た天上の情景の感激を、自分一人でもっていたのです。伝道に出掛けても、たくさんの迫害を受け、自分自身がダウンするような時にも、その情景を思い出して、また力を出して、勝ち抜いていけました。

人を教えるのは、それ以上のものをもっている時です。そうでないのに、どんどん出してしまうと、何もなくなるから、ほかの人のところに行って、力を補ってもらわなければいけなくなります。神は、「まず、自分のものにしなさい、その次に、人に分け与えなさい」と言って、祝福を与えたのです。そうすれば、神の祝福は全部、全体に行き渡ります。

ところが、自分が一致化せずに、つまり自分のものにせずに、ほかの人に与え、その人自身も自分のものとせずに、また人に与えたら、その人たちは全部空になります。そして、その一番末には誰がいるかというと、そこにはサタンがいるのです。そうすると、この人たち全部がサタンの側に入っていきます。神は、愛する人にみ言と祝福を与えたけれども、その人が自分のものとしなかったがゆえに、その祝福を誰がもっていくかというと、サタンがもっていくのです。

皆様がいろいろな兄弟たちに教えたり、話したりする時には、まず自分のものとする努力、一致化させる期間が必要であることを忘れないようにしてください。み言をそのまま行ってみると、神のみ言、人格、心情もすべて分かってきます。

怨讐を愛する

先生が牢屋にいらっしゃった時、一週間もの間、口にもすることもできないような食事が出たことがありました。その穀物の名前はよく分からないのですが、皆さんがよく御存じの、麦の皮がついたままの食事でした。韓国では、そばを作るときの材料ですけれども、皮をむかないものは非常に固く、刃物のように角張っているのです。それを、皮をむかないまま煮るのです。今まで皆様にお話ししてきたように、非常にひもじかったので、量が多いだけ有り難いという心持ちで食べましたが、非常に固いので、胃に痛みを感じる日が七日間も続いたそうです。

その時に、先生は、どういう気持ちでそれを受け取られたのかを話したいと思います。

先生は、たとえ看守たちが囚人を早く死なせるためにこのような食べ物を出すとしても、それは人間の先祖が神の掟《おきて》に背いた堕落の報いであり、それがどんなに厳しいものかということを考えられました。先生としては、かえって感謝の心で本当に真剣にみ旨の道、復帰の道を勝利していかなければならないという深い決意に燃えたそうです。

例えば、「統一原理」を人々に伝えていた時に、反対してきたたくさんの牧師や政府の人たちに対して、先生は何一つ弁明しようとされませんでした。

ある時、神様は先生に、「牧師たちのお祈りを聞かせてあげよう」と言って、スピーカーを先生のほうに向けたそうです。すると先生は、牧師たちが「神様、どうか文《ムン》を早く天にお呼びくださいませ。早く死ぬようにしてくださいませ」という祈りをするのを耳にしたのです。

先生は、彼らを恨むより、かえって「この人たちは分からずにそうするのだから、愛をもって伝えるみ言を牧師たちがたとえ聞き入れなくても、その牧師の子供たちは神のほうに帰ってくるだろう」という強い決意をされたのです。

その当時、私たちは麦飯を食べることもできないという困難の中にいました。犬が残した物を食べるような状態でしたけれども、先生はお金を全部かき集めて、反対する牧師をホテルに呼び寄せて、立派な食事でもてなし、立派な部屋に泊めて「統一原理」のみ言を教えたのです。

このように先生は、人を憎むのではなく、かえって迎えて愛していくというやり方をされました。先生がそこで私たちに教えてくださったことは、「お前たちは、反対された時に、弁明しようとするな。逆に、その人たちが反対することによって喜びがわき、神にもっと近づくというならば、私たちは彼らが反対するのを願わなければいけない」と、このような気持ちでした。弁明しようとせず、やることだけきちんとやって、実績を立てていこうというのが、先生の強い決意でした。

先生がアメリカに来られた時、政府やキリスト教、ユダヤ教がそろって反対しました。先生は、「私が三十年前にここに来ていたら、こういうことはなかったはずなのに、遅れて来たのでこういう目に遭うのだ」と考えられました。反対の声を、「なぜ早く、この国においでにならなかったのですか」と聞き取られたのです。

そこで先生は、遅れた分までも、この時間に全部やらなければいけないという気持ちで、何倍以上もの心を捧げられたのです。

私たちが、いろいろやっていると、自分としては悪くないと思っても、私たちに反対する人がいます。そういう時にでも、その声は私に対して、「あなたはもっと心を尽くして、神のために実績を上げるようにしなさい」と言っているように感じ取らなければいけないと思います。

兄弟から、三百六十軒の人から、街頭の人から反対されるようなときにも、「もっと人のために尽くしなさい」という言葉として感謝して受け取って、もっともっと尽くすならば、結局は、反対する人をも神に帰属させ得る、大きな力となるだろうと思います。

普通、怨讐を憎しみや力で裁きますが、私たちは反対に、「神に、人にもっと尽くすことによって裁いていく」という点で異なるのです。憎しみの代わりに愛で、恨みの代わりに神のため、人のために尽くすことによって、憎しみでいっぱいになっている世の中を変えていかなければいけないと思います。

すべてを自分の責任とする

もう一つ考えてみたいことは、世の中に起こる様々な悩み、不幸を、先生は、その人たちの責任と見ないで、全部御自身の責任として見られるということです。「これを私がしなければいけない」と感じ取られるのです。

私の記憶では、先生が四回目の世界巡回旅行をされ、ヨーロッパを中心として回られた時に、世界はもう滅びる段階にまで傾いていると直感されました。そこで、こういう世界をどうしたらいいのかと、大変心配されたのでした。その時に神は、「それを感ずる人がやるべきである」と先生に教えられたそうです。

往々にして教会の中や社会で、いろいろと心配なことが起こると思います。あるいは、「あの人がこんなで、困ります」とか、「このリーダーは本当に困ります」と心配することがあります。それをどうとらえるかも、先生が歩いてこられた道を考えてみると、「それを感じているその人自身が責任を取らなければいけない」という結論に至るのです。

私たちは人の心配をするとき、ただいたずらに、「この人はこうで、こうです」と言っていたのですが、これからはそのようにできないと思います。

その人がそうならないように、私が教えてあげなければいけないという責任を感じなければいけません。そういう心をもてば、人の悪口は、なかなか言えないようになるのです。たとえ言うにしても、まず自分の責任を果たしてから教えなければいけません。

私たちは将来、たくさんの人たちに、間違っているところを正しく教えてあげなければなりません。それゆえ、先生が御自身の行かれた道を教えてくださるのは、私たちが同じ難しい道を行って勝利すれば、それが将来、人々を教える際の教科書になるからです。

ですから、人を裁くということは、私がその人よりもっとやることによって、自然になされていくのです。私が人よりよくできないときには、かえって裁かれるのです。先生が人に弁明するよりも、実績のために死に物狂いで苦労された理由がどこにあるかが、お分かりになったと思います。先生はまれに、こうお話ししてくださいました。

今は、よくスリの話をされます。今までの世では、人の物を分からないうちに自分の物にしてきたのです。しかし、理想世界では、それと全く反対のことが起こるというのです。どんなことでしょうか。反対に、分からないように人に与えるのです。

先生は、こういった話を大勢の人の前ではなく、わずかな人の集まりの中でよくしてくださいました。そのように、人に会ったり、メンバーに会ったりする時には、常に人にプラスになる言葉を考えてほしいのです。

私の今の考えが、神にプラスになるのか、マイナスになるのかを考えなければいけません。先生は本当に細かいところまで考えていらっしゃいました。

また逆に、反対する牧師のお祈りを聞いても、それによってもっと神に近づくならば、どんどん反対しなさいと考えます。先生の考えは大きすぎるのです。

先生には、敵を討つという恐ろしいほどに強い心があるのです。ところがその方法は、この世の中とは全然違います。反対する牧師たちを厚く迎えてみ言を伝えていかれたと話しましたが、先生に侍る食口たちに食べさせられないとしても、勝利しさえすれば、反対した人たちという敵を討ったことになるのです。

愛はすべてに通じる

「私の誓い」の第三番を見ると、子女と天宙をサタンに奪われたので、これを復帰するために、父が汗と涙と血を流すことによって、また僕として犠牲、奉仕することによって、サタンに勝利するという誓いがあります。これは、この世の中で敵を討つのと全然違うのです。

理想、平和、幸福、すべての根本は、愛です。しかしサタンは、怨讐を愛することができません。絶対にできないのです。ですから、私たちが怨讐を愛するという高い理想を成せば、サタンは自分ができないので、自然屈伏する道が与えられるのです。一方、サタンも愛を願います。高い基準の愛を与えると、サタンの世界の人々も、すべてそこに集まってくるのです。そうすると、神が復帰摂理の中で、怨讐を愛するという最高の愛を打ち出した理由がお分かりですね。それが神とサタンの分岐点なのです。

それで、これからは、こういったみ言を一日の生活、一週間の生活の中でいかに生かしていくのかが、私たちの課題になるのです。ただ、人がたくさんの言葉を全部守るのは、なかなか難しいのです。ですから、その中でも、一番たやすいみ言を身につけることから始めるならば、そんなに難しくないだろうと思います。

み言の根本は愛ですから、み言の中に、愛がいろいろな形で表れているのです。そして結局は、全部つながっていますから、ずうっとたどっていくと、愛につながるようになります。一つの有機体です。

植物を考えてください。葉から枝、幹を通じて、結局は根に達します。何事でも完全に身につけると、ほかのことにもそれが通じるのです。

皆さんには、勇気と愛とは全然つながらないように見えるかもしれません。しかし、愛するがゆえに、勇気が出るのです。勇気あるがゆえに愛に通じます。愛のない人に、どうして勇気が出るでしょうか。

勇気は、いろいろな形で表れてきます。強い人に対抗するのも一つの勇気ですし、川の中で溺れている人を飛び込んで救うのも勇気です。火の中で助けを求める子供を、その中に飛び込んで助ける行いもそうです。意見が合わないときに、全体のことを考えて相手の意見を立てるのも、一つの勇気と言えるでしょう。

ところがそういう勇気も、愛なくしては出てきません。子供を救うにも、その生命を愛する心なくして、勇気は出てきません。人の意見を立てて、自分の意見を否定していくのも、もっと大きな目的を愛するという心があってこそ、自分の否定もあるのです。

勇気と愛とは別々のものではなく、その源をたどっていくと、お互いに通じ合う世界があるのです。謙遜な心も、全部同じです。謙遜な心ゆえに勇気をもつことができるのです。その勇気をさらにたどっていくと、愛する心に通じます。このように、すべては通じていくのです。どのみ言でもいいですから、終わりまで身につけていくならば、すべてに通じるということです。

科学と宗教は対極にあります。論理の展開も逆です。しかし、その極に至れば、宗教は科学に到達し、科学は宗教に到達するのです。ですから神に本当に通ずる人がいれば、その人は科学的であり、科学の道を究極まで行けば、必ず神に出会うでしょう。すべては神の愛から始まっているからです。

自分の一番やりやすいものから始めて、ずーっと勝利していけば、強い個性の人でも、柔らかい個性を身につけることができると確信しています。

おとなしい性格の人で、人にもよく話すことができないので、どうして人を治め、指導するリーダーになれるだろうかと考える人がいるかもしれません。

夫婦のことを考えてみましょう。普通、男は強いもの、女はその反対だと考えています。しかし、いくら弱い女でも、自分の子供が火の中にいる時には、とんでもない力が出るのです。男よりも女のほうが、もっと早く助けに入っていくのです。それは愛によるものです。愛より強い力はありません。

表現ができなくて、非常にソフトだから、リーダーシップをとれないということはあり得ません。愛あるがゆえに、義ならざるものを憎む心が強いのです。リーダーは人をリードするのですから、愛あればこそできるというのです。いくら強い個性をもち、非常にいい体格をしていても、愛がなければ立派なリーダーにはなれません。

リーダーには、二つのタイプがあります。先生のようなリーダーと、韓鶴子夫人のようなリーダーです。例えば戦争のような非常時には、どういうリーダーが必要でしょうか。先生のようなリーダーです。私はソフトだからリーダーは難しい、というのは当てはまらないことです。しかし、私は愛の心がないからリーダーの適格者ではない、というのは当てはまります。ただ、人を愛し、神を愛し、み旨を愛する心は、誰もがもっているはずです。それは、リーダーをやれるということです。

神は人間に、「万物を主管しなさい」というみ言を与えました。男にだけ約束したみ言でしょうか。個性の強い女にだけ話したみ言でしょうか。女のような男には当てはまらないことですか。それは、誰にでも当てはまるのです。自信がないという人は、これから自信をつけるようにしなければいけません。

リーダーは、時には目を開けて、メンバーたちがお祈りするのを見てみるのです。そうすれば、立っているのがきつくて座る者もいるし、いろいろな人がいるのが分かります。一番おもしろかったのは、幼稚園での、日曜学校の礼拝の時でした。先生は「お祈りしましょう」と言って熱心にお祈りされるのですが、子供は長いお祈りには耐えられませんし、言葉も難しいと、なかなか理解できないのです。

それで意地の悪い者でもまじめな者でも、それぞれ動いて、じっとしていません。ですから、目を開けて見ないと、子供たちがどうしているのか分からないのです。見れば、どのように生活指導していくかという方針が出てきます。パッと見て、その人は気持ちがいいのか悪いのか分かります。心からうれしくて笑うのかどうか、分かるのです。ですから、その人をよく導こうという目的観をはっきりもって見なければいけません。

もしチーム・リーダーの立場に立って、その人に話をする時には、ほかの人に知られた場合に、プラスになるのかどうなのかとか、場所とか、いろいろ考える必要があると思ったので話しました。

ルツとナオミの物語

異邦人の女が、イスラエル民族の血統を、なぜ引き継ぐことができたのでしょうか。

イスラエルは、選ばれた民族です。その民族の血統を異邦の民が、どのようにして受け継ぐことができたのでしょうか。

皆さんは、よくアベルとカインの話をします。たまにはアベルがアベルを生むこともありますけれども、カインを生むこともあります。反対に、カインがアベルを生むこともあるのです。人間は、もともとアベルの立場にいたのですが、堕落することによってカインの立場になったのです。人間が堕落しなければ、カインという子供を生むはずがないのです。

そこで、堕落していない立場をアベルという立場で考えてみた場合には、アベルを生まなければならないアベルが、カインの子供を生むようになったのです。堕落した人は、カインの立場にいるのです。その人が蕩滅の道を通じて復帰された場合には、どんな立場に帰るのでしょうか。復帰されたアダムとは、何ですか。それはアベルの立場です。つまり、カインがアベルの子を生むということになるのです。

メシヤは、アベルとして人類の前に現れます。私たちはカインの立場ですから、アベルを通じてアベルの立場に帰りたいのです。アベルの位置に帰るのです。というのは、アベルを通じて復帰されたカインといいうのは、アベルの位置に帰るのです。メシヤを受け入れた人から見れば、まだ受け入れていない人は、カインの立場になります。しかし、アベルの立場にある人でも、落ちていくことがあります。落ちていって子供を生めば、どういう子を生むのでしょうか。

次にカインの立場にある人でも、アベルを通して復帰された場合には、アベルの立場に立つのです。子供を生めば、アベルの子供を生むようになります。

例えば、イスラエル民族をアベルの民族とすれば、それ以外の民族は異邦の民、カインの民族となります。神がイスラエル民族を立てた目的は、それを通じて異邦の民族を全部復帰しようとしたところにあるのです。ところがイスラエル民族が神のみ旨を損なった場合には、代わりに第二イスラエル民族を立てなければなりません。それがキリスト教徒です。

すると第一イスラエル民族から見ると、キリスト教信者は全部、異邦の民族となります。ところが、第一イスラエル民族が使命を果たし得なかった時に、神は異邦民族であるキリスト教信者を、第二イスラエルとして選んだのでした。

もし、第二イスラエル民族も自分の使命を果たし得なかったら、どういうことが起こるでしょうか。神は第三イスラエル民族を訪ねなければならなくなります。第三イスラエル民族を中心として見ると、第三イスラエルは異邦の民族の関係になります。第一イスラエル民族が、イエス様を中心とする群れを異端視したのと同じように、第二イスラエル民族も、第三のメシヤを中心とする群れを異端視するようになるのです。

こういうことを念頭に置いて、聖書を調べてみましょう。イスラエル民族は、エジプトから解放されたのち、士師の時代に入ります。その四百年の間に起こったルツの話をしましょう。

ユダヤのベツレヘムという所に住んでいた人が大変な飢餓が迫ってきたので、妻と二人の息子を連れて、モアブに行って滞在することになりました。その人はエリメレクといい、妻はナオミといいました。ところがモアブに滞在中、夫は死に、二人の息子はモアブの女を妻に迎えました。モアブ人は異邦人です。そのうちに二人の息子も亡くなり、ナオミは二人の嫁と連れ立ってベツレヘムに帰ろうとしました（ルツ一・六）。

その途中で、ナオミは二人の嫁に話し掛けました。「お前たちは、生みの母のところに帰るように」と勧めました。けれども嫁たちは泣きながら、ついていくことを約束します。ナオミはもう一度、同じことを言います。その時に、兄の嫁は別れの接吻をして自分の家に帰るのですが、弟の嫁のルツだけはついていくのです。ナオミはさらにもう一度、家に帰るようにとルツに勧めます。ルツはそれをも受け入れなかったので、彼女を連れてナオミは自分の故郷に帰りました。

ナオミは非常に貧しく、食べる物も十分でなかったのです。故郷に帰ったのはちょうど収穫の時でした。ナオミには夫の親戚で、エリメレクの一族に属する一人の有力者がいました。ボアズといいます。嫁のルツがナオミの許可を得て落ち穂拾いに出掛けますが、はからずもボアズの畑に来ていました。それで彼女が落ち穂を拾っているところに、ボアズが地方から帰ってきて、若い下僕たちに、「これは誰の娘ですか」と聞きます。ナオミの次男の嫁だと分かり、ボアズの親切で、ルツはたくさんの落ち穂を拾うことができました。

そんな中で、ナオミは嫁のルツに、非常に難しいことを話します。ルツ記第三章一節から見ると、収穫の夜、「あなたは身を洗って、ボアズの寝る場所を見定めて、ボアズの寝所にひそかに入って、その足元に寝なさい」という内容があります。女としては、これは大変難しいことですが、ルツはナオミの言うことを絶対的に信じて、そのとおりにしました。

それでルツがボアズの妻として迎え入れられるようになり、ユダの長老たちの祝福を受けて結婚します。ルツは一人の子供を生みました。名をオベデといいます。オベデはダビデ王のおじいさんに当たります。ですから、イエス様やヨセフの血統もルツから出てくるのです。

こういう話をするのは、異邦人であるルツが、いかにしてイエス様の先祖の血統、イスラエル民族の血統を受け継ぐ祝福を受けたのかを知るためです。

イスラエル民族の血統の相続

ナオミやルツのだんなさんがみんな亡くなって、ナオミが故郷に帰る時の、路上での三つの会話の内容を調べてみましょう。

まず、ナオミは自分の母の家に帰りなさいと勧めました。ナオミは、お嫁さんの事情をよく知っていましたので、「あなたがたが、死んだふたりの子とわたしに親切をつくしたように、どうぞ、主があなたがたに、いつくしみを賜りますよう。どうぞ、主があなたがたに夫を与え、夫の家で、それぞれ身の落ち着き所を得させられるように」(ルツ一・八〜九)と言います。

彼女は頼りにしていただんなさんを亡くし、二人の子供も亡くして、たった一人残ったのです。今頼れる人は、二人のお嫁さんだけです。しかし、彼女は自分のことを考えず、かえってお嫁さんのことを心配して、ただ「帰りなさい」と言うだけでは不安だったので、「新しい夫の家で平和な暮らしができるよう、主が配慮してくださり、前途を守ってくれるように」と言って安心させようとしました。

二人のお嫁さんは泣きながら、「いいえ、わたしたちは一緒にあなたの民のところへ帰ります」(ルツ一・一〇)と答えます。あなたの民と言っているのを見ると、相対的に私の民があるのが分かります。あなたの民とは、イスラエル支派を言うのであって、自分の民を否定してイスラエル支派の民に、自分も入っていくことを強く述べているのです。

ところがナオミはまた、泣いて訴えているお嫁さんたちに、「娘たちよ、帰って行きなさい。どうして、わたしと一緒に行こうというのですか。あなたがたの夫となる子がまだわたしの胎内にいると思うのですか。娘たちよ、帰って行きなさい。わたしは年をとっているので、夫をもつことはできません。たとい、わたしが今夜、夫をもち、また子を産む望みがあるとしても、そのためにあなたがたは、子どもの成長するまで待っているつもりなのですか。あなたがたは、そのために夫をもたずにいるつもりなのですか。娘たちよ、それはいけません。主の手がわたしに臨み、わたしを責められたことで、あなたがたのために、わたしは非常に心を痛めているのです」（ルツ一・一一〜一三）と言います。

すると、自分の民を捨てて、あなたの民と一緒にいたいと言ったお嫁さんでも、この第二の勧めに逆らうのは、なかなか難しかったことが分かります。

ナオミという人は、非常に開かれた人で、当時としては難しいことだと思うのですが、「私から離れて再びお嫁に行きなさい」と強く勧めているのです。もし普通の人がそういう立場に立つと、自分も今、全部を失って一人であり、同じ立場ですから、私と永遠に一緒にいましょうと考えるはずです。しかし、ナオミはそういう考えをしませんでした。

兄のお嫁さんは、そう言いつけられた時に、心がとても弱くなったのです。そして我に返って、「私はここにいたって、もうお嫁に行くこともできないし、どうしてナオミと同じく、一人でいることができるであろうか」と思い、別れの接吻をして帰っていきます。

しかし、ルツは動きませんでした。かえってナオミにすがりついて、拒んだのです。ところがナオミは、三回目の勧めをします。「ごらんなさい。あなたの相嫁《あいよめ》は自分の民と自分の神々のもとへ帰って行きました。あなたも相嫁のあとについて帰りなさい」（ルツ一・一五）。

自分のために、夫婦のために、家庭の幸せのために、そこまではやったけれども、命を懸けて愛する自分の神、その信仰自体を否定することは難しいことでした。

しかし、ルツは次のように答えます。「わたしはあなたの行かれる所へ行き、またあなたの宿られる所に宿ります。あなたの民はわたしの民、あなたの神はわたしの神です」（ルツ一・一六）。

そう言われて、それ以上ナオミは勧めることができなくなってしまいました。第一、第二、第三と勧めた内容は、今、私たちが抱えている問題と似たものがあります。

ナオミは本当に、自分と同じような対象を見つけることができました。

ナオミは、イスラエルの血統を受け継がなければならない立場にありました。夫のエリメレクは、ちょうどイスラエル民族の血統の種みたいなもので、ナオミはそれを受け継ぐ重要な位置にあり、相続権をもっていたのです。

ところが、夫は亡くなり、血統を受け継ぐ子供たちも全部亡くなったので、誰に受け継がせるかということが問題になります。それを見つけようとしたのが、第一、第二、第三の勧めの内容となるのです。ルツは自分自体を否定し、相対的な理想を否定し、自分の民族も神も全部否定した時に、初めてイスラエルの人として、イスラエルの家庭、イスラエル民族の一員として、その相続権を受け継ぐことができるのです。

ルツには越えなければいけないもう一つの大きな峠が残っていました。つまり、イスラエルの血統を相続し得るか否かは、ナオミへの返事によって認められるけれども、最終的な決定はまだ残っていたのです。

何よりも神と神のものを愛する

イスラエルの風習によると、お嫁に行った女が貞操を守れないときには、石で打ち殺すという掟《おきて》があります。ところがナオミはルツに、ボアズの寝室に入って、足元に寝なさいと命じました（ルツ三・四）。

ボアズが女好きな人であるならば、問題はないかもしれません。しかし、彼は大変模範的な人でした。それは、イスラエル民族の有力者だということからもうかがえると思います。ですから、酒に酔っていたボアズの目が覚めて、ルツを見つけた時に、許さなかったならばそれでおしまいなのです。ところがナオミには、神の恵みを必ず受けて迎えられると分かっていました。ナオミのこの心情とルツが一致するためには、いくら信じ難い話であっても、信じてそのとおりに従わなければなりませんでした。ルツは、死を覚悟して従いました。

イエス様の時代にも、ペテロがイエス様に対して、「死の場へもあなたと一緒に行きます」と断言したのですが、彼はそれ以後、否定したのでした。このように言葉で言って認められることはできるかもしれませんが、決定の段階でつまずくことがたびたびあります。信仰の基台が築かれても、次の実体の基台でつまずくことが往々にしてあるのです。

ナオミの三つの勧めに対して、ルツが勝利したということは、ある面において信仰の基台を築き上げた期間であり、言いつけを守ることは、実体の基台を築く期間です。その基台の上に祝福があるのです。それによってメシヤのための基台が築かれ、その上にメシヤが来られたのです。言葉だけ、約束だけでは何事も成りません。実体で勝利しなければなりません。

私たちの生活の中でも、そういうことはたくさん繰り返されています。生命視するものが人によって違うのです。女性によっても違うし、男性の中でも違います。生命より愛し、大事にするものが、必ず自分の一番の敵、試練になります。それは何だというように、一まとめにして言うことはできません。私に大事なものでも、彼にはそうでないこともあるのですから。

今私たちは、ルツを通じて、自分も家庭も、理想も、神も、信仰までも乗り越えて、本当の神と神の民族を、神の理想、神の家庭を大事にする心を習わなければならないと思います。ルツと同じように、私たちにも、この道に導かれる前の世界があります。それを全部否定して入ってきたのです。しかし、入っているとしても、ここで決定的に勝利しなければならない課題は、なお残っているのです。

そういうことを考えると、最も大切なことは、私たちが認めたり認められたりするばかりでなく、決定し、決定されるという段階を経て、最終的に判定されるまで完全に勝利しなければいけないということです。何といっても、人々から「そうだ」と認められなければいけません。人からも、サタンからも、神からも、どんどん認められなければなりません。そういう過程がまだまだ残っていることを考えるとき、いつもいつも自分の生活の中で、厳しく分別しながら行かなければならないと思います。

異邦の民の一人の娘でありながら、イスラエルの貴い血統を相続し得たルツのことを考えてみました。

先生の道は我々の伝統

韓国には鄭鑑録《チョンガムノク》といって、今から五、六百年近く前のもので、韓国の国運を予言した予言録があります。それは今この時に、キリスト教でいう再臨主が、韓国に再臨すると予言しているのです。そして、その時が終末であるというのです。

ところがおもしろいことに、その予言録には、最初に入った者が不運であると書いてあり、また、遅れた者も不運だと書いてあります。一番良い時に入るのがいいという話です。

最初に先生に出会った人は開拓期ですから、たくさんの迫害を受けました。それに耐えきれずに途中でやめる人が出てきたのです。ところがどんどん発展して、真の姿があふれるように見える時には非常に入りやすく、出ようとしても出られない、というのです。しかし入教した人々への祝福も、いつまでもあるのではなく、期限があります。それが終わった時に入ってきた人には、祝福も何もありません。

それと同じく、最初に入った人でも、その時期は非常に厳しくてなかなかついていけず、私たちのように献身的に歩む者になれないで、背後に立って生活をしながら先生に侍るという状態にいました。今からもう、二十八年くらい前のことです。その人たちは、もう六十歳を過ぎています。

今、献身的に歩もうとしても、子供がたくさんできて生活が苦しく、なかなかそのようにできない立場にいるのです。自分の後輩たちはみんな教会活動をやっているのに、自分は実績も何もないので、良心の呵責を受けながらいます。先生のことは分かっていても、私たちと一緒になって走れない理由は、そこにあるのです。

私たちはそういう人たちのおかげで、三次七年路程の中に入って祝福を受けたということです。かけがえのないものです。これが終了した時には、先生が直接には祝福なさらないと言っていらっしゃいました。これは大変なことです。その時になって入る人たちは、私たちをどんなにかうらやむことでしょう。例えて言うなら、二千年前のイエス様の弟子になるのがいいか、お弟子さんの弟子になるのがもっといいかということです。

最初のころは開拓期なので、いろいろ手が届かなかったのですけれども、これからはそういうことがないように、世界の巡回師をして、先生の伝統を立たしめるようにしていきます。先生がこの道をどのように歩まれたのかという路程が、我々のすべての伝統になるのです。先生は神が行かれた道を、そのとおりに行かれるからです。

どのように叱るか

あるメンバーに問題があったときに、まず、その人の良くないところを見て、「これをこう教えなければいけない」という心をもつのは当然です。ただ、その人を正しく導いてあげようということを目的としなければなりません。

ところがその時に、自分の感情が介入すると大変です。多くの場合は、そうなっています。何回も教えてあげたにもかかわらず守らないという時は、おもしろくないのです。そういう中でその人に、「こうしなさい」と言うのはまずいのです。それは正しく導くという美名に隠れて、自分の感情を拡散しているのです。動機が良くないがゆえに、叱りつけたりすると、心が不安になります。叱られた人も、気持ちが良くありません。

もし本当に、その人のために叱ってあげたときには、叱られた人は喜びの心、感謝の心をもつものです。そうでないときには、寂しい心が残ります。

厳しく話すのは悪くありません。しかし、その前に、相手から「どんなことを言っても、彼は私のために言ってくれる人である」と認められる、ある期間をもたなければいけません。彼は、私のために食べないこともあるし、私のために涙を流し、私のために愛してくれる人だと認めたら、ほおを殴られても感謝するのです。絶対に殴られたとは考えないのです。ところが、そうでないときに打ったりするから、恨みが残るのです。

もし、そういう気持ちがないのに、ひどく叱ったとしましょう。そういう準備もなく、叱ったとします。そのときには、あとで慰めてやらなければいけません。「私がこのようにしたのは、実はお前が善くなるようにと思ってしたのだから、よく理解してほしい」と言って慰めてあげなければいけないのです。そしてその人が、「はい、分かりました。心配しないでください」と言うところまでいって、初めて終わるのです。

時には、どんどん話したら、泣きながら出ていく人がいます。それは、忠告するという目的が達成できなかったときです。そういうときには、訪ねていって、その人が私に言われる前の、快い気持ちの状態に返るようにしてあげなければいけません。

ですから、人に「こうしてはいけない」と言うことは、そんなにたやすいものではないのです。人は、自分が誤っていることを自分自身で分かっている場合があります。その人に、「お前は、これが悪い」と言ってあげたら、もっと感謝の心が起こるようにならなければいけないのに、気持ちが良くなくなることがあるのです。人間は、人に言われて完成するのではなく、直接神に向かうようになっているからです。ですから、そういうときには、その人のために祈ってあげ、その人のために尽くしてあげるのです。

ですから人を打つにも、すべて準備してから打たないと駄目なのです。忠告するにしても、その人が誤解したらどうしようかと、すべて考えて話さなければいけません。良くないことを厳しく言うのは、絶対に必要です。

厳しさにも、二つの種類があります。冷たくする方法と、温かくする方法です。「悪い」と言われたら、もっと反抗心が出てくる人には、温かさで接しなければいけません。硬いものに硬いもので向かったら、全部砕けてしまいます。硬いものには軟らかいもので、軟らかいものには硬いもので向かうのです。人によって違うのです。静かに話してくれればいいという人と、悪いのをあっさり悪いと言ってくれるのを好む人もいます。人をよく見て、話してあげることです。

先生はたまには、手を上げることもあります。ただ、私が三十数年の間でそれを見たのは、今まで二回しかありません。その人は気性があまりにも強い人でした。その人は、先生が自分のために犠牲になっているということをよく分かっていながら、周りの人の言うことを聞かないで、自分のやり方に固執していたのでした。

その人によって、大勢の人が迷惑を受けたのです。それで、たくさんの人から讒訴《ざんそ》されていました。そういう状態は、その人に良くないので、先生が代わりに打ってあげ、それで讒訴していた人の心をすっきりさせたのです。にもかかわらず、さらに讒訴する人がいるとすれば、その人が引っ掛かります。先生が打って許したからには、その人を愛さなければいけないのです。

先生の場合とは反対に、私たちが叱りつけると、もっと近く、もっと愛するようになるのではなく、もっともっと遠ざかってしまうのです。目的とは全く異なった方向に行ってしまうのです。それは、その人を教え導くという美名のもとで、自分の感情を拡散したからなのです。

先生に叱られると、叱られる前より、もっと近く感ずるし、もっと愛を感ずるようになるのです。そういう心がないときには、慎まなければいけません。それに、ただそういう心をもっているだけではいけません。「本当に自分を愛してくれている人だ、心配してくれているのだ」というふうに、相手に認められてから話してあげなければなりません。その時には、厳しく言ってもいいのです。

兄弟の力を生かすには

特に若い人は、時間がたくさんあると、他人のことを考えないで、個人的な行動ばかりすることがあります。「この時間は何もすることがない、朝は何をやろうかなあ。次は何をやっていいかなあ」。こうなってしまうと、個人的な行動がどんどん起こってくると思います。やらなければならないことがたくさんあれば、次はこうして、次はこうだとなりますが、それが中断すると、その次はなかなか難しいのです。

例えば、十人が一挙に一致化するのは難しいのです。三位基台というものがあり、いい三位基台もあれば、良くない三位基台もあります。それで十人いれば、まずリーダー自身がみ旨と常に一致化しなければいけません。次に十人の中から一番近い者と授受作用すると、その力は次の者を引き付けます。そうすると、三つの力が出てきます。

ですから、核をつくるということが必要なのです。イエス様自身は、十二人を一致化させるために、まずイエス様を中心として三人の弟子を一致化させたのです。それは力強い磁石が、ほかの物をどんどん引き付けるのと同じです。一挙に一つになるのではありません。一から始めるのです。

その次、その次というふうに、五人が一致すれば早いのです。雰囲気がつくられていきます。六人目からは、雰囲気で行くのです。良くない人も、その雰囲気についていかなくてはいけなくなります。逆に良くない人が六人以上になると、良くない雰囲気ができて、いい人もそっちへどんどん行ってしまいます。

運動場などで小学生が遊んでいるのを見ると、ある者は団体で群れになって遊ぶのが好きだったり、ある者は二人でいろいろ話し合っていたり、一人でぽかーんとただ見ていたりします。

また、全体の目標を達成するために十人が必要な場合、先頭に立って闘う者、後方で補給してあげる者と、それぞれ役割があります。ですから、孤立しているメンバーには、役割を分けて与えることも一つの方法です。

サッカーでは、十一人の目的は、相手側のゴールに得点することです。そのために、全員が前に出ていったらどうなりますか。あるいは、全員が後ろに立って守っていたらどうなりますか。ですから、ポジションを分けて、責任を分担してあげることです。目的は同じでも、分野は違ってきます。

個人的にはいろいろなやり方があるでしょうが、たまには、ポジションを決めてあげるのもいいだろうと思います。例えば、十人が全員伝道に出掛けたら、人を連れてきた時は、誰が話してあげますか。

連れてくる者、世話をしてあげる者、準備してあげる者、このようにそれぞれのポジションがあれば、もっといいのです。

自分一人だと考えない

自分でやってできないときには、苦しんで、「どうしたらいいか」と一人で苦しまないで、ほかの人から情報をどんどん聞き、習うようにしなさい。

先生が世界巡回に出られる時に、私は韓国で留守番をすることになりました。先生がおっしゃったことは、「難しいことがあれば、神に祈りなさい」そして「誰々と相談してやっていきなさい」ということで、様々に教えてくださいました。「先生もそのようにしているのだ」とおっしゃいました。

いつも皆様は、自分一人だと考えてはいけません。自分がいるということは、上がいるのであり、下がいるのです。左がいるし、右がいます。前にいるし、後ろにもいます。自分一人でいるのではないのです。自分はそういう関係の中心にいるのです。自分のアベルは誰か、自分の下は誰か、お互いに協力し合う横的関係は誰と誰か。前というのは未来であり、私の子孫になります。そして私の後ろが過去であり、先祖です。いつも自分の上下、前後、左右は何か、知っていてください。自分の位置を離れたことが堕落でしたから。

これから神や教会長が、どんどん体制をつくり変えていくことでしょうから、そういう問題も徐々に取り除かれていくと思います。

私がある人に何かをさせるとすれば、させただけで終わってはいけません。私が言ったことを、その人が全部し終わったかどうかを確認しなければなりません。そうすれば、「ああ、リーダーが関心をもって、分かってくれた」と思い、気持ちがいいのです。ところが、「こうしなさい」と言ってから、一週間たっても、二週間たっても聞こうとしないとすると、私は何のためにやったのか、とやりがいを全然感じなくなり、やる気をなくします。

頼んだあとですぐ「どうなったのか」、夜になって「どうなったのか」、朝になって「どうなったの」と聞くと、頼まれた人も、これは早くしなければいけないと考えるようになるのです。そしてやり終わったときに、「ああ、よくやったぞ」と言って褒めてあげるのです。ところが、何も言わず黙っていたら、そんなに忙しいものではなさそうだなと思って、ゆっくりやるのです。その上、やり終わっても何も言わないと、心が寂しくなるのです。

私が絵を描いていていつまでも帰らない時に、先生がずっと待っていてくださったのを見たら、「もっとやらなければいけないなあ」と思ったのです。それで遅れる時には、先生が心配していらっしゃるので、電話ででも何ででも、早く報告しなければいけないなあという心が出てきます。

黙っていると、メンバーは、遅れても何も報告しなくなります。

弱いメンバーをどう導くか

質問　センターにものすごく難しく、弱い一人のメンバーがいると、その人によって全体の動きが妨げられてしまう場合が多いのです。そういった場合、どんな形で導いたらいいでしょうか。具体的に、どれだけの時間を割いて面倒を見てあげたらいいのですか。

その人が良くなるまで面倒を見るのです。ところが、そういう人をほかの強い人のように、どんどん引っ張っていったのでは、ちょっと困ります。その弱い人のことを、よく理解してあげるように努めることも大事です。この人は、こういう所が欠点ですから、よく理解してあげましょうと。

皆さん、例えば十人の子供をもっている親がいるとしましょう。ところが、九人の子供は話もよく聞くし、なかなか元気なのに、一人だけはいつもピリピリしていて病気になりやすいとします。そうしたら親の心はどこへいくでしょうか。その一人に親の心は向かい、それは元気になるまで続きます。そして九人の兄弟は、「お前は弱いから、駄目、駄目」と言ってはいけないのです。全員が助けてあげれば、その人は良くなることができます。

質問　私には霊の子女が何人かいたのですが、離れてしまいました。どうしてそういうことが起こるのでしょうか。

霊の子女になった時に、どれくらい面倒を見たのですか。例えば、人が子供を生んだのに、世話をしなければ病気になってしまいます。霊の子女も、よく見てあげると、落ちないのです。生む時も重要ですけれども、生んでから自分一人で歩き、自立できるまで育てることは、もっと大事なことです。そうしないと、子供は親からどんどん離れていくのです。「子供をたくさん生んだのだから、面倒を見る時間がなかった。一人くらいだったらよくできたのに」というのは言い訳です。要するに、面倒を見てあげれば、そうは落ちません。

自分が十分にできないときには、人の手を借りてでも面倒を見なさい。一般の人も、子供を自分で面倒見きれないときには、託児所に預けて、ほかの人に面倒を見てもらうでしょう。そうしてあげないと、その子供はどうなるのですか。

犬も世話をしてあげると、よく家を守ります。ほったらかしにしておいたら、家を守りません。動物もそうならば、人間はなおさらです。

心情を備えてみ言を受ける

神の復帰摂理は、ただメシヤ一人だけを求めるとするならば、時間はたくさんかからないでしょう。一人だけを救うとするならば、救いの摂理は早く終わるでしょう。

先生のみ言も、一人だけに恵みを与えるとするならば、たくさんの時間はかからないでしょう。すべての人に恵みを与えたいという心があるから、先生がみ言を語られる時間は、長くなるのだろうと考えます。先生は非常に疲れていても、長く話されるのはどうしてでしょうか。それは、私たちのためです。それも、何人かのためだけではなく、来たすべての人が神の恵みをたくさん受けるようにするためなのです。

たくさんの子供がいた場合、親が何人かの子供にだけ物をあげて、ほかの子供にあげなかったならば、その子供たちは寂しい思いをするでしょう。ですから全部の子供に与えて、喜んで帰るのを見たくなるのです。

私たちはその心が分からないから、「ああ、もう話は早く終わってほしい。もう寝たい」と言うかもしれません。しかし先祖は、「もっともっと聞いてくれ」と願っているということを忘れてはいけないと思います。先生のみ言の価値が分かる霊は、子孫がなぜ聞かないのかと焦るのです。子孫がみ言を聞くように、目を覚まして早く聞くように願うのです。

皆さん、このように考えてみてください。学校で勉強しているところへ、親が授業参観に来たとしましょう。先生が何人かの子供にだけしか発表させなかったとすれば、親はどう考えるでしょうか。自分の子供にもチャンスを与えて、発表させてくれたらいいのにと考えるのです。時間がオーバーしても、私の子供にチャンスを与えてくれるように願うものです。そのように、先生は常に一人一人にまでも恵みを与えてあげたいという心をもっていらっしゃるので、話も長くなることがあるのです。

お医者さんが治療していて、手術の時間を五時間と決めたけれども、五時間では治りそうもなくて、もう一時間やれば治るというときは、時間が来たといってやめるでしょうか。一時間延長しても手術してあげるでしょうか。

私たちは、先生のみ言が長くなったら、「十時間も話してくださる先生がかわいそうだ。だから先生は話を短くしたらいいのに」と考えますか。そうではなく、「私の体がきついから先生のみ言が入らない、短ければもっと分かるのに、長いから疲れて頭に入らない」。それが私たちの指導している教会員の考えです。それよりも、「先生がこんなに長く話されるのは、私たちが分からないからだろう」と考えるのです。私たちが早く分かったら、先生は短く話すこともできるのです。そうしたら、先生も楽になるだろうと考えなければいけないと思います。

では、先生のみ言を短くして、先生がみ言をたくさん語ることで苦労させないようにするためには、どうしたらいいのでしょうか。どうしたら先生は、楽になれるのでしょうか。先生が楽になれば、私たちも同時に楽になるのです。そう考えなければいけないと思うのです。それでは、どうしたらよいのでしょうか。それには道があります。

それは、私たちがメンバーをよく教えて、先生のみ言を聞く前に、私たちのすべてを聖別して、先生のみ言を聞くためにすべての心情を備えるとするならば、先生のみ言は早く終わるようになるでしょう。

また、器に神の恵みを入れるのだと考えてみます。器の汚いものをきれいにするのは、私たちの仕事です。ところが、私たちが責任分担を果たさないので、先生御自身が私たちの責任分担をも、すべてやってくださるのです。自分できれいにしておいたら、一時間で器にいっぱいになるのです。そうではないから、説教は三時間もかかるのです。

祈祷が終わってから

私たちが一緒にいて、誰かが代表してお祈りする場合、大抵、指導者がお祈りするでしょう。そして指導者が先に「アーメン」（現在は「アーヂュ」）と言います。そうして、皆さんもそろって、「アーメン」「アーメン」と言います。ところが、こっちで「アーメン」と言っているのに、すぐに話し掛ける人を、たまに見掛けます。それは慎んでもらいたいものです。

お祈りの内容をそのまま聞き入れてくださるようにという心を込めて、また私たちのお祈りを神が喜んで受け取ってくださるようにという願いを込めて、「アーメン」と言うと思います。ですから、「お祈りがそのように成りますように」と言って顔を上げたら、時間を置いて話を始めないといけないのです。「アーメン」と言っている途中ですぐ話し掛けたら、お祈りが一つの形式になってしまいます。

神が私たちの心を見て、聞き入れてくださるかどうかも分からないうちに、すぐ話し掛けるというのは、神に対してエチケットに反すると思います。

私がある指導者と一緒にいた時のことでした。何か相談することがありまして、その人が私を呼びました。そして彼も座って、私も座りました。彼はお祈りを始め、アーメンに達し、私も同じく「アーメン」と言いました。ところが、私が「アーメン」と言っているうちに話してくるのです。それは、お祈りする者ではなく、お祈りを利用する者です。そういうお祈りは、駄目です。神は聞き入れません。お祈りは、心からの声です。人の前では偽りを言うことができますけれども、神に対しては絶対できません。

また、他人に対するある感情をもってお祈りする人がいますが、そういうお祈りを神は喜びません。そのことを考えて、これからお祈りする時には、「アーメン」と言ってから、少しでも時間をおいて、次の話に入ってください。

超教派活動で牧師が感動

先生は韓国の牧師たちに、「アメリカのいろいろな所を観光してください」と言われました。七十五、八十歳の牧師ですから、韓国で宗教的な指導者の立場にあり、また、子供がたくさんいる人たちです。その牧師さんたちの子供の中には、博士や、復興師や、牧師もいます。

この世の中というものは、そういう子供をもっていても、親に世界を回らせるようなことはできません。先生は、「ラスベガスにも行ったらいいですね、皆さん。教会の中に閉じこもっていて、いくらお話ししても、こういう世界があることは分からないのです。どんなふうに教えますか。だから見ることも必要です」と言われたらしいのです。

彼らは、「超教派活動をするために、韓国にも超教派の建物を造ってください」と申し出たそうです。この牧師たちは、韓国でも有名な牧師ですから、それをとても名誉と考えているのです。それで、統一教会の真正面に建てれば、いろいろと批判を受けると言うのです。統一教会を認めているのに、表立つのは躊躇《ちゅうちょ》するらしいのです。子供の中には、「お父さん、なぜ行きますか」と言う子もいるらしいのです。

先生は、「ビルディングが問題ではない。私はそれを心配しません。今、皆様は死体と同じようなものです。あす、あさってになったら、皆様は死ななければならない人たちです。男というものは、決心するときは決心して、『私は統一教会の人です』とはっきりさせていくものです。皆様がそういう心で行くとするならば、私はこのイースト・ガーデンを売ってでも、それを全部やってあげます。ですからビルディングが問題ではなく、その心が問題です」と言われたそうです。

その人たちは、統一教会のメンバーに、「皆さんにはこういう先生がいるから、できないこともできるのだ。そういう先生を迎えている皆さんは、本当に幸せです」と、こう言ったそうです。そして先生のことが分かると、決意して、今度は喜んでやるのです。

先生は、イースト・ガーデンを売ってでも、神のためならばやるという、そういう先生です。

もう十年も前からそのことが始まっています。最初、キリスト教が反対しました。そこで私たちは、原理公聴会を設けて、反対する牧師を招待して、原理講義をしたのです。

実る原理公聴会

有名な牧師の一人が、クリスチャン・アカデミーハウスというのをもっていました。これは言論の広場、対話の広場でした。反対する二人に対話をさせて、統一をもたらすという役割を使命としている人でした。

その彼が、統一教会の教えを聞きました。韓国でも非常に重要なキリスト教の指導者の一人です。彼は、統一教会に非常に興味をもちました。それで、十年前のことですが、彼は統一教会の牧師を招待して、話させたのです（「新興宗教研究の集い」一九六八年）。その時は、神学者、各教派の牧師たち、心霊復興師、心理学者、社会学者、哲学者の著名な人たちを四、五十人ほど集めました。私たちからは十人が参加しました。

最初は、先生のお祈りから始まりました。それから、劉孝元協会長が原理講義をしました。その後、それに対する批判が始まりました。一日目は、それを全部聞くことにして、その次の二日目の集会には、各章について研究委員会を設けて、それに対する批判をするようになったのです。

ところが、一日目の原理講義で相当感動していました。それで、二日目を行ったら大変なことになると思ったのです。いろいろな教派がありますから、お互いに教理が違うのです。三位一体論にしても、キリスト論にしても、復活論、予定論でも、全部違った教義があるのです。「統一原理」は、カルビン派の方から見れば、「この部分が自分たちと合う」と言い、メソジスト派では、「予定論が私たちと同じである」というように、いろいろの部分がそうなっているのです。

ですから、二日目はできませんでした。そして私たちは、「教会の門を開けています。いつでも来て、聞いてください」と言いました。一方、彼らは、私たちに「戸を開けない」と言ったのです。私たちは提議しました。「あなたたちが私たちの教会へ来て説教してください。そして私たちは、あなた方の教会へ行って説教しましょう。また、私たちの教会の人を全員、あなたの教会へ連れていって聞かせましょう。そしてあなた方のメンバーを全員、私たちの教会に連れてきて聞かせましょう」と伝えました。

しかし、彼らは、それをしませんでした。それで私たちは、全国に広がっているキリスト教会の信徒や牧師を選んで、徐々に招待して、原理公聴会を始めたのです。最初のうちは、牧師たちがこっそり来ました。そして、聞いてみたら素晴らしいのです。公聴会のあとには、その人たちが全員、所感文を書くのです。それを見ると、聞いていたうわさと違いますとか、こういう面に感動しましたとか、ここは私の考えとちょっと違いますとか、そういうことが書いてありました。十年の間に、約三千人の牧師たちが原理公聴会につながっています。

ところが、ある人たちは、統一教会に来たことが知られてしまいました。そして長老派なら長老派の総会で、統一教会へ行ったから除名するというふうに、最初のうちは除名された人もいました。しかし、どんどんどんどんと数が増えて、一人のときは切っていたのですが、十人、二十人になると、切るわけにはいかなくなりました。さらに今度は、総会の幹部の人たちが来始めました。幹部が五人だったら、そのうち三人が私たちに賛同しているのですから、総会にその人たちのことを提議しようとしても、多数決では三人が拒んでしまいますから、成立しないのです。

次に来た人たちは、年は取っているけれども、一番の責任者たちでした。ですから、もう統一教会へ行ったからといって、牧師が追い出されるようなことはないのです。そのメンバーの中には、神父やカトリックの聖書学教授も入っているのです。今までは、私たちの原理講師が牧師に全部講義したのですけれども、今は牧師たちを中心とする原理研究会をつくりました。その人たちが牧師を伝道して原理講義をします。

そして今は、牧師グループ、長老グループ、女性伝道師グループ、キリスト教の青年部グループ、この四つのグループがあります。

二、祝福の原点

家庭は愛の訓練場

祝福を受けて、一年、二年たっている人たちが多いのですね。今、約婚した方たちにとって、もう既に一、二年前に約婚を受けている人たちは先輩です。またそういう人たちにとって、家庭をもっている人たちが先輩です。ですから、そういう人たちが次々に教えてあげればいいと思います。

祝福を受けた私たちは、共通の課題をもって話し合うようになればよいと思います。ですから、毎日の生活の中で、先輩の祝福メンバーを訪ねて、どんどん習うようにしたらいいのです。

私の体験からして、祝福を受ける前に比べて、受けたあとでは、二人分の十字架を背負うようになるのです。今までは、心配事があれば自分のことだけを考えればよかったのですけれども、祝福を受けると、自分は良い状態であっても、相対者のほうに何か心配事が起こると、その心配事を、私が助けて解決しなければならなくなります。

先生は祝福を受けた人に対して、たくさんのみ言を下さったので、み言でもっと成長しなくてはいけないと思います。私自身も、時々先生のみ言を思い浮かべながら勉強している途中です。み言は非常に深いので、ある程度のものは理解できますが、今なお、ある部分は、何の意味だろうか、何のことだろうかと分からないものもあります。頭の中では理解できても、心から理解できないものもたくさんあります。

私たちがみ言を勝利しない限りは、先生のみ言は分からないということです。頭では理解できても分からないということです。ただ、頭で分かるだけで終わってしまうということなのです。

この世の中の学者たちは、話をするにも、誰がどういう話をしたとか、そういうことをたくさん引用して話します。しかし、先生のみ言を聞いてよく御存じだと思いますが、先生のお話の中には、誰がこう言ったというようなことはないと思います。

私たちが共通して心の中に置かなければならない一つのことは、私たちが祝福を受ける時の心情と、先生が私たちに命を懸けても祝福を施すという、親の心情と一致化させていくことです。神を中心として、真の親が私たちに祝福を与える時に、私たちはお互いに近づき、心を一致化させて、み言を中心として一つになって祝福を受けるのです。神を中心として、真の親の心情とそれぞれが一体化して、その二人が一つになるのです。

一つになって祝福を受けるのです。そして、子供を生んで、活動し、霊界に行って神のもとに帰るまで、この心が変わらないでいくことです。家庭、氏族、国家、世界、天宙を通過して、神のところに帰っていくのです。

そして、神を中心として真の親のところに帰っていくのです。ですから、出発したところに帰っていくということです。帰っていく時に、どのようなかたちで帰らなければいけないかといえば、完成して帰らなければいけないのです。私たちの霊は、神から来て神に帰るし、肉体は、この世の中から来たものですから、世の中に帰っていきます。

家庭をもつと、出発地点は常に家庭です。家庭から社会に出ます。学校、職場に行っても、夜は結局、家庭に帰るのです。国のために戦争があったら、家から戦場に出て、戦争が終われば自分の家に帰ってくるのです。永遠なる私たちの故郷は、神がいらっしゃり、親がいる天国です。そこが私たち人類のすべての故郷であり、家庭です。結局、私たちは、自分の霊の故郷である天国に帰るのです。世の中でこの家を根拠にして、国に出て、世界に出て、結局は、自分の家に帰ってくるのです。

それで家庭は、霊の故郷、永遠なる人類の故郷に完成して帰るための訓練場であることを、忘れてはいけないと思います。私たちは、真の神の愛から出発し、愛を完成した者として、帰ってこなければいけないのです。

完成とは、あらゆる完成を言うのです。愛の出発をすると、真の愛を神と親から受け継いで完成し、親に帰っていかなければならないということです。

なぜ私が皆様にこういうことを話しているかといえば、皆様は、最初の出発点の心の状態を、死ぬまで忘れないように守って、これを完成していかなければいけないからです。ですから、親から賜った愛の種を完成し、収穫し、たくさんの種を繁殖するのです。愛の種を完成させて、花を咲かせ、実りをもって親のところに帰るのです。一つを受けたら、百を返すのです。

神中心の愛で祝福を取り戻す

アダムとエバのことを考えてみましょう。アダムとエバは神から最初の祝福を受けました。しかしながら、アダムとエバは祝福を完成して、神に祝福を返すことができませんでした。というのは、アダムとエバは祝福された時の神の心情、神のみ意《こころ》を忘れたからです。神との約束のみ言を忘れたのでした。

アダムとエバにとっては、み言を守りさえすれば、自動的に祝福されるようになっていました。しかし、守ることができなかったので、祝福を受けられませんでした。では、その祝福は、誰がもって行ったのでしょうか。それはサタンでした。

私たちは、その祝福を、どこへ行って取り戻さなければならないでしょうか。サタン世界へ行って、サタンから取り戻さなければなりません。どのようにしたら取り戻せるのですか。それは、アダムとエバがどのようにして神の祝福を失ったか、その原因を知ることにより、いかにしたら祝福を取り戻せるかが分かるのです。

アダムとエバが天使長の誘惑に遭った時に、自己中心的でなく、神を中心として考えたとするならば、その誘惑を取り除くことができたはずです。しかし、自己中心的に考え、愛してしまったのです。アダムとエバが神を中心として考えるならば、神がみ言を下さったのだから、そのみ言を中心として神に聞けば、これを取り除くことができたはずです。

そういうふうに聞いてきたなら、神は、「分からない」というようには答えられません。答えなければなりません。人間が神に聞くというところまでは、人間の責任分担です。

天使長とエバとの関係、その天使長と一体化したエバとアダムの関係は、全部自己中心の愛から生じたということを忘れてはいけません。天使長が愛の減少感を感じたということは、それ自体は罪ではありません。人は比較能力がありますから、自分が愛したり、人が愛したりするときに、愛の減少感を感じるというのは、自然なことです。

天使長が愛の減少感を感じた時に、天使長は自分だけ感じていると思ったのです。ところが、神も感じていたことが分からなかったのでした。神が愛の減少感を感じたということは、皆様もなかなか理解し難いと思います。それについて話してみましょう。

神は人間を造る前には天使長を愛し、天使長は神を愛していました。ところが、人間が成長すると、天使長に対する愛に変わりはないのですが、天使長は愛の減少感を感じたのです。天使長が愛の減少感を感じた時に、天使長の神に向けての愛は、愛の減少感を感ずる前に神に返していた愛と、愛の減少感を感じたのちの神に対する愛の心は異なっていました。以前に百を返していたとすれば、その時は七十くらいだとします。すると、神は百を与えたけれども、七十しか返ってこないとすれば、三十だけ、神は愛の減少感を感じたというのです。

皆さんが相対者を百愛したけれども、相対者から七十しか返ってこないときに、返ってこない分だけ寂しさを感じるのです。ですから、天使長が愛の減少感を感じた時に、神も天使長から愛の減少感を感じたということが理解できると思います。

天使長は、自分だけが愛の減少感を感じているのであって、神はそんなことはない、私だけがこのように寂しいのだと考えたのです。もし天使長が神を中心として考えていたら、「私が愛の減少感を感じている時に、神は私によって愛の減少感を感じているのだ。私が感じたことを、神も感じていらっしゃる」と考えるはずです。そうすれば天使長は、エバに対する堕落行為をすることができなかったはずです。

しかし天使長は、自分を中心として愛の減少感をエバのところに持ち込んでいったのでした。愛は一体となることを意味し、一体化すると、相手の要素と一つになって、そのまま受け取るようになります。それで自己中心的な愛は、エバにも生じてきたのです。エバとアダムが一体となることによって、アダムも自己中心の愛に落ちていったのでした。

もしサタンの世界、堕落世界で自己中心的ではなく、神中心的な愛を行うとすれば、堕落世界は既に、復帰の世界として変わっています。そうすれば、サタンもサタンになれません。サタンは、神中心的な愛の前に、終わるのです。

私たちは、自己中心的な愛ではなく、神中心的な愛によってこそ、サタンによって奪われた祝福を取り戻すことができます。それが唯一の道です。

私たちが真の親のもとで祝福を受けるに当たって、四つの誓いがあります。それによって、祝福が永遠に私たちの祝福として残るのです。神のみ言を守り、一体化すれば、その祝福は、決定的な祝福となります。それができないときには、自分の祝福とはならないのです。

私たちの祝福は、私たちが完成した段階での祝福ではなく、完成を目指しての、途中にあっての祝福なのですから。完成はしていないけれども、心情的に先生のみ言と一体化したという条件のもとに、祝福を受けているのです。ですから私たちには、「実体的に勝利しなければならない」という課題が残っているのです。

そして、私たちは、神を中心とする真の親の心情とみ旨と一体化して、一つになるのだという最初の心を、いつも保っていなければなりません。

私たちの祝福の場合、三十六家庭の祝福は、これこれこうだという説明もなく、急に行われました。私たちは、祝福、結婚というものはないと思っていました。そういうことですから、祝福を受ける時にも、先生のみ言を聞くには聞くのですが、大変興奮しており、み言を一つ一つ書きつけていて、先生を見ることもできませんでした。

私が今、こういう話をしているのも、最初、先生が私たちに下さったみ言を、皆さんがよく読みこなしてほしいと思うからです。

相対者を思いやる心

皆様は別々に生活しますが、いつか一緒になります。その会った時に、皆さんが祝福を受けた時に神の心情とみ言と一体化したのと、どのくらいの距離があるのか、またはその種があるかどうかを、今から考えてみてほしいのです。その間、どのような次元で愛していたのだろうか、もし最初の基準に比べて距離があるとするならば、どれくらい落ちているのか、と考えてほしいのです。

家庭をもっている人は、どうでしょうか。朝、お祈りして出発しますが、朝出発した時と帰ってきた時と比べて、どのくらい高められた立場で相対者と会っているのか、追求しなければいけません。み言と心情を中心として真の親の心情と一体化していた時と比べたら、帰ってきた時には、熾烈《しれつ》な闘いをしていないと、高まった立場に立てません。

祝福を受けて出発した時の一体化した基準と、今の基準とを比べて、どれくらい高まっていますか、低くなっているのですか。

私はソウルで家族と一緒にいる時には、朝出て、夜帰ってから子供に会い、相対者に会うというのは、何も難しいことではないと考えていました。しかし、先生のみ言、先生の御家庭の生活を見るときに、相対者や子供に会うということがどんなに難しいものであるかを、一つ一つ実感してまいりました。

神と世界とこの国のために私たちが仕事をし、本当に尽くしたならば、問題はありません。けれども、先生が言われるほどに私たちは尽くしていないし、やってもあまりできないまま家に帰って、相対者や子供に会うのは大変難しいということを実感しました。相対者と神と真の父母の前で、「真の親の心情と一体化し、力を合わせて神と真の親と共にやりましょう」と誓って出発したのに、私がその約束を果たしていない立場で相対者に会おうとした時には、相対者に会うのが非常につらく、難しかったのです。神の道を良く歩めず、責任を果たし得ないで家に帰った私でも、相対者は考えて、本当に喜んで迎えてくれました。子供たちも、自分の希望のように迎えてくれました。そういう時に、私は良心の呵責を感じて、恥ずかしくなったのです。


私たちはお互いが会う時に、どういうことを考えなければいけないでしょうか。相対者は、いろいろなことをして帰ってきて、私と会うのです。悲しいことや恵みの時や、悩み事もあって帰ってくるのです。ですから、相手がきょうも難しい神のみ言を実践して、難しいことや喜びや悩んだこともあったことだろうと、相手のことを思いやる心をもつことは、非常に大切なことだと思います。そうしたら、サタンにいくら反対されても、よく闘って勝利していくことができます。

家庭をもっている人は、一日の中で難しいことが起きても、相対者を迎えて、相対者の慰めの一言で、すべてを忘れようとするのです。それが婦人の立場です。

男の人は、外に出てメンバーたちのことを見てやったり、難しいことを指導してやったりします。それを勝利して家に帰ると、相対者によって慰めを受けたいという心が残っています。それにもかかわらず、いろいろと難しいことを先に言われると、気持ちがかーっとなってしまって、なかなかうまくいかない時があります。

「外に行けば勝利するけれども、家に帰って負ける」という話があります。私たちは、外に出て勝利します。それは、サタンが負けたということなのです。サタンは、負けて黙ってはいません。私よりも先に、私の家に帰って私の家内、子供を通してアタックしてくるのです。

荒野での闘いで負けたサタンは、それで終わったのではなく、イエス様に一番近い弟子を通して、イエス様にアタックしてきたことを考えてください。サタンは、私にアタックして負けたら、私に一番近い人にまで後退します。そしてそこで負けたら、その人の次に近い人にアタックしていきます。どんどん後退していっても、逃げ去ってはいません。

そこで、常に家庭を通してアタックしてくるサタンに、どのようにして勝利できるかといえば、自己中心的にとらえないようにすることです。自己中心的にとらえないということは、どのようにすることでしょうか。

自分の家に帰ってくる時に、自分が奥さんから慰めを受けようとしないで、かえって、家の中で、奥さん一人で難しいことがあっただろうと考えて、その苦労したことに対して、一言でもみ言を与えて、よく慰めてあげることです。奥さんを中心として考えて、することです。

その次に、家にいる奥さんは、どのようにしたらサタンのアタックする利用物とならないで済むのでしょうか。奥さんは、一日のうちに難しいことがあったとしても、主体者は社会に出てたくさんの人に会って難しいことがあったことだろう、そしてそれを勝利してきたのだと考えながら、「きょうはどんなことがありましたか」と、かえって主体者のことを思いやることです。自己中心的に、私に何かおみやげを持ってきたのではないか、何か良いことを言ってくれるのではないかと期待しないで、思いやることです。

自己中心的ということは、サタンが一番喜ぶことです。私たちが家に帰って、妻が難しいことを言ったり、子供がいろいろと気になったり、子供が親の心をなかなか分かってくれなかったりするとします。そういうときには、自分が神の前で果たさなければならないことを十分にできなかったがゆえに、そういう結果になったと考えてほしいのです。あるいは、神と先生のみ言から外れて、まずいことをしたからこうなったと考えてください。

「気をつけなさいと言ったのに、お前はなぜ病気になったのか、私があんなに気をつけなさいと言ったのに、なぜそうしなかったのか」というように原因を他に求めるのではなく、私が間違ったがゆえに、神は心配なことを起こすことで、私に「お前が間違っているのだ。お前が熱心にやらなければならない」ということを、家庭の一員を通して教えてくださっているのだと受け取るのです。

問題の発生は一体化への警告

私たちは、メンバーに責任をもっています。メンバーに難しいことが起こったならば、連絡が悪くてそうなったのではありません。私が神の心情、親の心情と同じ立場で構えて、メンバーたちをうまく導いてあげることができなかったり、先生のみ言と一体化していなかったりするから、メンバーにそうした結果が起こったのだととらえるのです。

国家でも、隣の国が我が国を侵すということは、指導者と国民が一体化していないからなのです。それゆえに、隣の国が侵犯する時は、隣の国が悪いからではなく、自国内が一体化していないからです。それゆえ、一体化させるために、こういうことが起こると考えなければいけません。

アメリカの宗教人たちが私たちに反対するとしても、その意味は、私たちが先生のみ言と一体化すべきだと教えているると考えるのです。一体化しなさいということなのです。

こういうことを考えてみると、生活する家庭が、すべての基本的な訓練場であることが分かっていただけると思います。

皆さんがお互いに幸せにやっている時でも、心配なことが生じてきます。最初はそうではないのに、途中からいろいろと心配なことが起こってくることがあります。最初、祝福を受けた時には、心情一体化して一つになって出発しました。しかし、ある時には相対者のことで心配事が起きたりすることもあります。

そういう時には、その人の問題を解決する前に、お互いが、縦的な関係、神様を中心とした真の親の心情、み言と私が一体化できているかどうかを、じっくりと振り返らなければいけません。先生のみ言と皆さんが一体化しているかどうか、まず自分でチェックしてみるのです。それが間違っているとするならば、それが原因となって難しいことが起こるのです。それは、「早く一体化するあなたに立ち返りなさい」ということを示していると考えるのです。

血統転換式で聖酒式の時に、手を合わせて互いに敬愛し、聖酒を分かち飲みます。ところが、あとになって、いつかは不和になることが起こり得ます。

一体化して幸せな家庭をもつことを、一番喜ぶのは神です。真の親です。一番嫌うのがサタンです。ですから皆さんが少しでもそういうところから懸け離れると、サタンはサッと入ってくるのです。サタンと相対基準を結ぶある条件を立てると、サタンは入ってくるのです。

自己中心的にならないで、神を中心とする真の親の心情とみ言と私が一体化しているかどうか、これが神と親を中心とする考え方です。ここから離れて自己中心的になると、サタンとの相対基準を築く条件が成り立つので、サタンがやって来るのです。

ノアの四十日洪水審判後のことを考えてみてください。その時は、サタンの相対基準は何もありませんでした。それゆえにサタンは、堕落性という足場がなくて、ぐるぐる回っていたのでした。ところが、ハムにサタンが相対できる条件が成り立って、からすが降りてきました。それと同じく、私たちも自己中心的になると、サタンは離れません。

祝福の原点は永遠に変わらない愛

祝福を受ける時、皆さんは永遠なる愛の家庭をつくることを願います。ところが、自己中心的になると、サタンがいろいろなかたちを通してやって来ます。新しく祝福を受けた人に対して、参考になると思うので話します。

最初は「ああ、いい」と言うけれども、その後、先輩の祝福後のいろいろなうわさを聞きます。また、自分のフィアンセに対して、ほかの人が「あの人は過去にこういうことがあった」と話すのが耳に入ってきます。自己中心的になると、相対者よりほかの人がどんどん自分に近づいてきます。その人を見ると、大変素晴らしくハンサムに見えます。このように自己中心的に考えると、最初はちょこちょことしていたものが、次にはコントロールできないくらいに大きくなっていきます。

地域の活動をしているときに、そこには自分の夫としてふさわしいような非常にいい人がいたとします。その人と相対者を比較して、「はあ、私のフィアンセは本当に期待できない」と、こうなっていくのです。また、過去に会ってきた人と今の相対者と比べて、昔の人のことを考えがちです。

皆さんは、外的に見れば変わっていないけれども、サタンの目から見ると美しく見えるのです。そんなに引かれたことのない人であっても、祝福を受けると、サタンは堂々と攻めてくることがあるのです。

普通の着物を着ている時は、そんなに美しく見えないのですけれども、結婚式に着る式服を着ると、とても美しく見えます。祝福されると、霊的に見れば、美しく見えてきます。

自分の原点、祝福の原点に返って、常に自分をチェックすることを忘れないでほしいので、いろいろ話しています。

私たちの中には、もちろんきれいな人も、きれいでない人もいます。しかし人間は、事故があって、そのきれいな顔が傷ついて醜くなるかもしれません。また、年を取ったら醜くなり、長く続くものではありません。

私たちは神の愛を中心として、真の父母の愛の伝統を受け継いで、永遠に変わらない愛をもつのです。その愛は、男性は妻をお母様を愛するように愛し、女性は夫をお父様を愛するように愛し、お互いを大切にして愛するのです。

祝福の原点から出発して、完成愛の実現をするために、いつも祝福の原点に立ち返るようにしたいものです。先生の御家庭に倣っていくことを、いつも心に置いてください。

先生にお子様が生まれ、四十日くらいたった時のことでした。先生はいつも、私たちにみ言を語られるので、家にいらっしゃらないことが多かったのです。家にいらっしゃっても、世界各国のリーダーがいろいろなことで報告し、相談し、アドバイスを受けるために来ていました。それで、先生はお子様との時間がなかなかもてませんでした。

ちょうどその日も、ワールド・ミッション・センターでミーティングがあって、先生は出掛けなければなりませんでした。そこで先生は、車に乗ろうと玄関に出て、お子様に「お前との時間をもてなくて、本当にすまないね。しかしね、今はメンバーたちが、お父さんの話を聞きたいということで、私を待っているのだよ。それで私は、いただまれなくて出掛けるんだよ。私のこの事情を許してくれ」と語り掛けました。そういう先生なのです。

祝福の誓い

祝福の誓いの内容に関する第一は、私たちは神様の前に出て孝子女になるということです。孝子女となって、真の夫婦になることです。それに当たって最も重要なポイントは、もし皆さんが間違った場合には、その間違ったことに対する責任は、神が取るのではなく、親が取るのでもなく、皆さん自身が取るという約束であることなのです。

二番目は、善なる親となって、祝福の子供を孝子女として育て、国にとって忠臣となるように教育し、お互いは烈男、烈女になることです。

第三に、世界、神のために貢献する子供として、神の前に真の孝子女、真の夫婦、真の父母となって、我々自身が世界のために聖人となること、これらが主要なことです。

最も大事なことは、自分の過ちは自分で責任を取るということと、子供を神の前に孝子女、忠臣として育てるということです。私たちは孝子女として、夫婦、父母、聖人となっていかなければなりません。

三、理想的な出会い

み言の消化不良

きょう皆さんは、このベルベディアの聖日礼拝に、「きょうは、どういうお話を聞けるだろう」という期待をもって来られたことと思います。先生がこの場でみ言を語ってくださっていた時には、私も常に、「先生はどういうお話を私たちに聞かせてくださるのだろう」という期待をもって、このベルベディアに来ていました。そのように、常に私たちは、「次は、どういうお話だろう」というふうに考えて、来るのです。

それ以上に、私自身が先生のみ言を承る立場に立っている時に常に考えたことは、先生の語ってくださったみ言と自分は、どのように一致化しているだろうかということでした。それが成されていないと、それ以上のみ言を理解することがなかなか難しいのです。例えて言えば、み言と一致化できていない自分の状態というものは、食事をしたけれども、自分の体の調子が食べたものを消化できる状態になっていないので、消化不良を起こしてしまうようなものです。そういう状態の中での必要なみ言は、消化できるみ言であって、いかに消化できるかということが問題なのです。

消化できない状態で、おいしいものをまた食べるというのは、かえって消化を難しくすることではないかと、私はそう考えたのです。それはつまり、「自分自身が本当にみ言を消化できていないことが分かる」ということです。ですから次に受けるみ言により、今まで消化できていなかった自分を消化させ得る者として取り替えていくのです。これが非常に重要であるのです。

ところで私たちは、おいしい食事――それは先生から頂く霊的な食事のことですが、それを先生から頂いているのですけれども、まだ消化できていないのですね。そういう状態で、またおいしい食事を与えられます。そうすると、おいしいのでまた食べてしまうのです。ところが消化できていないところに、おいしい食事をまた食べるのですから、また消化できません。そしてまた、おいしい先生のみ言を賜ると、おいしくておいしくてたまらないので、また食べたくてしょうがないのです。それで、また食べます。すると、おいしいものをいつも食べていながらも、消化できないので、家に帰ると非常に悩むということが続くようになるのです。皆さんは、そういう体験をしませんか。

そこで次第に、先生のおいしい食事に招待されても、食事に出ていくのが、非常に怖くなってくるのです。なぜなら、消化できなくて痛いのに、また食べたら、もっと痛くなるだろうということを考えるからです。それを考えると、招待されても行くのが怖いのです。聖日礼拝に参加して先生のみ言を受けるのが怖いのです。何か裁かれるように感じるのです。そういうことを非常に感じるというのは、何を意味するのかというと、消化できないところにおいしい食事をまた食べなければならないので、負担を感じるということなのです。そうではないですか。

先生のみ言を最初は、「非常に素晴らしい」と言いながらも、何度かみ言を賜るために出て行っていると、いつも裁かれるように感じるようになるのです。そうではないでしょうか。私がこういう話をしているのは、私自身がそうだったということを話しているのです。そこで、先生のみ言と自分をいかに一致化させるかということが、常に私の課題になっているのです。

私たちは、次々に聞くみ言が消化できないと、み言を聞くのが非常に苦しくなります。だからといって、「(み言を聞きに)行かない」というわけにはいきません。そこで、私たちは先生のみ言を聞くに当たって、常に、自分が消化できていない原因をみ言の中からどんどん見つけ出し、消化させていく方向に切り替えていくようにしなければなりません。これが非常に大事になってくるのです。

つまり、み言に自分を引き付けていくのではなく、自分にみ言を引き付けて、自分を消化させていくようにしなければならないということです。消化できなくても、どんどん食べるのです。み言をたくさん受けていきながら、それを自分に引き付けて、消化する努力をしなければなりません。

もし、苦しいからといって食べなくなってしまったら、それは今まで目の見えない人が常に鈴の音を聞いて歩いていたようなものだったのに、その鈴の音が全く消えてしまったという状態になります。いったん鈴の音が消えてしまうと、どこへ行ったらよいのか、行くべき方向を消失してしまうのです。そういうことを考えながら、出会いについて少し考えてみたいと思います。

神だけを愛する

私たちは毎日のように、いろいろな人に、いろいろなことで会うという生活をしています。「会う」ということが、どれほど難しいことであるか考えてみましょう。

もし、会う人もなく、自分一人でいるならば、喜びも寂しいことも何もないでしょう。しかしながら、私たちは常に誰かに会う生活をしていますので、喜びもあるし、寂しいこともあります。そういうことを通して、私たちは成長していくのです。ですから、良い出会いをすることによって、よく成長できることもあるし、良い出会いをすることができなくて、成長を非常に妨げられることも起こるのです。皆さん、人に会うということが非常に重要であることは、お分かりだと思います。

皆さんと私は、このようにして会っています。こうして会うことを通じて、私たちには喜びもあるし、恵みもあるし、ほかにもいろいろなことが起こるだろうと思います。ですから、単に会うといっても、どういう人に、どういうふうに会うかということが問題になってくるのです。つまり、私たち人間は、死ぬまでいろいろな人に会い続けるのですが、私たちが一番会いたいのはいったい誰だろうか、ということが重要な問題なのです。

もともと人間は、神から造られました。造られた人間は、初めに神に出会いました。初めて人間が神に出会った時には、神にも喜びがありましたし、人間にとっても喜びでした。ところが、次に人間が神に出会った時には、神の喜びも去ってしまい、人間の喜びも去ってしまいました。なぜでしょうか。堕落したからです。つまりこの人間と神との、最初とその次の出会いとは、同じ状態ではなかったのです。違っていたのです。ですから、皆さんにも、この神と人間との出会いというものがどんなに重要であるか、お分かりいただけると思います。

神と人間との出会いには、必ず共通の目的があります。「神は人間だけを愛し、人間は神だけを愛する」という目的があるのです。すなわち、これは創造理想の実現という共通の目的なのですが、それが成らなかったときに、神と人間との間には距離ができてしまったのです。ですから、神に再び会うには、アダム、エバが神だけを愛するという期間が必要なのです。このように私たちが神と出会うというのは、重要なことなのです。

復帰摂理とは、再び神に出会う道のりです。この出会いにおいて、私たちがもたなければならない条件は、何よりも神だけを愛するということです。この条件が問題になってくるのです。

アダムとエバの出会いにしても、同じことです。アダムとエバは、神だけを愛するアダムとして、神だけを愛するエバとして出会わなければならないのです。これがアダム、エバの出会いです。こういうことを念頭に置き、私たちの出会いの現状について考えてみたいと思います。

出会いに対する先生の心掛け

一九七六年のことですが、先生が幹部たちを連れて、カナダを訪問されたことがありました。その時、先生は海洋資源による食糧問題解決の道を求めて訪問されていたのですが、何日間かをそこで過ごされている間に、カナダの教会が、先生一行がカナダに来られているということを知って、ぜひ教会に先生御夫妻をお招きしたいと申し出てきました。ところが先生は、それに応じられませんでした。何回もお招きしたのに、カナダにいらっしゃったにもかかわらず、カナダの教会を訪ねられなかったのです。

その時先生は、その責任者に、「私がこのたび来たのは、カナダ教会を訪問するためではありません。他の目的があって来たのですから、私の心はカナダの教会を訪問する準備をしていません。そのように心を尽くして来ていないのです。ですから、そういう状態では、私はカナダの教会を訪ねることはできません」ということを話されました。

皆さん、先生が他の所を訪ねられる時には、どのように心を尽くして訪ねられるかということがお分かりいただけるでしょう。理解できますか。先生の訪問される目的がたとえ仕事のことであったとしても、教会がありますから、そこへ行ったら簡単でしょうに、先生にはそれがなかなかできないのです。

先生の出会いに対する心掛けは、食口たちに出会うことだけでなく、韓鶴子《ハンハクチャ》夫人に出会うことにおいても、お子様に出会うことにおいても、私たちとは随分違うということを理解しなければならないと思います。

普通、私たちは人とたやすく出会ってしまいますが、私たちがよく知っているように、個人は家庭のために、家庭は氏族のために、氏族は民族、国家のために、そして国家は世界のために、世界は天宙のために、天宙は神のためにあります。これが善なる道であるのです。ですから、先生が韓夫人に出会う出会いというものは、先生自らが家庭を超え、民族、世界、天宙を超えて、神を愛する道を通して、韓夫人に出会う道なのです。

これを簡単に言うと、先生が韓夫人やお子様に出会うのは、世界を愛したのちであるということです。それが、先生と韓夫人の出会い、先生の子女様に対する出会いなのです。先生は世界を愛するという道を通してでなければ、夫人やお子様に出会うことができないというのです。

外的な目で見れば、今、先生は夫人、子女様たちと同じ家で生活していらっしゃるのですから、先生は、お子様に会うにしても、夫人に会うにしても、世界を愛してから出会われていることを忘れてはいけません。言葉を換えて言えば、先生は世界を愛してからでなくては、たとえ夫人に出会ったとしても、会っていないということです。それを私たちは、分からなくてはいけないのです。

皆さん、世の中の家庭を見ると、どの家庭も同じ家で一緒に生活をしています。外的に見れば、そのように一緒にいて、いつも出会っていますが、もし心がそれぞれ違っているならば、内的には全然出会っていないということです。そのことは、皆さんも聞いて知っていることと思います。それは一緒に暮らしていても、一緒に暮らしていないということです。

では、私たちはどうでしょうか。今、私個人のことを考えてみても、自分の心と体が別々に動いているとするならば、自分の心と体は一緒にいるのではなく、分かれているということなのです。もし、一つの部署において、あるいは教会において、皆が一緒にいたとしても、一人一人の心が別々であるとするならば、それは一緒にいるのではなく、別々に分かれている状態です。

私たちは現実の自分というものを、はっきりと見つめていかなければならないと思います。それは、「消化できていない自分を知らなくてはならない」ということです。

私たちは一年、二年と同じ教会で一緒に暮らしながら、どれだけ自分の心を打ち明けられますか。寂しい時には「私、寂しいの」、喜ばしい時には「私、とてもうれしいの」と、お互いにそういう状態の話し合いをできる人が、何人くらいいますか。そのように聞いた時に、皆さんは何人いると答えるでしょうか。そう言うと、大抵「一人」、「二人」、「いない」と答えるのです。これが現状なのです。特に、本当に自分の心情を打ち明けられる人というと、「誰もいない」ということになるのです。

皆さん、世の中では、十年、二十年、三十年間、一緒に生活している夫婦の間でさえ、「あなたは私の心情をよく分かってくれない」ということがよくあるのです。これが世の中です。そして、また私たちの世界においても、それが適用されているというのです。そうですか。（はい）。私たちは、これをはっきりさせなくてはなりません。

そういうことを考えてくると、つまり夫婦の出会い、兄弟姉妹との出会い、親との出会い、親戚との出会い、友達との出会い、これらの出会いがうまくいっていないことが分かってきます。それがはっきり分かることによって、私たちが今後、このような出会いをいかにしなければならないか、という道が開かれていくのです。

私たちの心と体は、いい加減に出会っています。そしてまた親子の出会いも、いい加減にしています。夫婦の出会いも、いい加減にしています。そういう結論になります。ですから、さっきもお話ししたように、先生の神様との出会い、先生と韓夫人との出会い、先生の子女様に対する出会い、先生の私たちに対する出会い、それらがどういうものであるかを考えながら、解決していきたいと思います。

例えば今、私たちが相対者に会おうと思ったら、たやすく会えるものですから、会うのはそれほど難しいものではないと考えています。しかしながら、この出会いというものが、どれほど真剣なものであり、どれほど難しいものであるかということを立証するために、次の例を挙げてみましょう。

一人の人が神のみ言から離れて間違ったことをしたとします。そうしたときに、今までそういうことがなかった時には、相対者にたやすく会うことができたのに、間違いを犯したその瞬間、その人は、自分の相対者に会うことがなかなか難しいと感じるでしょう。そうではないですか。ということは、本当に神だけを愛した自分でない限りは、相対者を愛する、相対者と会うのは難しいということになるのです。それがはっきり分かるだろうと思います。

つまり、私たちが神の善なる道を行き、その道を通さない限りは、自分の相対者に会うことができないということです。何か分かりますか。ところが私たちは、この相対者と夫婦の関係になると、たやすく会えるものと考えてしまいます。これは非常に間違った考え方です。

メンバーとメンバーとの関係、メンバーとリーダーとの関係も全く同じことです。リーダーがメンバーと会う時、「私はリーダーだから、たやすく会うことができる」と思うかもしれませんが、メンバーに出会うことがいかに難しく、真剣なことであるかを忘れてはいけません。メンバーもリーダーに会う時、いつも同じ所で一緒にいますので、それほど難しくないと考えるかもしれませんが、それがどれほど難しく、真剣なものであるかを忘れてはいけないのです。

世界的な出会い

私たちは、個人、家庭、氏族、民族、国家、世界、天宙、そして神を通じて、自分の相対者やメンバー、あるいは子供やリーダーに出会うことができるというのです。私たちが個人的な立場で相対者に対したり、メンバーに会ったりしようとするならば、この出会いは個人的な出会いであり、また家庭的立場で会えば家庭的な出会いであり、氏族的なものを愛したのちの出会いであれば、これは氏族的な出会いになるのです。出会いがこのようになるのです。

ですから私たちは、出会う時には世界的な出会いでなければいけないのです。私たちが相手を愛するにしても、世界を愛する世界的な愛と、個人的な愛、国家的な愛とでは、これは違うのです。

私たちが子供を愛するにしても、世界を愛したのちに子供を愛するとするならば、その子供に対する愛は、親個人の子供に対する愛ではなく、世界の愛であるということになるのです。親だけの愛ではなくて、世界の愛を与えることになるのです。

子供が親から愛されるにしても、親の愛だけでは限界があるのです。また夫婦の愛にしても、夫婦のお互いの愛だけでは限界があるというのです。ですから子供が親から愛される時、親の愛に世界の愛をプラスして受けるとするならば、これは親の子供に対する理想的な愛ということになります。

夫婦の間にしても、その夫婦の愛だけでは満足できません。それにプラスして、世界の愛を与えることができるならば、それが夫婦の間においての理想的な愛だというのです。

例を挙げましょう。子供の誕生日があるとしましょう。親は子供を愛しています。ですから親は、子供に誕生日を祝福するための贈り物を与えるでしょう。

ところで、もし親が自分の子供を愛するよりも、まず世界の人々を愛してきたとするならば、この人によって愛された世界の人々が、この人の子供の誕生日に贈り物をあげるでしょう。親のプレゼントばかりでなく、世界の人々が贈り物をその子供にあげるだろうというのです。

子供として、親からだけの贈り物を受けることが一番喜ばしいでしょうか、世界の人々からの贈り物をも共に受けることが一番喜ばしいでしょうか。それが、親が子供に対する真の愛、理想の愛、理想の出会いだというのです。

夫婦の間も同じです。奥さんの誕生日には夫と子供が贈り物をあげるでしょう。ところが夫婦が世界の人を愛してきたとするならば、その誕生日には、愛された世界の人が奥さんのために贈り物をあげるでしょう。

先生のことを考えてみても、そうです。先生は夫人を愛するにしても、お子様に対する出会いにしても、世界を愛する道を通していかれるために、お子様の誕生日や夫人の誕生日には、先生からの贈り物ばかりでなく、世界の人々から贈り物が届けられます。また反対に、病気でもされたりすると、世界の人々が助けようとお祈りをするのです。ですから私たちの出会いというものは、このように世界の道を通して出会わなくてはいけないというのです。

世界の人々を愛してから出会う

ところで今、私たちは、全員が神のために、世界のために、いろいろな仕事をやっています。これを通して、自分のメンバーやリーダーに対し、兄弟姉妹や自分の親に対し、そして子供に対していかなければならないというのです。ですから、もし私たちが一日の生活を本当に心を尽くして送らなかったならば、メンバーに会うのも、兄弟姉妹に会うのも、本当に恥ずかしいという心をもたなければいけないのです。

家庭をもっている人たちは、「家に入るのが恥ずかしい」というようにならなければならないというのです。

深く悔い改めて、「あすは一生懸命によくやって出会います」と決意してからでなくては、そういう条件を立ててからでなくては、自分の家に入って相対者に会うこともできなければ、子供にも会うことができないというのです。子供も同じです。自分の生活において子供としてやるべきことをやらない限りは、親にすぐ会うことが苦しいというようにならなくてはなりません。

ところが今私たちは、子供の立場にある人も、親の立場にある人も、それらに構わないで出会っています。それは、私たちの間違っているところです。私たちは親にしても子供にしても、何か誤ったことをした場合には、親に出会うのが怖い、子供に出会うのが怖い、というようにならなくてはなりません。それを考えなくてはなりません。「怖い」と感じさせられるということは、「世界を愛して、世界において自分の任された仕事を勝利して会うようにしなさい」という警告なのです。

今話したことは一つの仮定ですけれども、私たちが神に出会うに際しても、真の父母に出会うに際しても、世界の人々を愛する道を通してのみ、出会うことができるというのです。逆に、神が私たち人間に対する出会いにしても、真の父母が私たちに対する出会いにしても、真剣に心を尽くされるというのです。

さっき私が皆様に話したように、先生がカナダの教会のメンバーたちに出会うに際して、「私は心を、そこに向けて来ていないから、そこを訪問することができない」というような先生の私たちに対する心掛けを、私たちは身につけなければいけないというのです。

神は人間に出会うために、全力、全霊、全愛を投入して人間を造り、人間に出会われました。ですから、それと同じく、私たち人間の神に対する出会いも、神が人間のために全力、全霊、全愛を投入して出会われたように、全力、全身、全愛を投入して神に出会わなければならないのです。

ですから、これから私たちは、お互いに良き出会いをするために、自分に任せられた使命を全うしていかなければなりません。世界を愛して、天宙を愛して、神を愛する、この道が私たちに任せられた使命であるのです。この使命を私たちが見事に成就することによって、本当の意味でメンバーたちに出会うことができるということを、私たちはこれから考えていかなければいけません。

もし私たちが、兄弟姉妹、お互いに簡単に会えるものだと考えるならば、それは絶対に間違った考えです。兄弟姉妹に会うということを、よく考えてみてください。どのようにして会える兄弟であり、どのようにして会える相対者であるか、どのようにして会える子供であるか、これを忘れてはいけないのです。これが使命です。私たちは今まで、ただ漠然と出会っていました。これは間違ったことでした。出会うというのはこういうものではなく、世界を通して出会うということです。

夫婦の愛にしても、相対者としての責任を全うして会える者が真の相対者だというのです。親としての責任を果たしてこそ、子供に会えるというのです。子供としての責任を果たしてこそ、親に会えるというのです。それを果たさずしては会うことができないのが、親子の関係、兄弟姉妹の関係、メンバーとメンバーとの関係だということを忘れてはいけないと思います。

これが、神が歩いた道であり、先生が歩いた道であり、ゆえに私たちも歩いていかなければならない道であるのです。これをしないから、夫婦の間にも、親子の間にも、兄弟姉妹の間にも、メンバーとメンバーとの間にも、すべて問題が起こってくるのです。出会うということは、それほど大事なことです。

説教の語り方、受け方

私は、きょう、皆様との出会いの時間をもつために、一晩中、出会いの難しさを実感してまいりました。先生は説教で、説教する人の心情を語ってくださったことがあります。それは、「死刑囚が死刑場に出ていく」、そういう心情であるということでした。

先生が私たちにみ言を語ってくださる時、「先生は何もかもよく御存じであるから、私たちにみ言を語ってくださるのは、難しくも何ともないだろう」というふうに皆さんは考えるかもしれませんけれども、先生の内的な世界というものは、死刑囚が死刑場で今から処刑される、そういう深刻な心情であるということを、私たちは忘れてはいけないと思います。

先生がみ言を語られる時、その立場は、この人を生かすことができるか、あるいはよくできないことによって殺してしまうかという、ちょうど重症患者を手術するお医者さんの立場です。よく手術ができれば生かすこともできるし、手術がよくできなければ人を殺してしまう、そういう立場ですので、先生の心は深刻であるというのです。

そのように先生は、私たちに対して真剣で、深刻な心で出会ってくださるのですから、私たちも深刻な心で先生のみ言を受けなければならないと思います。

皆さんが人の前で語る時に、メンバーがあなた以上の心をもってみ言を受けようとするならば、皆さんはどうしますか。それを考えてみれば分かります。説教してくれるあなたの言うことをよく聞くために、真心を込めてお祈りする、あるいは徹夜祈祷をしながら準備する人がいるとしたならば、皆さんは、どれほど真剣になるでしょうか。いい加減なことは話せません。

話す人以上に、本当に心を込めて徹夜祈祷をして、み言を聞く人がいるとするならば、神の恵みは、話をする人のものになってから聞く人のものになるのではなく、直接、聞く人のものになるのです。話をする人は、恵みを取られるというのです。ですから、そういうことがないように、語る人は本当に真剣に心を込めなければいけないし、そしてまた受ける人も心を込めなければなりません。そうすると神の恵みは、語る人にもとどまるし、聞く人にもとどまるのです。

ところが語る人も聞く人も、どちらも真剣でないと、せっかくの神の恵みは、語る人のものにもならないし、聞く人のものにもならないのです。では、この恵みは、どこに行くのでしょうか。それはサタンのものになってしまうのです。恵みがサタンに取られてしまうというのです。神が人間にダイヤモンドを与えたのに、誰もその価値が分からないとするならば、それはサタンがもっていくというのです。サタンは価値が分かるからです。

つまり、私たちがたくさんの恵みを受けたとしても、その恵みを自分のものにできないならば、その恵みは全部奪われてしまうというのです。ですから私たちは、これから良い出会いをしていくようにしましょう。

（一九八一年九月二十七日、ベルベディア）

四、メシヤと霊界

自分自身で悟る

霊能者は、先生の前に出ると、本当に子供のようになっていきます。霊能者は、「天国はこうである、あるいは地獄というものはこうである」と、いろいろな形でもって教えられるのです。

しかし、啓示されること自体が重大なことではなく、どのようにしてこういう啓示があったのかを原理的に整理していくことが、非常に大切なのです。「なぜ、そういう話をするのだろうか」という原因を教えてくれる人が必要です。神が私たちに見せてくれることの背後にある神の心が問題です。

霊眼が開けない人にいろいろなことを見せてあげると、初めは非常に素晴らしいと思うかもしれませんが、それが繰り返されると、自分自身、恐ろしい気がするのです。私たちは誤った考え方をしていても、「自分自身がこれを直していかなければ」と、自分で悟る期間があります。しかし、霊能者は、自分が誤ったことをそのままやっていきます。

ですから、私たちは人から証されて反省するよりも、自分自身で悟って反省していくほうがもっといいのです。ところが、自分で悟っていく期間が与えられずにそのままいくから、初めのうちは素晴らしいという考えをもつかもしれませんが、それが続けば恐ろしくなるのです。

そういうやり方は、僕《しもべ》を教育するやり方です。先生は、子女の位置にある者への教育は、知っていても知らんふりしながら、何とかその人の心を促し、悟らせていく教育方法を採られるのです。

闘いの生活の中で先生に会う

先生を見ると、先生は何も知らないように考えがちですが、そうではないのです。人を救うためには、霊の世界を明らかに知らなければなりません。霊的な勝利なくしては、現実の世界の勝利はないのです。

先生は説教をされる前に、準備としてお祈りをさせます。そうしてお祈りしている途中に霊界に入ってしまう人がいくらでもいて、ある人などは、非常に霊に感動して、誰が何と言っても泣きやまないのです。しかし、先生が一言語ると、すぐ止まるのです。肉身をもっている人が、霊界、霊人を動かすのです。

世の中にも、人を遣わして水をくんでこさせたということがあります。その人の体を動かしたということは、その人の肉身の主体になっている霊人体を動かしたのです。私が人を遣わしたというのは、その人の霊人体を遣わしたということです。私たちは、霊を遣わす権威があります。それは、肉身をもっているからです。霊人たちが非常に恨めしく感じるのは、肉身に対してだというのです。

このように考えるときに、先生には本当にいろいろ不思議な面があります。それは、人から言われて感じるよりも、自分で感じ取らなければならないことです。自分で感じるためには、どのようにすればよいでしょうか。自先生のみ言に従順になって、人のために、神のために自分を近づけていくとすれば、必ずそれを見つけられるのです。

私は、最初にアメリカに行った時、一つの課題をもって行きました。それは、アメリカで生きて働くメシヤを知りたい、神を知りたいという内的な課題でした。私自身が課題を作るのです。日本に来たら、先生は韓国にいらっしゃいますけれど、先生が日本の中にどのように生きて働いていらっしゃるのか、その先生の姿を見たいのです。

私たちがこれから研究していかなければならない問題は、自分の生活を通じて、闘いを通じて、先生に会わなければならないということです。闘いというのは、「自分のために」というのをあとにする闘いです。それをすることによって、メシヤを知り得るのです。

先生のお話は、私たちの基準からすると、いろいろと現実離れした、非現実的、非合理的なことのように聞こえますが、やってみれば、必ずそれは当たるのです。ですから先生のみ言は、信じていけば必ず分かるようになるというのが、統一教会の兄弟たちの、一つの常識のようになっています。そのことを、私の闘いの生活の中で、事実として得られなければいけないのです。

非現実的だということがあっても、信じてやってみなさい。やってみれば必ずそれが成り、言われて成ったものでなく、自分自身で得たものとなるのです。そのようにして得たものは、霊能者が啓示によって知ったものより、もっと確かなものです。真面目に、熱心にやることによって、たくさん起こります。熱心にやらないと、そういうことは起こりません。適当にやっていれば、なかなか得られないのです。

先生を研究する

時々、先生はこんなこともされるのです。ある人が心尽くしのお菓子を持ってきました。ところが、先生は受け取られなかったのです。せっかくおみやげに持ってきたのに、その人は寂しかったかもしれません。あとで知ったのですが、その人がそうされることによって自分を省みるあるというのです。この人は、先生が真のお父様であるという啓示を受けていた人でした。普通の人には、先生はそんなことはされません。

この人は、神の啓示によって心尽くしの物を買ったのでしたが、それが百円のものを「九十円にしてもらえないか」と言って買ってきたのです。私たちでしたら問題になりませんが、啓示によってメシヤだと分かってついてきた人なので、たとえ百円のものを千円だと言われても、高いと考えてはいけない立場なのです。神の願いから離れた考え方だったのです。それを、どのように先生はお知りになったのか分かりませんが……。

ある食口《シック》が私に、このような質問をするのです。「メシヤは何でも知っていますか」と。皆さんはどのように答えたらいいと思いますか。私は、「知ろうとすれば、何でも知ることのできる方である」と答えたいのです。先生は、なぜ私たちに聞かれるのですか。試すためですか。そうではありません。知ろうとすれば、何でも知ることができる方です。

あの人には非常に悩みがある、あの人は悩みのない人だということくらいは分かります。しかし、個人個人の深いことは、ただでは分かりません。神に通じなければできないのです。霊界に通じなければいけません。お祈りの時間が必要です。神の願うたくさんの重要なことがあって、それでも時間が足りないというときに、個人の事情を知るために時間を費やすことはもったいないのです。しかし、その人が、本当に神の前にあって知らなければならないことで、それをすることが数多くの人にとって必要ならば、そうすることもあり得るでしょう。

先生に対して私たちが研究しなければならないのは、一つは真理の面において、二つ目は人格の面で、三つ目は心霊の面においてです。先生を研究していくならば、自然と自分が近くなっていくのです。

神のために、人類のために自分を推し進めていくならば、必ず私たちの心ははっきりしていくと思います。

神を中心として見る

一九六〇年までは、先生はいつも食卓なしで、床の上に直接お盆を置いて食事をされ、六〇年になってから初めて食卓で召し上がるようになりました。

先生の誕生日なども、天は非常に先生を愛するからこそ、盛大に祝うことを願うのです。親が愛する子女のために盛大にやってあげたいのは、当然でしょう。

しかし先生は、神のみ言を聞かれないときがあるのです。先生は、「私の誕生日のために何か準備しているんだろう。そのお金を全部集めなさい」と言って集めさせて、神に向かって、「今、こういう時にありまして、あなたにはこういう願いがあるのではないでしょうか」と尋ねられます。

例えて言えば、今地方にはたくさんの教会があります。ところが車がないから、いちいち歩きながら伝道しなければならず、地区長はバスに乗ったり、歩いたりしながら兄弟たちを見守ってあげなければならないとします。それでは神の摂理を進めるのに、非常に良くありません。早く世の中の人にみ言を伝えるためには、機動力が必要だと考えるのです。ですから先生は、「私の誕生日を盛大にやってくれるのも有り難いけれども、このお金で車を買うのはいかがでしょうか」と尋ねられ、そして車を買うのです。神のみ言を行わなかったけれども、神はお怒りにならないというのです。

親が愛する子供のためにたくさんのお金を惜しまず使おうとした場合に、その子供が「そのお金を使わないで私に下さい」と言って、それを、親を喜ばせるために使ったとするならば、その親は、親不孝者だとして叱りつけるでしょうか。それとも、そういう心遣いの子供を見て、涙ぐましく感じるだろうか、ということと同じです。

また十月十四日には、先生が興南《フンナム》の刑務所から自由の身になって釈放されたその日を記念して式典を行うことがあります。「今度の十四日の式典はどのようにしましょうか。教会内でしましょうか。野外にしましょうか」と伺ったら、先生は、「今年までは守らなければいけないよ」と言われたのです。先生にしたら、非常に思い出深い日であるのです。私たちとしても、先生がこの日を勝利して自由の身とならなかったならば、私はこのような立場にはならなかっただろうということを考えると、この時が非常に貴い日であると考えざるを得ないのです。

ところが先生は、「私が釈放された記念すべき日だ」として守るのではなく、「そういう危うい境地の中にありながらも、私をこのように見守ってくださった神の愛を記念すべき日だ」と考えられるのです。

例えば世の中でも、非常に難しい学校に入学した記念すべき日が巡ってくると、自分が合格した喜ばしい記念の日だと考えがちです。しかし、私にこういうような感激の日を迎えさせんがために、陰に陽に親が苦労してきた期間があり、それが実を結んだ日であるということを考える人がいるとしたならば、その日をいい加減に迎えられないのです。親の苦労をしのぶ日として守らねばならない記念の日です。

もし先生が、自由の身として釈放された記念すべき日として判断されたとするならば、「今年まではこの日を守らなければならない」ということは言われなかっただろうと思います。ところが、先生が「この日を記念しなければならない」とおっしゃったのは、「私を守り、自由の身としてくださった神の愛を記念すべき日だ」と考えてこられたからこそであることが分かるのです。

こういう心掛けは、神が幻に現れて教えるということより、もっと貴重な教えだと思います。

私たちはこの教会に入会した日を考えて、「ああ、この日が教会へ入った日なのだ」として自分自ら祝うのではなく、「神が私を入会させるために苦労なさった、その苦労が一段落して実を結んだ日として記念すべきではないか」ということを考えると、メシヤに対する霊感が非常に敏感に私たちに移ってくるだろうと思います。私を中心としないで、いつも神を中心として考える考え方、父母を中心とする考え方によって、神に対する霊感が鋭敏になっていくと思います。幻とか霊の体験によって霊感が開けていくのではないと思います。

神を中心とした心構えで見つめていくとするならば、

霊能者たちが見たり、聞いたり、話したりするのに比べて、私たちはその心の奥底を知ることができるのです。霊的体験がないからといって、気落ちすることがないようにしてください。

人間の堕落とは、神を中心として自分を一致させることができなかったのが始まりです。神は人間を創造する時、どのようにして創造されたのでしょうか。

親は子供を、おなかに宿します。おなかの子供は自分というものがあっては、絶対に生きていけません。親が食べたものをそのまま食べて、親が考えたものをそのまま受け取るのです。少しでも親に反対すれば、生まれてはこられないのです。

完成の基準が成り立つまでは、神のみ言のとおりに、神と一致したものでなければなりません。人間の五パーセントは、自分を立てないということです。神を先に立てるのです。おなかの子供を人間に例えて話したのです。親が動いても、止まっても、同じようにするのです。人間は神を中心として、通過しなければならなかったのです。

なぜ神は、自分というものを先に立てるのが嫌かと言えば、それは人間が主体を中心とする対象となることによって、第二の主体として立つようにされたからです。神の創造性を受け継いだ、神の創造のみ業に一致した権威を与えようとされるのです。ところが、ここに自分というものがあるというのです。堕落しない親を中心として一致しなければなりません。完全なる親というものはないのですが、神が完全なる人として送ったのは、メシヤです。また、メシヤは、私たちにとって完全なる親として立つのです。

ですから私たちは、親の言葉に絶対に服従して一つになっていかなければなりません。初めから神と一致して歩んでいかなければならなかったのが人間です。神を中心とした私に帰るということです。

五、愛の減少感

過去を再現して復帰する

私たちは本当に人類のために、神のためにということで、毎日の闘いをしています。そういう誓い、そういう決心でもってきょうの一日、あるいは今月、あるいは一年後を迎えるに当たって、反省させられるのは、その決心や誓いが、いつも長続きしないで崩れるということです。

栄光や幸福というのは勝利してから得るもので、勝利というのは闘いを覚悟してのことなのです。

私たちが世界的な勝利、天宙的な勝利として目指すその目的地は、我々個人が堕落以前の自分に帰ることだと思います。私たちの行き着くところは、堕落をいかに乗り越えるかということです。そうでなければ、いくら私たちにいろいろな高い次元の理想があったとしても、そこには到達し得ないということになります。

人類の道は、復帰の道です。復帰は、蕩減という過程を通じなければ成立しないのです。蕩減というのは、人間が失敗したことが再現されるのです。失敗した場面が今の時に再現されて、その時に堕落した主人は「私」に相当します。ですから、私が堕落を乗り越えることができたとするならば、人は違うけれども、私によって蕩減されるということになるのです。失敗したその人が蕩減復帰されるばかりでなく、自分も蕩減復帰された勝利者となるので、私一人だけでなく、私によって、私のような人たちが蕩減復帰されていくということです。

私が失敗した場合には、復帰される恵みの中にあるべき人が、その恵みを失うことになるのです。私の先祖すべてに影響を与え、私によってこれから生まれる子孫にまで影響を及ぼす立場です。

私たちは、六千年の間に数多くの先祖が失敗したものを、すべて受け継いでいます。私が復帰すれば、今まで行き詰まっていた先祖が蕩減復帰されるのです。私たちが天宙の中心者だということは、私が勝利すれば、私によってすべての先祖が勝利した立場に立っていけるというこ とです。それが先祖の解放、霊界の解放ということです。

私たちが毎日、「勝利します」と誓うのは、昔、神がアダムとエバを祝福し、こういうようにしてはいけないと掟《おきて》を作った、その掟を守り「勝利します」と誓ったのと同じことです。

それでは、何が私をして決心を覆す原因となるのでしょうか。結局は、堕落性本性だということになります。堕落性本性の中で一番注意しなければならないことは、神と同じ立場を保ち得なかったということです。自己中心的に行うのではなく、神を中心としてしなさいということです。神を中心とするとはどういうことかと考えるとき、必ず天使長のことを話さなければなりません。

天使長は、直接、神の愛を受けていました。けれども、人間が造られたあとは、人間を通じて神の愛を受けるようになっていました。そして愛の減少感を感じました。減少感は感じるようになっているので、感じたこと自体は悪ではないのです。ただ、どのように処理していくのかが重要であり、天使長は自己中心にしたから間違ったのです。

愛の減少感を自己中心的に感じたということは、現代の表現にすると、疎外感を感じたということです。天使長は疎外感を感じたのです。天使長は、「私も直接、神の前に出たいなあ」といううらやむ心から始まって、それを悪い方向に発展させたのです。うらやむ心を自分に帰さないで神に帰するならば、どこを通じてでもいい、人を通じてでも神の前に出たいということになります。その方向であればよかったのです。

一番神に近い疎外感というのは、「私もああいうふうになりたい」とうらやむ疎外感です。それはいいのですが、方向を自分に帰すると、「寂しいなあ」という心に変わるのです。誰に対して寂しいかというと、神に対して寂しいのです。「神はなぜ、あの人よりも私をもっと愛してくれないのか」という自己中心的に寂しく、嫌だと思う心が発展していくと、呪いとなります。

呪うということは、関係があるから呪うのであり、関係がなければ呪いもしないのです。それが極端に発展していくと、その限界は「無関係」というところまで疎外感は発展していきます。天使長のその心は、連綿として受け継がれているのですから、神は復帰しなければならないのです。

復帰するためには、蕩滅しなければなりません。その蕩滅の過程を通過しなければならないがゆえに、堕落したその事実を再現させて復帰していくのです。

疎外感に勝利する

堕落した天使長の子女として生まれた人間が、人間復帰に至るまでは、まず天使長復帰の過程を通じて、その次に、人間復帰という過程を通じなければならないのです。私自身が復帰された天使長とならなければなりません。その次には、復帰された人間として帰るために、二つの使命を果たさなければならないのです。

二千年前、洗礼ヨハネは天使長として現れ、メシヤはアダムとして現れた方です。ところが洗礼ヨハネが責任を果たせなかったので、メシヤ自身が天使長の復帰から始めなければならなかったのです。それから人間復帰の過程に入ったのです。

天使長の一番の堕落性本性は、愛の疎外感です。私たちが神の道を勝利していく中にあって、一番私たちを妨げるものは、いつも疎外感です。


神は、人間を愛するゆえに救わなければなりません。救うために、神は疎外感のわき起こるところに導こうとされるのです。再現して主人として立たせ、それを勝利させなければ救うことはできません。

蕩滅の道を残している堕落した人間をカナンに導くために、神は仕方なく、イスラエル民族を蕩滅の地として選んだエジプトの地に導かなければならなかったのです。そのエジプトの地は、神の愛に対する疎外を感じる地だったのです。

それを勝利させて、神は初めて幸せの復帰された天国を象徴するカナンに導こうとされました。神が人間を愛すれば愛するほど、疎外の感情を感じさせられるところに導くのです。それを勝利していけば、天使長が堕落した、その堕落性本性を勝利することができるのです。

責任をもつ

主管しなければならない人間が、主管を受けたことが堕落です。いくら私の生命を脅かすことがあっても、主体性を守れず、原理的位置を確固として守っていくことができなかったのは、天使長の責任というよりも、人間の堕落性であったのです。

人間復帰には、主体性をはっきり守り、原理原則に従っていくことが非常に大切なことです。責任はすべて主体にあるので、責任を転嫁するという堕落性は、対象の立場には縁が遠いのです。責任は、アダムにあるのであって、天使長には絶対にありません。

地区長であれば、下の者が失敗したら責任を負わなければならないのに、「あの人は、私がこういうふうに話したのに、言うことを聞かなかったから」と責任転嫁するとしたら、それは堕落した人間の堕落性を受け継いだ、そのままの姿です。自分の下の者が失敗したら、責任をもっている自分自身が失敗したように考えないのでは、誰が侍ることができますか。

メシヤは十字架にかかった悲運なメシヤであったけれども、その責任をイスラエル民族に負わせないで、御自分に負わせたというのです。

カインの本質というものは疎外感であり、それが勝利できなかった、その世界的なカイン型が共産主義陣営です。だとするならば、疎外感が極度に発達したものが断絶ですから、神と人間は関係がないということになります。共産主義の本質は、「神と人間は関係ない」ということにあるということになってくるのです。

呪って疎外の極に至ったとしても、神に帰ることができたならば、天使長が乗り越えたのと同じ境地になるのです。私たちは、口には出さずに心の中で呪ったとしても、力を失っていくことをしてはいけないのです。ここが大切なところです。天使長がそういうところで倒れたのです。神は、倒れる直前の境地にまで私たちを導いていくのです。

誰も願わないのにそういう心が起こるのは、神が起こさせたのであって、自分自身がもたらしたのではないのです。もちろん、自分が相対基準をもたなければ、そこまで発展しないで立ち返れるのですが、復帰するために、神はそういう境地に導くのです。ですから、そういう境地にあっても挫折してはいけません。これが神の道を覆した、恐ろしい敵であると悟って、私は罪人であるという心で、これを迎えるのです。

そうでないと、先祖がこの中にあってすべて倒れたのですから、私が勝利しなければ、今まで倒れた先祖を復帰することはできないのです。そういうことを考えなければならない境地です。それを乗り越えた時、私によって霊界が解放されていくということを考えなければいけません。

目に見えないものが私の決心を覆していくことを見るとき、これが一番恐ろしい敵であることを知って、普通のように処理してはいけません。現象というものは、再現されたものであることを忘れてはいけないのです。そうでなければ、私は天宙の中心者だとは言えないのです。人類を復帰し得ないのです。

神も愛の減少感を感じる

食口《シック》から疎外されるのを越えるのはたやすいのですが、自分が指導し、信じた人から疎外されるのは心が痛いのです。しかも、自分が尊敬する上の人から疎外されるのは、もっと心が痛いのです。メシヤも、その道をたどっていかれるのです。

二千年前、すべてを懸けて神を愛したのに、神はメシヤを捨てたのです。その時に、「私は、こんなにも尽くしたのに、神は私を無視した。もう神とは関係ない」と断絶するような境地におかれたのですが、それでもメシヤは神に従ったので、天使長を主管することができたのです。


私たちが再臨のメシヤに侍り、離れていったその時に、メシヤから疎外感を感じるとするならば、メシヤもまた、私たちから疎外される疎外感を感じるというのです。愛の減少感を感じている天使長を眺める神の心情は、どうだったでしょう。神の心は、天使長から愛の減少感をもっと感じたというのです。

例えば、愛する子女があり、親がいるとします。その子が成長して子供をもちました。父母は年を取ってきて、その子女が孫と一緒に和気あいあいとしている姿を見ていると、何だか疎外感を感じるというのです。親は孫と子女が和気あいあいとしている中に一緒にいたいのです。そうでなければ、その子女から疎外されるような愛の減少感を感じるのです。

天使長が神から愛の減少感を感じた時に、相対的に神が天使長から愛の減少感を感じたということを反射的に考えなければなりません。ですから、愛の減少感を感じた私を眺める神の心はどうであったのだろうかと考えるのが、神を中心とした考え方なのです。

私たちにおいても、私が疎外感を感じた場合、相対的に私を眺める指導者は、同時に私以上の疎外感を感じていることを考えなければならないのです。

六、完全な救い

完成の基準

私たちは、心と体が一致していません。いつもみ言に触れながら、心は願うけれども、体はなかなかついてこないのです。皆さんもよく御存じのとおり、完全という基準は、神を中心として私がいかに一致するかということです。見えない神と私が、いかに一致するかということが問題なのです。

神は、この世の中に完全な人としての基準を立ててくださいました。その方がメシヤです。私がいかに神と一致した完全な人間になろうとしても、完全な基準がなければできません。その基準が与えられたことは、本当に幸せであると思います。

我々は、メシヤのみ意《こころ》となかなか一致できません。完全な基準として立たれたメシヤと、堕落している人間とは、どのような違いがあるのでしょうか。

神と一致した人間は、神を主体として、対象の立場に立って一つになる、すなわち第二の主体となるのです。堕落していない人間が、神を中心として一つになったならば、その人は第二の神になるのです。人間は自分の中に神が宿ることを願い、神は人間の中に宿ろうとされたのです。ところが人間はその位置から離れて、人を中心として神を一致させようとしました。これが堕落です。

堕落性の一番本質的なものは、人を中心として神を考えたことです。メシヤは神を中心とした完成人間です。神を中心とするということは、神の愛を中心とするということです。完成の基準がこの世に立てられたことによって、初めて堕落人間が完成できるきっかけができたのです。

完成することを考えられない、堕落したこの世の中にあって、完成できる出発点を私たちは発見したのです。完成の基準に向かって出発した私たちの立場であることを忘れてはならないのです。

神が人間に与えた愛の型

　これから私たちがしなければならないのは、メシヤのみ言をいかに実体化するかということです。み言の中心は神の愛であり、神の愛は、私のためにではなく、皆様のためにということなのです。

　真の愛は、神のために捧げる愛です。神は人間のために、主体は対象のために、対象は主体のために働くのです。神があれば、神の実体対象の世界があります。それは、人類を中心とした世界になります。神の愛は小さくは私個人のため、私の家庭のため、私の氏族のため、私の民族のため、国家、世界、天宙のためにということになるのです。そして、神のためにあるのです。

　愛というのは、「ためになる」ということです。自分のためではなく、神が愛する個人、家庭、氏族、民族、国家、世界、天宙のためになるということです。受けることではなく、与えることです。

　神が人間に与えた愛の型は、自分のためにではなく、対象のために与えるということです。ですから、神を愛するということは、神のために自分の愛を与えることです。天宙の中心である神に、天宙的な愛を与えなければなりません。個人的には個人の愛を、家庭的には家庭の愛を、民族的には民族の愛を与えなければならないにもかかわらず、堕落した人間は神に愛を与えないで、自分のために神の愛を受けようとしたのです。

　愛の中でも最高の愛は、人間の世界から見れば天宙の愛、天宙の根本である神に対する愛が、最高の愛です。私が兄弟を愛するということは、兄弟のためになるということです。神が愛する人を愛するということです。国家を愛するということは、神が愛する国を愛するということです。

　メシヤと一致した私になるためには、メシヤに愛される私にならなければなりません。愛される私になるためには、愛さなければなりません。ところが、メシヤと私たちは、一緒の生活圏内にはいないのです。メシヤは基準を立てていて、メシヤのみ言の基準は私たちと一緒にあるけれども、実体は一緒にありません。ゆえに、メシヤが愛する人を愛するということが、すなわちメシヤを愛するということになるのです。

　私が完成したかということを、どのようにしたら確認できますか。自分は神が愛する人のために、国のために、世界のためにいかに心を尽くしたかということによって、自分自身の基準が分かります。完成には段階があり、個人の完成は、完成とは見ないのです。個人は完成していても、家庭は完成していないのです。それ自体として完全であっても、一つの目的を中心として見れば、部分的な完成であって、全部完全なものとして組み立てられた時、初めて完成したと言えるのです。

私たち個人というものは、天宙の一つの基本単位です。これが合わさって、完成という創造の理想の完成が現れてくるのです。

天宙的な自分を形成したか

メシヤを中心として、いかに「ために生きる」私になったか、メシヤの願いにかなう天宙的な自分を形成したかということが問題です。兄弟のために生きたら、兄弟は私を嫌がりません。それが実証です。

今、私たちはみ旨の前に、人類のために活動しています。メシヤを中心として、一致していく完成の道なのです。私はこれをしたいと喜んでやる人も、義務と使命感で、神はこうであるから……としてやる人も、本質においては同じです。人のために、私の愛を捧げるのです。人のためになったということは、生きがいとなります。心が良くなります。その確証としては、自分が完成していく過程において、本当に良かったという生きがいを感じるのです。

完成の確証というのは、人々が私を好むようになるか、嫌がるか、それで分かります。私を好まないというのは、ためにならないから好まないのです。人は、その人のためになってくれる人を好むものです。

メシヤが私たちに、これをしなさいと言われます。そして私たちが動けば、発展するのです。動くということは作用することであり、作用するということは授受することであり、授受すれば繁殖します。神から受けた愛を発展させるためには、人のために生きるという心を発展させていかなければなりません。個人のために成功すれば家庭の中へ、家庭のために成功すれば氏族の中へ、このようにして天宙のために、神のためにと、完成という基準に向かっていくのです。これが有り難い指導者です。

偉大なる指導者は、何のために私たちを導いていくのですか。次元の大きい道へ導いていく人が偉大な指導者なのです。

最高の基準にまで導くメシヤ

メシヤは私たちを、どのように導いていくのでしょうか。それは、神のために、私たちを最高の基準にまで進めていかれるのです。私たちもそういうように導いていくならば、メシヤです。

メシヤは、これを通じて何を成そうとされるのですか。神の目的のためです。メシヤが国家のために活動する時、私たちがメシヤと一つになって動けば、私自身も国家のために活動したことになります。メシヤは私たちを、個人的、家庭的な次元にとどめたくないのです。結局は、天宙的なもの、神と一致した者として完成させたいのです。完成させるためには、その方向に私たちを動かしていかなければならないのです。

そこで問題になることは、私たちがメシヤと一つになって国家のためにやっているから、国家的完成を成した者かということです。私個人としては、兄弟のために心の奥底から本当に喜ぶことができないというような、個人的な完成もしていない者です。それにもかかわらず、「国家的完成を成した者だ」と言えるのだろうか、という問題です。

それはいつも、私という個人に帰るのです。私たちの生活は、良い心が入れば良い行いをするし、悪い心が入れば悪い行いをします。肉体は、心のままに働くのです。人間が見る完成というものと、神が見る完成というものとは、その基準が違っているということをはっきり知っておかなければなりません。

私たちの位置はどういう世界に立っているかといえば、完成した善なる世界と、悪の世界の、二つの中間の立場に立っているのです。昔は、善なる世界も、悪なる世界も分からない混沌とした世界でした。しかし、知ってみると、それは明らかに善と悪の二つの世界に分かれているのです。

私たちは、善と悪の二つの影響を受けながら生活しているのですから、これを分別していかなくてはならない立場に立っています。神の世界を中心として、堕落した世界を神の世界に一致させていかなければならない、メシヤのような立場に立っているのが私たちです。

個人的には、心と体が一致せず、体に傾いた生活をするので、個人的に人格者ではない、気持ちが悪いという人がいます。

ところが、国家ということになった時、その心は国家のために傾いていって、神の願う国家のためにと、体を捨てて、自分から率先して前に立って戦うのですから、個人的に良くない感情などがあったとしても、国家のために先頭で戦っているその人の姿を見る時、個人的な感情はなくなってしまうのです。消え失せてしまうというのではなく、そのことによって薄められるということです。

反対に、個人的には非常に良かったけれども、国家という問題に対しては、自分の個人的な安定を保つために、動かなかったとします。これを、神はどのように見られるのだろうかという問題です。個人的には誤りがあり、良くなかったけれども、国家のためになるという場合、すべて許されるのです。

今、私たち個人個人としては、神から見ればとても救うことができないというのです。堕落性でいっぱいだというのです。ですから、国家のために、神のためにと尽くすことによって、個人個人は足りないけれども、そういうことを通じて、神は、私たちの堕落性を脱がせようとされるのです。

許そうとされる愛もあるのです。神のゆえに、完成の基準が上のとき、それより下のことはすべて許されるのです。蕩減の期間が過ぎればどうにかなるというような甘えた考えは、間違いだと思います。

イスラエル民族は、約束した四百年の奴隷生活の期間では、出エジプトができませんでした。蕩減はごまかしがないのです。

神がイスラエル民族に四百年の期間を与えたというのは、その期間を過ぎればよいというのではなく、その期間は猶予として与えたのです。ですから、与えられたその期間中に神の愛を求めなさいという、神の内情があったのです。ところが四百年過ぎても、神の愛を求めなかったから、出エジプトが成らずに、延長の路程があったのです。

神は苦労されて、メシヤをして私たちを国家の勝利者にさせようとするのです。そういう目的があって、この仕事をしなさいと言われるのです。ただこの期間が過ぎ去ればなんとかなる、というような考え方をしてはいけません。

メシヤは、この人を通じてある仕事をしたら、この条件も、あの条件をもと、大きな願いがあるのです。一つのことをすることによって、六千年の成し得なかった蕩滅の条件を、この時代にすべて完成させようとするのです。六千年、成そうとして成せなかった蕩滅の条件を、メシヤは深刻な一瞬一瞬によって、すべて成し遂げなければならないのです。

神の願いと人の願いの一致化

神の願いがあります。人には人の願いがあります。神の願いを受け入れないのではなく、神の願いを中心に、いかに人の願いを一致化させるかということです。神の願いに耳を傾けたら、人はついてきません。人を喜ばせるべきか、神を喜ばせるべきか。メシヤは、神の喜びと願いの道をたどらなければなりません。人の願いを無視して、人を通じて成さなければなりません。神の願いを、人は成就できないがゆえに、メシヤは汗と涙と血を流してこられたのです。

メシヤの願いと目的を成さなければならない皆さんです。メシヤの願いを中心にして、兄弟の願いを一致させていかなくてはならない皆さんの立場です。ですから、皆さんの汗と涙と血がなくてはならないのです。

ある期間を設けて、一生懸命にやるのです。これを成したら何か得られるだろうと考えてやるのです。しかし、何も変わったものがないとしたら、皆さんはあきらめてしまうでしょう。しかし、何年何月までという期間があったら、それを期限として、それが終わったならば何か変わるだろうと思って、力が出ます。しかし、何も変わったものがなく、自分自身が願った基準にかなわないとき、非常にむなしくなるのです。

そういうときは心霊復興が必要となって、また次に備えるのです。今度こそ熱心に頑張ったら与えられるだろうとしてやるのですが、そんな時、何かだまされるのではないかと思うこともあるのです。だまされると思うのは、自分を中心とする時に起こる心です。

最初は自分のためにではなく、国のために、人のためにということで出発したのです。自分のためにではなく、人のため、国のためにやったのですが、実績が出なかった場合、再度行かなければならないのに、そういう場合に、すぐ自分に帰ってくるのです。私のためにという心に帰ってくるのです。ですから、むなしくなるのです。

「私はためになったのですか」と神に聞きもせず、メシヤに聞きもせず、自分で考えて、自分に帰ってきて、むなしくなるのです。

人のためにと思って出発したのですから、結果も人のために、としなくてはならないのです。しかし、出発は人のために、結果は自分のためにとなるのです。出発が自分のためであれば、結果も自分のためになるのです。

堕落性を脱ぐために

メシヤは、この時が来ることを願っています。堕落性を脱ぐためには、堕落した環境の中にあって抜き取るのです。人のために行動している時は、自分のための堕落性は抜き取れません。人のために行っていたのに何の実績もなく、我に返ったその時、自分のための堕落性を抜き取る絶好のチャンスです。

メシヤは、復帰の摂理を進行させながら何を願ったかと言えば、人々の堕落性を脱がせてあげることです。個人のためにしている時は、個人の堕落性を脱ぐことはできません。家庭のために行う時、個人のためにという心が起きても、家庭のために己を犠牲にするという心をもって己を抜き取るのです。個人的堕落性は、家庭の問題を通じて脱ぐのです。家庭的堕落性は国家の問題を立てて抜き取るのです。

家庭的堕落性を脱ぐためには、家庭を犠牲にしなさいというようなことでは脱げません。堕落性というものは潜在していますから、あらわにしないと脱げないのです。ですから発露させるためには、氏族や民族とかを両立させて、何を先になすべきかという時に、民族を選んだら、家庭的堕落性は脱げるのです。

個人のため、家庭のためという自分中心の堕落性を脱ぐために、神は父母や兄弟に行くより、神に帰ってくることを願うのです。神を取るべきか、父母や兄弟を取るべきか。堕落性を脱ぐためには必ず、両方がなければならないのです。

家庭を捨てて開拓伝道に出ます。これが韓国での祝福家庭です。民族を愛するか、家庭を愛するか、この時家庭のために堕落性があらわになってくるのです。世界のために国を犠牲にしてもいいという時、国家的堕落性が脱げるのです。

私たちが何をなすにも、その出発をはっきりしなければいけないのです。神の六千年の復帰摂理は、アダムとエバが自分を中心にして堕落したのですから、自己否定の道へ導いていくのです。導いて、私たちの完成を願い、自分のためにという心を否定させるのです。

　摂理を導いていくメシヤは、天的蕩滅条件を立て、そして神の摂理を成就していくのです。皆さんに疑いがあっても、メシヤの立場から見れば、必ず何か成就されていることを知らなければなりません。

「為《ため》に行う」というのは、誰を中心に行っているのかということです。蕩滅条件が成る、堕落性が脱げるというのは、メシヤを中心とした因縁をもっているからこそ、堕落性を脱ぐ条件が成立するのです。メシヤとの因縁をもたないで、自分を中心として、人のためにやり、国のためにやったとしても、堕落性は脱げません。これをはっきりしなければなりません。

　この世の中に宗教はたくさんあります。この人たちは自分なりの神を中心として、国のためにといいますが、根本的には堕落性が脱げません。もしこの人たちによって堕落性が脱げるとするならば、統一教会は必要ないのです。神と一致したメシヤを中心とすることによって、堕落性が脱げるのです。

　メシヤを中心として、自己のためにではなく、神の願う世界のために自分を捨て、否定していく道を通じてこそ、堕落性は脱げていくのです。

七、生命と愛と理想を懸けて

「父母の日」

世の中にはいろいろな日がたくさんありますけれども、真の意味での「父母の日」というのはありませんでした。「父母の日」というのは、今まで人類と神が願ってきた日であることを忘れてはいけないと思います。

私たちが考えてみても、個人においては個人の日があり、国においては国の始まった日があります。神もこの世を造られてから、その時に「神の日」、「父母の日」、そして「子女の日」、「万物の日」が始まったはずです。けれども、人間の堕落によってこれらの日を、すべて失ってしまいました。

子女を通じて神の創造を知る

神は創造の理想を実現しようとして、御自身のすべてを尽くして、この世を造り給うたのでした。そこに、神の生命と愛のすべてを、そして神の理想を懸けて造られたのです。計り知れない苦労の中で造られました。

しかし、堕落して以来の人間は、その数がいくら多くても、人間として数えることはできないのです。ですから、ない世界に、ある世界を造らなければならず、そういう再創造の苦労を繰り返さなければならないのが、神の復帰摂理なのです。神がいかにして、いかなる過程を通じて世界と人間を造り給うたかについて、考えてみたいと思います。

神がこの世をどのように造り給うたかは、見たこともない私たちにとっては、憶測もできないのです。神はいかに人間を愛しているのでしょうか。神は人間に子女を与えることによって、子女を愛することを通じて、神の心情を知らせようとしたのです。

一人の子女をもつことは、それほど難しいこととは思われません。けれども、いかなる子女を生むかとなると、大変難しいのです。これをしくじったとなると、生涯尽くしても、それを補うことはできません。だからといって、殺すこともできません。生まれた子供が障害をもっていた場合、どうしますか。こういうことを考えてみると、生命を生むということは大変難しいことなのです。

しかし、私たちの善を中心とする基準によって良い子が生まれるということは、長年の経験を通じて人々は知っています。

子を生む前に、主体と対象の各自が、主体は主体として、対象は対象として、善を中心として心と体が一体になるようにします。対象の立場に立っているエバは、善を中心として心と体が一つになるようにします。そして、この主体と対象がお互いに善を中心として一つになるようにします。そういう善を懸けて子供をつくる仕事が始まるのです。

ですから、子供を生む前の仕事としての時間がありますが、その時間のある時に、汚れたものを見たり、考えたりすることは、非常に警戒しなければなりません。おなかに子供をもっている母親は、汚れたものを見たり、苦になることを考えたり、そうした行動は許されません。そういう母親に対して、父親になる主体も、心を痛めるようなことは絶対に許されません。そのような時間を経過して、初めて子女が生まれるのです。

このようにしても、なかなか立派な子女が生まれてこないのです。そうであれば、どれほど人造りというのは難しいことでしょうか。良い子女ということになると、難しいことの中でも、一番難しいことなのです。ですから、神は人造りがいかに難しいかということを人に教え、また人造りのように、物を造っていかなければならないということも、私たちに教えていらっしゃいます。

神がどのようにこの世を造り、人を造ったかということは、子女を通じて、どれくらい神が尽くされたかということが推測されるのです。

自ら成したという立場に

おなかの中にいる子女は、自分というものは考えられないのです。おなかにいながら、「私の親は不義な心をもっています。私は非常に不便です。嫌です。そういう気持ちを変えさせてください」と言うこともできません。おなかの子供は、親が与えるもの次第なのです。自分というものが全然許されない期間です。その期間は、十カ月間です。

このように神の理想の中にあって、神は世を造り、人を造られました。神の理想の中にある人というのは、神が願う、そのままの人であったのです。

そういう人が創造されていたならば、神が尽くしたすべてを受け入れるようになるのです。創造後は、その人が神にすべてを尽くしていかなければならない期間があります。というのは、おなかの子供は、自分がなく、すべてを受け入れます。そして生まれてから、少なくとも青年に至るまで、原理で言う間接主管圏を超えるまで、つまり親の身代わりとしての完成した人に成長するまで、子供にとっては自分というものが許されない部分があります。

おなかにいる時は、自分というものが認められず、ただ親の与えるものだけがすべてでした。しかし、生まれてからも、おなかの中にいた時のようにしていては、大人になれないのです。それでは、子供でしかなく、その領域を脱皮することができないのです。

大人になるためには、いつまでも与えられる立場だけでなく、与えなければならない立場もあります。そうでないと、大人として成長することはできません。そういうことから、神は人間に神の導きをもって成長させますが、自ら成したという立場に立たせない限り、完成を見ることができないのです。

神は人間に一つの戒めを与えました。その基準を守ることによって、初めて完成した人として、神の身代わりとして立てようとされたのです。

私たちも、子供が大人として成長しようとしても、全部が全部親の言うままにすれば、子供の領域を脱することができません。

大人として完成するためには、親の言うことばかりでなく、自分自身で守っていかなければならない部分、親の助けや干渉なくして自分の力で立てていかなければならない部分が与えられているのです。

おなかにいる時はいいのですが、生まれたのちには、親がみ言を与え、話してあげたら、それを絶対守っていかなければならないのです。

神の苦労を受け入れるメシヤ

創造理想の中にあって、神はこのように人間を造って、完成するという理想を見せてくださっています。理想の中の人は、神のみ意《こころ》のままに、願うままにすべてを受け入れた人です。ところが創造したのちの人間というのは、神と人とが合わさって、完成していかなければなりませんでした。

なぜそういうものを与えたかと言うならば、その人が神の子女になるよう、神と同等の位置に立つようにするためであり、創造の能力を与えるため、喜びを感ずる人として立たせようとしたため、といった内容があるのです。しかし、人はそのような期間の中にあって、神の戒めに従うことができずに堕落したのです。

ですから、人間がもし神の願いにかなって完成した場合、本当に「神の日」、「父母の日」、「子女の日」、「万物の日」があったのです。しかし、堕落によってすべてを失ってしまいました。ですから、世界というものは、神にとって、全然ないのと同じなのです。人も万物も、そうです。

四千年という期間は、原理のない、無原理の中で、この原理をつくり給うたように一人のアダムを造る、そういう期間でもありました。四千年にわたる歴史の摂理は、神がいかに人造りが難しい道のりであるかということを現した路程です。この歴史は、失った一人のアダムを造る苦労の記録です。

造られる人にとっては、神の苦労を受け入れなければなりません。二千年前に現れたメシヤは、四千年の間、アダムを造るための、すべての神の苦労を受け入れられるアダムになってこそ、初めてメシヤとして立たせられるのです。それでもそのメシヤは、アダム一人だけではいけないのです。そのアダムはエバを迎えて、神がアダムを造らんがためにすべてを尽くしたように、そういう心でエバを造らなければならないのです。

すべては、神がこういう道を歩んでこられたのですから、神を慕う人は、神がたどられた道のりをそのとおりに歩いていくのです。そして、アダムはエバを迎え、アダムとエバが力を合わせて、子女をつくらなければなりません。子女をつくるというのは、神が人を造り給う、そういう苦労の道をたどっていかなければならないということです。

神は、人造りの時は、もちろん本当に喜んで、愛の心で造られたのでした。しかし、堕落した人を再び造り給う、その道のりは、血と汗と涙を流す、非常にみじめな道であったのです。神は、この人造りの仕事を絶えず行って、二千年という歴史を通じながら、また一人のアダムを探し求め、造り給うたのです。

ですから、再び来られるメシヤは、神が人造りの苦労をなさった、そういう苦労を十分に受け入れる人であり、自分というものが全然許されない、神のすべてを受け入れなければならない、そういう道のりを歩まなければならないのです。

神のみを愛するメシヤ

一九六〇年というのは、六千年を通じて、初めてアダムを迎え、神が一人のアダムを造り、そのアダムによってエバが迎えられた年です。

メシヤには、神の前に立って、自分というものが全然認められない期間があると話しました。メシヤとして、アダムとして生まれ出るには、自分というものが全然許されません。二千年前のメシヤにとっても同じことです。

イエス様はメシヤに従う弟子の前で、人々に誰よりも私を愛しなさいとおっしゃいました。私よりも誰を愛しても、慕ってもいけない、誰よりも私を愛しなさいと言われました。神の前に立つメシヤにおいては、誰よりも神を愛さなければならないのです。これはメシヤの前での弟子の話ではなく、神の前に立つイエス様、一人のアダムのことです。神にとっては、神以外の誰をも拝んでも、愛してもいけないということなのです。

メシヤは、誰よりも神をひたすらに愛するのです。ですから、メシヤはその当時の弟子たちに、「わたしを受けいれる者は、わたしをおつかわしになったかたを受けいれるのである」（マタイ一〇・四〇）と言われています。そのようにメシヤにとっては、神以外の誰をも愛することも、慕うこともできませんでした。ただ神を愛し、神を慕わなければいけないイエス様の道でした。

そのようにして、初めて神がメシヤの中に共にあったからこそ、メシヤは実体の神として立つことができるのです。ところが、人はそれを信じられずして、再臨の時を待つようになったのです。

文《ムン》先生の生涯は、先生の生命がすべて神であり、先生の愛のすべてが神であり、そして先生の理想のすべてが神なのです。このようにして、完全なるアダムとして立たられたならば、今度はエバを迎えなければなりません。エバを迎えるに当たって、すべてを尽くして神がアダムを造られたように、エバにも尽くさなければ、エバを迎えることはできないのです。

このようにして迎えて、父母として立ち返る立場に立たれたのです。いくら夫婦であっても、子女を生まない限り、父母とはなり得ません。子女があって、初めて父母になるのです。

一九六〇年の御聖婚の時には、信仰の子女を立てることによって、父母としての日を宣布したのです。子女のない父母はあり得ないし、子女のない「父母の日」はあり得ません。

ですから、そういう子女をもつためには、夫婦が心を一つにして、すべてを尽くさなければなりません。神がすべてを尽くして人を造ったように、父母も子女をつくるためには、すべてを投入していかない限り、子女を生むことはできません。その子女に一人の主体、片親の生命、愛、理想を懸けただけでは駄目なのです。両親の理想と愛と生命を懸けてつくるのです。そこから生まれる子女は、両親の生命と愛と理想が一体となって生まれてくるのです。

完全な神の願う子女になってこそ、初めて神の立場もあるし、また「神の日」もあるのです。

夫婦だけでは父母にはなれません。子女があって、父母になれるのです。神も初めのうちは、子女を造られたので、父母としての神であったのですが、その子女が堕落して以来、神であっても、栄光の神になれなかったのです。

そのことを考えるときに、夫婦が子女を生んで、それによって夫婦が父母になったけれども、永遠なる父母になれるか、なれないかということは、まだ早いというのです。なぜならば、子女ができても、成長期間を通じて完成した大人として立ち返らない限りは、完全な父母にはなり得ないからです。

父母になるにも、父母になる成長期間があるのです。子女になるにも、子女としての期間があるのです。その子女が完全にその成長期間を通過した時に、初めて完全な子女として立てられ、子女が完成したならば、その時に初めて完成した父母として立つということを考えなくてはいけないのです。

神の栄光はメシヤ

今日、「父母の日」を迎えました。しかし、子女に当たる私たちが父母の願う子女として成長していない限り、父母は惨めです。

親は子女を、自分のためでなく、家庭の中心として、世界の、天宙の中心として完成させたいと願っています。もし、私たちが一個人としての子女として父母に侍るならば、父母の栄光というのは個人的な栄光となるでしょう。何が親の栄光であるかと言うならば、それは親のすべてを相続し得た子女なのです。

神の栄光は誰かと言えば、メシヤです。メシヤの栄光は、メシヤを慕う子女です。ですからメシヤの栄光を個人的な、ひいては天宙的な栄光として輝かせるためには、我々自身がこうした次元の自分として完成しなければなりません。そうしない限り、天宙的な栄光を帰すことができないのです。天宙的な栄光を見極め、交わした時に、初めて神の栄光は、天宙的な栄光として、メシヤによって満たされるのです。

私たちは、「父母の日」として、きょうを迎えましたけれども、統一教会の食口ばかりがその日を祝していますす。もし、全国民が国を挙げてこの「父母の日」を迎えたとするならば、父母の栄光は国家的なものになるでしょう。こういうことを考えると、全世界の人がこの日を「父母の日」として迎え入れるならば、父母の栄光は天宙的なものになるだろうと思います。

先生が先生として立つための道のりは、神がすべてであったのです。ですから、先生は牢屋の中にあっても、自分のつらさよりも先に、そのつらい道を歩まれた神のことを思い、いかばかり心が痛かったでしょうと慰めて、少しも自分のことを考えずに、すべて神のことばかり考えられたのです。

自分のことは許されませんでした。ですから先生は、一番人の嫌がる難しい仕事に従事していかれたのです。というのは、今まで神のみ旨のために苦労したすべての聖人たちも、神のみ旨を成就するための摂理の中にあって、苦労の道を歩みながら死んでいきました。そして、神のみ旨を成就し得ずして恨みをもっていったのです。この人たちが乗り越えられなかった、そういう難しいことを勝利することによって、この人たちの恨みが解かれていくのです。そのような難しい道を導かなければならなかった神の心情、そして、恨みを残して帰った聖人たちを眺める神の恨みを、先生は解放していかなければならないという心情をもっていらっしゃいました。それで、人々が嫌う難しい仕事を、自ら選んで従事していかれたのです。

私たち個人個人を考えてみても、たくさんの難しい内容をもっています。このような子女を導かなければならない先生の苦しみは、並大抵のものではありません。先生がこの世の人々を導かれるのを見たら、子女をつくることがいかに難しいかが分かると思います。それ以上に先生は、私たちの分からない世界において、いかばかり苦労なさっているかが分かると思います。

このように私たちを導き給う先生は、私たちが見るように、日本に来られたら休む暇がないのです。先生は、どこへ行っても休まれないのです。なぜなら、先生は、神が行く道をそのとおりに行かれるからです。そして、その神は、先生の中に共にいらっしゃるからです。

父母の代身としての私

神も先生も、このようにして人づくりをしているとするならば、神は、父母は、私たちに何を願うと思いますか。それはただ一つ、生命と愛と理想のすべてを投入してくださっていますので、それをすべて引き継いでいくことしかないのです。

このようにして、私たちは先生の身代わりとして立てられた子女となった場合、今度は父母の身代わりとなって人づくりをしなければならないのです。

そして、先生が私たちを導かれ、人づくりの時に見せてくださったことを手本として、これから私たちも、このみ旨が分からず何も知らない人を、初めからつくらなければならない、そういう人づくりの道に出ていかなければならないのです。

このようにして、私によって子女が立てられ、子女をもつことによって、初めて父母の立場に立っていくのです。ですから、私たちが父母の身代わりの子女に立った場合には、身代わりであっても、このような人を孝子女と言うのです。私たちが父母の身代わりとして立った時に、父母はたくさんの孝子女をもつことになるのです。

孝子女が父母の栄光になるのです。たくさんの孝子女をもった父母は、もっと大きな者になるのです。そして、その子女が世界に広がった時に、父母の栄光は世界的な栄光として輝くであろうと思うのです。

このように、たくさんの世界的な孝子女をもつ父母にならない限りは、いくら「父母の日」を祝賀しても、父母にとっては、神の前に面目がないのです。神の栄光をたたえるために、父母の面目を立たせんがために、私たちは世界的な孝子女を世界的に広めていかなければいけません。そして、私たちが世界的次元においての孝子女として立つときに、神の威信が立てられ、父母の栄光が本当に輝くのです。

きょう「父母の日」を迎えて、先生は、この日あってこそ、この世の中に生命と愛と理想が再現される良い日になると言われるのです。

父母の栄光としての私たちとなり、父母の栄光をたたえる「父母の日」となるように、私たちは任されたそのことに対して、また先生が全力でもって人づくりのために尽くしてくださったことを、私たちも受け継いで、すべてを投入し、父母の福音を世界の人々に伝えていくのです。そのことによって、この「父母の日」が良い日として永遠に輝くであろうと思います。

（一九七四年三月二十四日、東京教会）

八、悔い改めた時は出発した時と同じ

人の前に立つということ

み旨のために苦労している皆様に会えるということは、非常にうれしく、感謝です。しかし、何の準備もなく皆様にお会いするのは、とても心苦しく、負債を負ったような感じがします。

皆さんは、なぜそんなことを言うのだろうと思われかるもしれませんが、自分以上にみ旨に励んでいる人の前には、なかなか立てないものなのです。私の中に、それ以上の心を尽くした基準をもっていなければ、出ることは難しいのです。一生懸命み旨に励んでいる皆さん自身は分からないかもしれませんが、第三者から見れば、皆さんがみ旨に励むということは、皆さんに近寄れないような作用をしているのです。皆さんが、いかに重要なことをしているかが分かるでしょう。

きょう守山修練所で行われた壮婦の修練会に行ってきました。その帰りなので、研修会、修練会、あるいは復興会、大会について、一つ考えてみたいことがあります。

勝負と勝利

私たちは、このような集会を通じて、いろいろ刺激を受けて自覚し、頑張ろうと決意をするものの、それが長続きしないで、すぐ挫折してしまうことがよくあります。決意しても挫折します。悔い改めて、また決意します。それを何度も繰り返します。私たちはこういうことを通じて、自分の心霊、信仰が徐々に高まって、発展しているように思います。しかし同じようなことが、悔い改めても何度も起こるのです。このことを考えてみましょう。

分かりやすく話します。勝負には、一本勝負というものがあります。一本勝負で負けた人には、もっとこうすればよかった、こうすれば負けずに勝ったのに、という未練があるのです。ですから大抵、競技は、一本で決まるのではなく、三本で決まります。そして勝率が二対一の時に勝負が決まるのです。

普通、私が一本負けて次に勝ったとすれば、その立場は、勝った立場ではなく、勝負をつける前の状態と同じです。負けて、次に勝ったのは、勝っている立場でなく、負ける前の状態に立ち返ったのです。そして続けて勝った時に、初めて勝った立場に立つのです。

このことを考えながら聞いてほしいと思います。私たちはみ旨を中心として、必ずこの課題を成し遂げると心に決意します。その時の私たちの位置は、A点です。この位置から、この課題を成し遂げようと努力して、ある期間を通じて成就していくのです。ところが、この課題を成し遂げる過程において失敗することがあります。B点で失敗したとすると、失敗したその立場はどのようになるかというと、A点から出発してB点まで上がって落ちたのですから、落ちた所はA点だと思う場合が多いのです。ところが、そうでないのです。落ちた所はA点ではなく、もっと下のC点になるのです。

C点まで落ちた人は、A点まで上がっていかなければなりません。ところが自分自身で落ちたのですが、なかなか自分の力ではA点までたどり着くことができません。

ですから失敗した人は、心霊の復興とか、み言を受けたり、あるいは集会に出てその雰囲気に触れたり、いろいろなことをすることによって、「あっ、これは私が間違ったんだ。よくやろう、今度はしくじることがないように、頑張ろう」と心に決めるのです。そう決意した位置はどこかというと、結局は、A点に帰ってきたことになります。

私の説明が分かりにくいかもしれませんが、これをよく知っていただきたいのです。C点まで落ちた人が復興会を通じて、「あっ、こうしてはいけない」と悔い改めました。そうしたら、その位置はB点に来ていると考える人が多いのです。ところがB点ではなく、A点に立ち返ったことにしかならないのです。この課題を成就するには、さらにD点まで上がっていかなければなりません。

A点からB点まで上がってくるには、ある人は一週間、ある人は一カ月、ある人は一年間と、人によって違いますが、ある期間がかかるのです。この期間が一年かかったとしましょう。一年かかったけれども、登りきれず、成し得ずに失敗して、C点まで落ちてしまいました。それで悔い改めて決意したその位置は、A点です。この期間が三カ月かかったとしましょう。そうすると、決意して出発したのは一年三カ月前ですが、今いる位置は結局一年三カ月前に出発した、その原点にまだいるのです。

信仰歴と心霊基準

信仰の道に入って十年たったとします。ところがいつも同じ繰り返しで、結局、信仰とは何だろうということになります。十年たっても分からない。こういうことがあるのです。信仰の道に入って、目的を立て、目的に向かって十年の年月が過ぎたとします。肉体の人間は十年たったのですが、内的な人はどの位置にあるかというと、落ちて、悔い改めて、決意して出発したのですから、結局A点でしかないのです。

皆さん、統一教会に入って、七年あるいは十年たった人がいると思います。そういう人が、この道は真の道であると思って出発しました。そして七年あるいは十年たちました。ところが途中で失敗して落ちてしまいました。そして悔い改めて、復興会に出たり、み言を聞いたりして、とても心が復興し、再び決意して出発します。そして年月は七年、あるいは十年と経過しています。

けれども、自分を振り返ってみると、勝利したような実感が出てこないのです。本当に真の道なら、なぜこうなるのだろうかと考えるのです。五年たっても、七年たっても、いつも繰り返しなので、むなしさを感じるのです。真の道であるならば、五年たったらそれなりに発展していかなければならないのに、自分の内面の世界を見てみると、全然成長したような感じがしてこないのです。かえって、この道が本当の真の道であるかどうか、分からなくなったということが起こるのです。

なぜですか。私たちは普通、決意したり約束したりすると、私自身が人の前に、先生の前に、神様の前に心を決める、そういうふうに考える人が多いのです。しかし、一歩進んで考えると、サタンも必ず身構えているのです。背後にサタンがいることに、全然気を遣わないのです。私たちは、このことを忘れてはいけません。

このように神の前に、先生の前に、人々の前に決意し、約束したのに守れなかったときには、約束する前の位置C点に落ちるのです。そして、自分の間違いに気が付いて悔い改めた時に、A点まで戻るのです。B点まで上がってくるのではなく、そこまで上がれる象徴的条件しか成り立たないのです。B点に立ち返るためには、失敗を取り戻せる、勝利の実績が必要なのです。

サタンは、皆さんが決意してそれを成し得なかったときには、それをそのままにしているでしょうか。それとも、それを讒訴《ざんそ》する条件とするでしょうか。言うまでもありません。サタンの目的は、私たちが神に向かわないように、神から引き離すことであることを知らなければなりません。私が神と人の前に決意して、それを成し得なかったときには、それをサタンは讒訴条件として提示するのです。

「悔い改めて勝利した。ですから今は、私は勝利したでしょう」と言っても、サタンは、「さっきあなたは失敗したではありませんか。ですから今勝利したって、無の立場、勝負をつける前の立場ですよ」とこう言ってくるのです。もう一度失敗した事柄が再現されて、勝利した実績をもたない限り、サタンは讒訴してくるのです。

恵みと試練

アブラハムは、祭物で失敗しました。しかし、二番目に、イサクを通じて勝利しました。これは祭物を捧げていない立場と同じなのです。一敗して一勝した、ヤコブを通じてもう一勝した、そういうところに立って、初めて祭物の献祭に勝利した立場に立ったのです。

私たちが神の前で約束したということは、一つの祭物を捧げるのと同じことなのです。私たちはこういうことが分からないので、悔い改めてそれで勝利したと思っていますが、本当は勝利ではありません。五年、七年、十年たっても、結局、行っているところは元の点でしかないのです。ですから常にサタンは、執拗に私たちを神の前に帰そうとしないのです。

ある人と仲が悪いとします。そういう人を勝利していかなければならない私であると教えられているのですが、なかなか和合ができません。和合ができないから、「あっ、それは悪かった。仲良くしていかなければならない」と悔い改めます。悔い改めた時は、勝利したような気持ちです。

ところが相手に会うと、お祈りの中で心に決めたようには、なかなかうまくいきません。それでまた、駄目になってしまいます。その原因を追求し、分析し、そしてその原因をとらえて、悔い改め、決意します。そうすると、同じことがまた再現されます。再現された時に勝利して初めて、その人と必ず和合してみせると決意したことが成就していくのです。どんなことでも、同じことが言えます。

ですから私たちは、普通こういう集会を通じて心霊が上がります。その状態とは、悔い改めて決意したのですから、勝負をつける資格を獲得した時点なのです。相撲をして一敗したとします。それからすぐには勝負しないでしょう。まずその人の一番の長所を知って、これに対して私はどうすればいいかを考え、そして練習します。鍛えて、その次に二番目の勝負をつけるのです。そして勝った時になって初めて、最後の勝負をつける資格を獲得したと言えるのです。例を話したのですが、信仰でもそういうことがあります。その点を十分に考え、知っていかねばならないと思います。

ですから、恵みがあったのちにサタンの試練があるとは、そういうことなのです。恵みのあとに必ずサタンの試練があるのは、恵みがある前に、私は負けていたということです。ですから、恵みが必要な人間であったということなのです。恵みを受けた立場は、先ほど話したように、象徴的に勝利し得る条件にしかならないのです。

そして、そのことが必ず再現されます。そこで勝利して、勝負をつける資格を得ることができるのです。ですから、恵みを受けてから試練を勝利した時に、その恵みはそのまま自分のものにはなりません。その恵みが本当に自分のものになるには、もう一度試練に勝利しなければなりません。大抵は、恵みのあとの試練に勝利した時点で、その恵みが自分のものになったような気分になりますが、皆さんは、今説明したことをまず頭に入れておいてください。

悔い改めたり、感激したりする時は、心が非常に盛り上がります。そうなれば信仰が一段高くなったように考えやすいのですが、高くなったのではなく、高くなる象徴的条件となるのです。それを、考え違いしている人が多いのです。ですから、そういう恵みを得ると、そこで満足しやすいのです。そこで満足してはいけないのです。自分のものには、まだなっていないのですから。

み言を自分のものにする

親が、食べたいものを食べず、人の寝る時に寝ず、使いたい時に使わないで、お金をたくさんもうけたとします。そして親は、そのお金、財産全部を、その子供に相続してあげました。相続したのだから、この財産は子供のものになっていると考えると思います。ところが、そうではないのです。なぜなら、親はたくさんの財産を得るために、今話したような苦労した内容をもっているのです。ところが子供はこういう過程を通じないで、そのまま受け取ったのです。

自分のものとなるためには、親がこういう内容を通じて得たように、子供もそういう内容に通じなければなりません。そうして初めて、自分のものになるのです。そうすれば、そのお金はどんどん増えていくのです。

それと同じく、私たちは先生からたくさんの恵みを受けます。み言を受けます。先生が私たちに与えてくださるのは、神のため、人類のためにすべてを尽くした、そのうえで得たみ言であるのです。先生のみ言は、ただ伝え聞いたものではなく、先生が神のために尽くすことによって得たものです。ところが、私たちは尽くさないで、このみ言を受けます。ですから、私たちは、いろいろなみ言を受けて知っているけれども、そのみ言は、自分のものにはまだなっていないのです。自分のものではなく、先生のものなのです。

神様や親は、み言が子供のものになることを念願します。神様や親のものですけれども、それが子供のものになるように念願するというのです。その願いにこたえるためには、子供自身が尽くして、その内容を備えなければいけないのです。そうしてこそ初めて、み言が親のみ言であり、また子供のみ言にもなるのです。ところが人々は、み言を受けて、これを自分のものにする過程を通じないで、そのまま人に伝えます。そしてその人も、受け取ってそのまま伝えるのです。受け取って伝えたのですから、そのみ言は自分のものにならないのです。自分のものにならないままに人に伝えたのですから、自分には何もなくなるのです。

自分のものにできずに伝えると、最後にはサタンが構えているのです。そして、そのみ言がサタンのところに行ってしまうのです。これを、「神のみ言が地に落ちた」というのです。人間のために与えたみ言が、サタンのために与えた結果になるのです。

皆さんが先生からみ言を受ける時には、「あっ、すてきだなあ、本当に素晴らしい」とだけ思って受け取るのではなく、一歩進んで、「どうしてこのようなことができたのだろう、私もその道を行かなければならない」と、こう考えなければいけないのです。そうすれば、み言は自分のものになるのです。どんどんと、そのみ言は増えていきます。

ですから、そうでない場合は、いつも目上の人に聞かなければなりません。質問して、また聞かなければいけません。ですから、み言を自分のものにする努力をしてほしいと思います。

七たびを七十倍するまでに許す

イエス様には十二人の弟子がいました。その第一弟子のペテロがイエス様に、「主よ、兄弟がわたしに対して罪を犯した場合、幾たびゆるさねばなりませんか。七たびまでですか」と質問した時に、イエス様は、「七たびを七十倍するまでにしなさい」と言われました（マタイ一八・二一、二二）。ということは、完全に許しなさいということです。結局はみな許し、何遍でも許しなさいということです。その人が神に喜ばれる人になるまで、何十遍、何百遍でも許してあげなさいということなのです。

そう言われた時に、ペテロはどういうふうに考えたでしょうか。どういうふうに考えたと思いますか。何遍許したらよいでしょうかと聞いたペテロは、「七たびを七十倍するまでにしなさい」という答えを聞いた時、あまりにもけた違いなので、呆然《ぼうぜん》としたのです。ピンと来なかったのです。メシヤのみ言ですから、限りなく許さなければならないのだとペテロは考えたけれども、それ以上は考えられなかったのです。

それ以上は考えられなかったとは、どういうことでしょうか。イエス様がペテロに対して、「七たびを七十倍するまでにしなさい」と言うからには、イエス様にも、許し難い怨讐があって、そういう怨讐を、七を七十倍する以上許した世界があったということを、ペテロは考えなかったのです。

皆さんもそうでしょう。皆さんが私に、「Aさんが私をいじめます。どうしたらよいでしょうか」と尋ねた時に、「永遠にその人を許しなさい」と答えたとすると、皆さんは私に対してどう考えますか。えらいことを言うなあと考えるでしょう。「ああ、許さなければいけない、そのように許さなければいけないかなあ」と、そう考えるでしょう。それ以上のことは考えないと思います。

ところがイエス様がそのようなみ言を下さったからには、イエス様にそういったような過去、現在の内的世界があったのです。しかし、私たちは、それを知ろうとしないのです。イエス様御自身、そのような世界に悩まれ、そして勝利された世界があったからこそ、ペテロにそう言われたのです。イエス様は勝利したからこそ、そう言いきれたのです。

皆さん、イエス様は、いつ許したのでしょうか。考えてみてください。イエス様にとって本当に許し難い事件とは、どんなものがあったのでしょうか。マリヤがそうでした。ヨセフがそうでした。兄弟がそうでした。洗礼ヨハネもそうでした。イスラエルがそうでした。理解できますか。神の前に、メシヤを証して、そして否定していった洗礼ヨハネは、イエス様の前にあっては怨讐の中の怨讐であったのです。個人的に考えればそうではないのですが、神のみ旨を中心としたときには、そう考えざるを得ないのです。

人々の前で、イエス様をメシヤだと証しながら、あとでイエス様を疑ったのです。そして弟子を遣わして、「本当に、あなたは来たるべきメシヤなのですか」と質問した洗礼ヨハネは、神のみ旨を中心として見れば、本当に許し難い、怨讐中の怨讐であったのです。メシヤが十字架につかれたその遠因は、洗礼ヨハネだったのです。

マリヤは、自分が生んだ方がメシヤである、人類のメシヤであることを、よく御存じでした。イエス様は、そのマリヤを怨讐とは考えなかったのです。許したのです。

ユダという弟子を考えてみなさい。イエス様を売ったユダに出会った時に、イエス様から離れ、イエス様を売るような兆候が前からあったのです。ですからイエス様は、何度も話してあげたのです。こうしてはいけないと教えてあげたのです。それをユダは聞き入れなかったのです。そういう期間を通じてサタンと手を結んでいったのです。

しかし、メシヤは、そういうことをすべて許してあげたのです。それればかりでなく、愛したのです。それぞれの永遠の生命に対して、非常に心配していらっしゃったのです。ですからペテロは、イエス様に「七たびを七十倍するまでにしなさい」と言われたその瞬間に、イエス様のそのような内面の世界を知らなければならなかったのです。そして、こんなふうにして許してくださったイエス様であり、自分の事情、自分の痛み、自分の心情よりも深い心情、自分の痛みよりも大きな痛みを、イエス様がもっていらっしゃるということを知った時には、自分の心が痛いからといって、「その人を許せない」とは言えないのです。神様も、イエス様もこれを耐え忍んだのに、「どうして私は耐え忍ばないでいられるだろうか」と、こう思うようになるのです。

ですから皆さん、先生からみ言を受ける時には、先生における過去の内面の世界や、現在の内面の世界におい て、こうしたことがいつあったのだろうか、今はどのような心の世界なのだろうかと、考えながら聞くのです。そうすれば本当に、神様の心に、先生の心に響く、呼応できる私たちになれるでしょう。ですから、今もそうですが、これからたくさんのみ言を学ぶ時には、常にそういうことを考えながら聞かなければなりません。

原理で学んでいるように、本当にサタンは、少しのすきも与えません。ですから神は、サタンが少しでも未練をもつようなことはされないのです。サタンに、「未練があるならば、やってみなさい」と言うのです。ヨブの信仰を試されたことがありますけれども、サタンの未練があるならば、それをサタンの手に渡してしまいます。渡すのは神の子を苦しませるためではなく、サタンが未練をもたない、そういう完全なる、絶対的な、愛する子女として誇らんがため、たたえんがためであるのです。「見よ、我が子はこうだ」とたたえるためなのです。

そういうことがありますので、先生がこの復帰の摂理を解いていくには、先生御自身の生活も、アダム家庭や、ノアの家庭や、アブラハムの家庭での摂理を通じて私たちが学んだように、心を少しも緩めることのできない生活の延長であることを、私たちは考えていかねばなりません。

問題解決は神中心に

時の重大なことに対しては、諸先生からも聞いていると思います。現実とは、非常に厳しいものです。ですから現実の中にあって、いつもその観念、理想と現実とが合わない、それで非常に苦しいのです。そういうことで、この現実をいかに勝利していくかに対して、皆さんも苦労していると思います。

私たちの内面に、また周囲に起こるいろいろな現象があります。仕事をする時に、気が合わないとか、そういうことがいろいろ起こるのです。私たちの願わないことが起こるのです。そういうことに対して、皆さんは逃れようとしないで、いかに勝利していくかに心を遣っていただきたいと願います。

一つの例を話してみましょう。兄弟が私を苦しめるということがあるとします。あるいは社会においても、対人関係でいろいろそういうことがあるでしょう。家庭の中にもあるでしょう。とにかく私の心を苦しめることがあるとした場合には、必ずそれを、自分を中心に解決しようとしてはいけません。全体の、すべての問題を、自分を中心として解決するなということなのです。それは深く戒めなければいけない問題です。それでは、絶対に解決できないのです。

そこで私は、七百七十七双の祝福家庭の人たちに、祝福記念日に一度お話ししたのですけれども、人が私を苦しめるとすれば、常にこう考えてほしいのです。自己を中心とせず、常に神を中心とし、先生を中心として考えるのです。み旨を中心とするのです。

人が私を苦しめるのは良くないことです。これを教えてやらなければいけないという時、それを感じ取ったのは自分です。自分というものがあって感じ取るのですが、解決の時には、自分を先にして絶対に解決するなというのです。問題視するのは自分ですが、その問題解決には自分を介入させてはいけないのです。

ということは、自分を苦しめる人を、その人のこととしてだけ考えないで、自分自身のこととして考えるのです。そして苦しめられる自分の立場を神様として、あるいは先生として考えるのです。

兄弟を通して神の心情を知る

皆さんは、神の心情が知りたい、先生の心情が知りたいと願います。知りたいのですが、なかなか分かりません。神の心情が分かりますか。分からないでしょう。神の心が知りたい、先生の心情を知りたいという人に、神は神の心情を知らせる義務があります。また神は、人々に神の存在、神の親心を知らせなければいけないのです。

ところが、どのようにして私たちに神の心情、親の心情を知らせるのですか。神の心情を知らせようとして、我々の兄弟を使うのです。あるいは他の人々を用いるのです。

例えば、ある人が私を苦しめるので、本当に嫌だということがあるとします。そういうときには、今その人が私を苦しめるように、私が親の心をこんなに苦しめているのだということを、その人を通じて、兄弟を通じて、あるいは世間の人を通じて知らせてくれたのだということを忘れてはいけないのです。自分を中心としたら、絶対にそれを解決できないのです。

自分を苦しめるその人の立場に、自分もいると考えるのです。自分がどのように神を苦しめているかが分からないから、私を苦しめることによって、「お前はこんなに苦しいだろう、死にたいくらいに苦しいだろう。そのくらいに私は、お前のことで苦しんでいるんだよ」と知らせてくるのだと考えるのです。兄弟だと考えると、「けしからん」と叱りつけてしまうのです。

そうではなく、「あっ、これはこのように先生が私のために気を遣って苦しんでいらっしゃるんだ、神様が私のことでこのように苦しんでいらっしゃるのだ」と考えるのです。そして、神の苦しみを慰めるためのお祈りをしなければいけないのです。このことを考え直した時に、こんなに私が神の心に痛みを与えたのですかと、まずおわびを申し上げ、お許しを願わなければならない私を発見することになるのです。

そういう立場にある者が、人を叱りつけることができますか。神様は私のためにこのように心を痛めた、けれどもこのような私を、いつかは愛される子となるようにと、私を叱りつけないで、遠くで眺めていらっしゃるのです。そして、私の心を見て本当に良くなってほしいと願って、私に対してくださったと考えるのです。その時に、神様の、先生の心を慰める立場に立ち返っていくのです。

そうしたのちに、「ああ、私はこのようにあなたを苦しめたのですね。それじゃ、私はそんなことをこれからしません」。そう考えると同時に、その人に対しても、「神様や先生は、私たちのためにこんなに苦労していらっしゃるんだ。だから、あなたはこれからはこのようにしないでほしい」と言うのです。

ところがそう考えずに、自分の気分が悪いから、しゃくにさわるから、その人に対して、「なぜ、そんなことをするんだ」と言うのです。そうなれば、相手はかえってまた反抗します。

ですから、人が私を苦しめるのは、その人を通じて神の心情を知らせんがためであることを考えると、人に対して「悪い」と言う前に、「あなたがこのようにしてくれて、本当に感謝します」と感謝の心までもつことができるのです。自分を悩ませる人に対して、感謝の念で対するようになるのです。なぜならその人は、神の心情、先生の心情を知らせてくれた有り難い人であるからです。このようになるのです。

許しは神の心情から

先生は、他人を苦しめる人に対して、今お話ししたように、原理がこうであるから、こうしてはいけないとは忠告されません。こういった人のために、いかばかり神は苦しまれたことだろうかと、神の心情をお慰めになるのです。そして神の心をこれ以上苦しめないためには、私が神の身代わりになって、こういう人たちを見守ってあげなければいけないと考えて忠告するのです。先生は私たちに対して、ある時には命令したり、あるいは忠告したり、お話しされたりします。けれども、私たちとは、全然その内容が違います。次元が違うのです。先生は、そういう立場でお話ししていらっしゃるのです。

ところが、私たちは、そうではないのです。そんなことよりも、あの人は悪いんだ、教えてあげなければ、忠告してあげなければいけない、そういうことばかりやっています。解決するためには、自分を中心としてはいけないのです。先生は、神がこうであるからということによって、初めて解決されるのです。

兄弟たちが私に良くしないとき、これからはどう考えなければいけないでしょうか。自分を苦しめる人を、その人と考えず、自分と考え、苦しめられる自分を自分と考えず、神様、先生であると考えるのです。苦しめる人に対して、まず感謝の心をもち、神の心を、そして先生の心情を慰めなければならないのです。

ですから、自分の心が痛いことは言わないのです。このように皆がなれば、私たちの世界は、今とは次元の違ったものに向かっていくのではないかと思います。人に苦しめられた時、ただそれを忍ぶものだと考えても、それはなかなか実行、実践できないものです。悪口を言われても忍ぶものだ、愛するものだ、許すものだといっても、ただ許すという心は起こってきません。

より高い心情をもたないと、許すことはできません。高い心情とは、神の心情、親の心情なのです。ですから神の心情、親の心情を所有しない限りは、兄弟を許したり、愛したりすることはできません。

人間同士の愛は、同じ愛の量をもっているので、与えれば自分の分は少なくなるから、あげることはできません。愛するためには、より以上の愛をもたなければいけません。より以上の愛というのは、人間の親に当たる神の愛です。無限なる神の愛ですから、愛をたくさん受けることによって、愛を与えることができるというのです。神の愛ではなく、自分の愛ならば、私の愛の量はなくなってしまいます。

この世の兄弟関係でも同じです。兄と弟がいて、その仲が悪い時には、兄弟同士では仲良くなることはできません。同じ次元ですから、人間同士では和解できないのです。神が仲介しなければ、人間の和合というものはあり得ません。人間はもともと、神を中心として始まっています。ですから中心たる神を除いて、人間同士の平和というものは絶対にあり得ません。

ですから、共産主義の理想は実現不可能だというのです。神を中心としてこそ、初めて、人間の和合、人間の平和があるのです。

例を一つ挙げてみましょう。今も話したように、兄弟ではなかなか仲直りができません。同じ立場ですから。ところが私たちが仲良くしなければ、親が心配するだろうと思う時、より高い親の心によって初めて、兄弟の和解、和合があり得るのです。けんかして、何年たっても和解できないとします。自分たちは和解できなくてもいいのです。けれども、こういうことによって親が心配するから、親を心配させないために、ということで親の心、親が仲介になって初めて、お互いに譲り合うことができるのです。

誰がそれを始めるかといえば、先に親の心情を受け継いだ者が動機になれるのです。ですから、兄弟の仲直りも、一番大きいお兄さんからするのです。一番上のお兄さんは親の心情を受け継いでいるのです。長男は親の身代わりです。ですから、相続権が次男よりも長男にあります。親の心情を受け継いだ者だというのです。次元の高い心情をもつことによって、初めて和解があり得るのです。また、愛することもできるのです。

ですから、皆さんは永遠なる神の愛を受けずしては、人を愛することや、兄弟を愛することは、絶対にできません。そういう心情を受け継ぐことによって、仲直りもできるのです。

そういうことですので、問題の発見者は自分であっても、その解決は自分ではなく、必ずそこに先生、神がいなければいけないのです。

現実問題のとらえ方

霊界に引っ掛かった、ある人の話をしてみましょう。先祖の中に、お嫁に行ってその姑《しゅうとめ》の虐待に耐えきれずに、首をつって死んだ人がいました。その人が霊界に行って引っ掛かっているのです。引っ掛かっているので、自分の子孫を通じて恨みを解放したいと願います。そこで、自分がこういう立場であることを子孫に言うのですが、子孫は霊界に通じないので分かりません。ですから、それを分からせようとして、痛みを与えたり、病気にしたりします。ところが、病院に行っても原因が分からないのです。

結局、神に通じている人に見てもらえば、それはあなたの先祖の中で、そういう恨みをもった霊がついているからだと分かります。そのついている霊は誰であり、誰がこのようにあなたを病気にさせたかを知らせ、その次に、あなたを通じて恨みを解放せんがためであると教えるのです。

ところが皆さん、考えてみてください。どうして首をつった者が天に引っ掛かるのでしょうか。その嫁は、その問題で死にたいという境地に責められた時に、なぜ、死を選ばなければならなかったのですか。苦しい問題の解決を、自分を中心として解決しようとしたから、死を選んだのです。問題視したのは、その嫁自身です。彼女は、死んだらすべて忘れてしまうと思い、その苦しみから逃れようとしたのです。

ところが、すべての存在は相対的です。ですから主体なくして存在することはできません。そしてその主体は、主体自身のためにあるのではなく、相対のためにあるのです。「ためにあって存在する」のです。神の存在も、神御自身のためにあるとするならば、神の存在もあり得ないのです。そういうことで、もともと人間は、「ためにある存在」なのです。

そういう原則にのっとれば、その自殺した嫁は、だんなさんの家のためにいる存在だということになります。だんなさんのために、そして子供のためにいるのです。ところが、苦しい時に自分が苦しいと、自分のことばかり考えたのです。「もし私が死んだならば、相対者はどうなるのだろうか、子供たちはどうなるのだろうか、この家はどうなるのだろうか」ということを考えたならば、死の道を選ばなかったでしょう。

もう一つは、人は神のためにあるのですから、その苦しい時に、死にたいなあと思った時に、自分のことを考えないで、私が死んだら神はどうなるのだろうかと考えるのです。しかし、皆さんは、そういうことに慣れていないのです。先ほど話したように、死にたいという心情は、神やメシヤに死にたいという死の苦しみがあることを、姑の虐待を通じて嫁に知らせてくれたものとして考えなければいけなかったのです。

そうすると、神はいつ死にたかったのでしょうか。人間が神を知らずして、神のみ言を聞かない時に、神はその人間をすべて滅ぼしたいという心情でいっぱいだったのです。こういう話を、よく聞くでしょう。

ある人が死の境地をさまよう時、その人は神を知らない人であっても、「こういう私でありますけれども、私を助けてくださいましたら、本当に神がいることを私は信じます。永遠に神に仕えます。本当に神がいるとするならば、今私を助けてください」と祈ります。そして神は、その人を助けました。そこでその人は、神を知らない人でしたけれども、これから神を信じて神に仕えたいと決心しました。

ところが、その心も全部すぐなくなり、薄れてしまって、それからどんどん離れた生活をしてしまいました。そしてそういうことが、何度もその人に繰り返されました。このようにして、その人は神を遠ざけていきました。そういうときに、神はその人に対して、非常に喜ばれたでしょうか、心が痛んだのでしょうか。そうしてそれが一人だけでなく、全人類がそうであれば、神には、すべて殺してしまいたいという心が起こります。そしてもう一度造りたい、そういう心もあったのです。

ところが、神は人のためにあるのですから、人類を滅ぼすということは、結局は、神御自身を滅ぼすことであるのです。神御自身を否定するということです。そういうことで、神も御自身を滅ぼしてしまいたいと、そういうことも考えたというのです。神御自身の苦しみを考えたならば、すべてを滅ぼしたいのです。けれども、もし神が滅んでしまったとしたら、この人間はどうなるのだろうかと考えると、人間を滅ぼせないのです。神御自身も、滅びの道を選ぶことができなかったというのです。そういう神であったのです。

神も、こういう立場でありながら、神御自身が死の道を選ばなかったとするならば、人間も、そうしなければならないのではないかというのです。神はそうしなかったのに、人間は苦しいからといって、自分の生命を断ってしまいます。これは、神の心情を蹂躙《じゅうりん》するという結果になるというのです。ですからその嫁が、人のために、神のためにいるという生き方をしたとするならば、天に引っ掛かることはなかったのです。

先祖解放の基点は私

皆さん、私たちの先祖には、いろいろ悪いことをした人がたくさんいます。良いことをした人もたくさんいます。良いことをしたり、悪いことをしたり、いろいろな先祖たちがいるのです。神の苦しい心情を、神が周りの人々を通じて知らせようとした時に、すべて霊界に行って引っ掛かっているというのです。

その恨みを、私たちを通じて解放していかなければならないとするならば、昔あったそういうことが、私たちの現世の中にあって、再現されるのです。ですから、そういう苦しい、死にたい、忍び難い、理解し難い、許し難い、こういうことが私の周りに起こった場合は、まず何を考えなければならないのですか。先祖の霊たちが、このような境地にあって、自己中心に解決しようとしたから、全部引っ掛かっているのです。ですから再現された現実に対して、私たちが「ああ、神様はどうだったのでしょうか」というような心情で解決し、勝利したとするならば、私たちによってその先祖たちの恨みがすべて解かれていくというのです。

私の周囲にそういうことが起こった場合、その人と私との間において起こった次元として考えないのです。私の先祖はこういうことがあった時に、自分を中心として耐えきれずに、勝利し得ないで霊界に行ったから、引っ掛かっているのだなあ、と考えるのです。そして、私だけは自分を中心としないで、神を中心として、メシヤを中心として、こういう問題に対していくのです。このようにして勝利したならば、勝利した私によって先祖たちの恨みが解放されていくのです。そういうことが分かりますか。

神の恨《ハン》を解かれる先生

先生はこの道を歩きながら、本当に人々からいろいろな中傷、謀略、迫害を受けていらっしゃいます。けれども、先生はこれに対して、御自身を中心として絶対に弁明しようとされないのです。というのは、神がそのように人間から中傷、謀略、迫害されたからです。

唯物論者は、神に対して何と中傷しますか。「神がいない」と中傷します。謀略を行います。共産主義者たちは迫害します。しかし神は、これに対して弁明しないというのです。ですから先生は、中傷、謀略、いろいろな迫害があるとしても、これに対して弁明しようとされないのです。神がこのような道を歩いたのだから、全人類が、全先祖たちがこういう中にあって全部失敗していったのだから、その人たちすべての恨みを解いてあげ、解放してあげなければならないのです。そういう立場に立たれる先生ですので、絶対に御自身を中心として、この問題を解決しようとなさらないのです。

既成教会の人たちは、先生に対していろいろな迫害を加えています。先生についていく統一教会の食口たちは、食べ物もなく、住む家もないのですが、反対する牧師さんたちのためには、かえって、お金を借りてでも良いホテルで最高級の食事をごちそうしてあげ、丁寧にみ言を教えてあげるのです。怨讐だとするならば、こんな怨讐はないのですけれども、先生は愛によってその人たちを迎えるのです。愛する兄弟たちを、食べ物も家もないという所に置きながらも、先生はそういうふうにしていらっしゃるというのです。

神の心情が分からない人たちは、「あの人たちは食べても感謝もしない。み言を聞いてもかえって統一教会は異端であると言う。そういう人たちをなぜこういうホテルに泊めて、最高級のごちそうをするのでしょうか。もし私たち兄弟に少しでもお金を援助してくださるならば、何倍もの活動ができるのに、なぜこういうことをするのでしょうか」と言う人もいるのです。しかし、先生はそうされないのです。今年（一九七五年）になって初めて、本部や地方で教会を建設するのを助けてくださいました。今までは、絶対そんなことはされなかったのです。

そういうことですから、すべての問題解決は、自分を出してするのではないのです。そうすれば、私たちは、信仰や親の心情とは何だろうかということについて一つ一つ、自分も知らないうちに、その内情の世界に接していけると思います。

すべての人は神の使い

「統一原理」を勉強しても、親の心情、神の心情については、漠然としていてなかなか分かりにくいのです。けれども、今話したような生活をしていると、自分も知らないうちに、いろいろと分かってくるのです。

親の心情も、神の心情も、祈っても分かりません。祈っても、親の心情をどのようにして見せてあげますか。どのようにして神の心情を見せてあげたら分かりますか。神は見えないのです。

神は、神の心情を受け継いでこられた、そのお手本として現れたメシヤを中心として現れるのです。ですからメシヤは無形なる神の道を、そのまま行かなければいけないようになっています。神は無形ですから、なかなか分かりません。しかしメシヤは、実体の肉身をもっていらっしゃるので、とにかく見ることはできるのです。その内的な内容、内情は分からないけれども、とにかく見ることができるのです。刺激的です。私たちは肉身をもっていますから、肉身をもたないと刺激的でないのです。

先ほど話したように、神の心情を知らしめるために、いろいろな人を通して私たちを苦しめたり、あるいは喜ばせたりするのです。それを、その人自身がそうするのだと考えるなというのです。その人を通じて、こんなときに神がこのように苦しまれるのか、あるいは喜ばれるのかと知るのです。つまり、「私もこういう場合に、こういうように苦しみ、あるいは喜ぶのだ」ということを知らせてくださるのです。

ですから、すべての人は神の心情やメシヤの心情を知らせてくれるメッセージをもってきてくれる人だと考えればいいのです。そうしない限りは、神の心情はとても分かりきれないのです。あるいは植物、動物を通じてでも、神の心情が分かるのです。それは象徴的、形状的ですが……。そういうことを通じて、神を知らせることができるのです。ですから旧約時代には、神は火のように、風のように、海のようにというように流体です。流れるというのは、はっきりした形がないのです。風が吹く、そんな中にあって、み言が聞こえるのです。神は、そのように光の中にも現れるのです。

今は実体の時代ですので、人を通じて、兄弟を通じて私たちに伝えてくれるのです。ですから人は、神の使いであり、天使のようだということも言えます。天の使い人だというのです。人なのに天使だというのです。すべてをそのように考えてほしいのです。

私が苦しいと考える前に、このように神は私のことで苦しんでいらっしゃるのだ、あるいは人類のことでこのように苦しんでいらっしゃるのだと、その程度を知ることができるのです。

私たちにおける信仰の成長の度合いに応じて、映る神の心情が違うのです。信仰が幼い時には、神はいつも栄光の中にいる神として映りました。しかし、成長してみれば、そうではないのです。本当に苦労されている神であるということが分かるのです。

幼い時には、子供は親に対して、「親はいいなあ、私も大きくなったら親のようになりたい」と思うのです。ところが成長すれば、本当に親というものは惨めなものであると、だんだん知ってくるのです。それと同じように、成長すれば、私たちの信仰の程度によって、神の心情も次第に深まってくるように感じ、また知るようになるというのです。

ですから、苦しい時、つらい時、忍び難い時があるとすれば、それ自体を、神の心を私に知らせるためにそうなのだと考えるのです。良いことをしたあとは、うれしいのです。私たちが神の前に良いことをしたならば、神はこんなに私のことでうれしがられるというのです。それを知らせてくれるのです。

兄弟の証しを聞くことの大切さ

いろいろな形があって、一人一人によって神の心情の受け取り方が違うし、神の感じ方が違うのです。ですから、総合的な全体的な神の心情は、一人の世界だけでは分かりきれないのです。総合的な全体的な神の心情は、兄弟が感じる神の心情や個人が知っている神の心情を、すべて合わせなければ分かりません。

このように考えると、神の心情を深く知るためには、兄弟のことを聞いてみたり、証しを聞いたりするということが大事だと思います。

自分だけ知っている神が神のすべてではない、ということが分かればいいのです。この人によって神の二つの面が、この兄弟によって神の三つの面が、とどんどん神の多くの面を知らされます。私に神を知らせてくれた人に対して、どう思わなければいけませんか。有り難いと思わなければいけないと思います。

皆さん、兄弟関係において、自分の目から見た場合に、あの人はいてもいなくてもいい、どうしてこんなところで一緒になったのだろうと考えることもあると思います。しかし、それは私たち人間が見た面、あるいは感じです。神が見るのは、そうではないのです。神はその人の内に、私も知らない良いものを見ているというのです。

ですから皆さん、神がこの兄弟を通して何かを教えようとしているのだと思って、兄弟を本当に大切にしてあげなければいけません。時間になりましたので、これで私の話を終わりたいと思います。お祈りいたします。

〈祈り〉

天のお父様、私たちはすべてあなたに捧げ、あなたのためにいることを念願してやまないものであります。足りない者でありますけれども、足りない私たちを通じてなさなければならないお父様は、もっと惨めであることを考えます時に、お父様の身代わりとして、私たちの責任を果たさなければならない、そういう私だということを考えながら、きょうもあすも、あなたの心情を知って、引き継ぎながら、兄弟をあなたの身代わりとしての兄弟として、お互いに尊重し、そしてまた、大切にしながら、愛していくように、お導きくださいますようにお願いいたします。

何とかして私たちは、早くあなたに似た子女となりたいのです。私のこの切なる願いを、あなたは心深く受け取られまして、私たちの願いは、すなわちお父様の願いであり、そして神の願いと一致するものでありますので、私たちの願いを、何とか成就し得るように導いて、そしてまた、保護してくださらんことをお願い申し上げます。

この時、天のお父様、ここにいらっしゃる兄弟たちを、兄弟たちばかりにしておかないで、いつもあなたが必死になって、保護し導いてくださらんことをお願いし、あなたの永遠なる愛と恵みが、この兄弟と神と共にあらんことをお願い申し上げながら、真のお父様のみ名によって、お祈り申し上げます。アーメン。

（一九七五年十一月二日、川崎市）

九、天情と人情

神に仕える者の祈り

皆さん、人によって、静かな所でお祈りができる人もあれば、動きながら、働きながらお祈りをする人もいます。人によっていろいろ違うだろうと思います。動きながらお祈りする人もいれば、目をつむっては何もできないから、目を開けてお祈りする人もいるのです。

では皆さんの中で、決まった静かな所でお祈りがよくできる人は手を挙げてください。大部分ですね。そういう所ではなかなかお祈りができず、仕事をしながらのほうがよくできる人はいますか。少ないですね。また祈り始めたら終わりまで祈りがきちんとできる人と、途中で切れる人、長い人と短い人がいます。その次、お祈りがよくできる人、瞑想《めいそう》がよくできる人もいます。お祈りをするとき、涙が出るときと出ないときと、どっちが多いのですか。

先生は、御存じのとおり、ある問題を解決するために、まずお祈りをされます。先生はすべてを行いながら、同時にお祈りも兼ねていらっしゃることを分かってほしいと思います。また、先生は、時々、過激な運動をしながらお祈りをされると、韓夫人からお聞きしました。

お祈りをしようとすると、眠りが来て、できないときがあります。そういうときには、かえって動くことがいいのです。お祈りといったら、ある所を決めて、そこでお祈りするのがお祈りだと考えている人がいるかもしれませんけれども、女の人でしたら、台所で働きながらお祈りすることもできれば、バスの中でもできるし、どこでもできるのです。

皆さんは、十二時に寝て、六時に起きるとしたら、十二時から六時まで、ぶっ通して寝ます。十二時に寝て、途中で起きてお祈りするということはなかなかしません。先生は、「寝る前、神様に、『私にはまださなければならない復帰の摂理が多くあるにもかかわらず、これから休まなければなりません。このような私をお許しください』とお祈りして休む」とおっしゃいました。先生はいつでも、「これから寝るのだ」という心では寝られないのです。また、寝ていても安らかではないのです。寝ていても、パッと起きて、またお祈りをされます。そうして、いつの間にか寝てしまうのです。

先生は、お祈りしているのに寝ていらっしゃるのです。疲れていらっしゃいますから、お祈りしようとすると、霊界は先生を寝かせてあげるというのです。

子供が勉強していて、疲れて机の上で寝ているのを親が見たらどうしてあげますか。子供を抱いて、ベッドの上に寝かせてあげます。そのとき、勉強を熱心にしていて寝てしまった子供を、ベッドに寝かせる親の心は、どうでしょうか。「我が子は偉い。立派になるんだ。だから私が保護してあげなければいけないなあ」という心が出てくるのです。

神が先生を寝かせてあげるとき、その気持ちは、それと同じなのです。

「これから私は眠る」と思って寝るときには、ぐっすり眠ることができますけれども、「寝る時間ではない」と思ったときには、とても短い眠りになります。ですから先生は、何回も起きてはお祈りして、また寝て、起きて、寝てという生活をなさるのです。それは、「私は寝てはいけない」という心でいっぱいだからです。ですから先生は、寝巻きにすっかり着替えて寝られるということがないのです。上着を脱いで、そのままベッドの上で寝られることがよくあるのです。

私は、最初先生からみ言を聞いて恵みを受けていた時は、なかなかお祈りができませんでした。どのようにお祈りしてよいのか分かりませんでした。ただみ言に感動した時から、家に帰ったり、学校へ行ったり、教会に行ったりする中で、いつもみ言が私の心から離れませんでした。それで、歩きながら、動きながらお祈りしました。心情に触れて、泣きながら歩きました。自分の事務所の机で仕事をしながらも、祈ることができました。

しかし大勢の人たちが、教会で徹夜しながらお祈りしていました。私は、どうしてお祈りができないのだろう、と疑ったことがあります。ある時、「動きながら祈るのも祈りだ」と言われて、非常に安心しました。ですから忙しい時には神は、「お前はトイレに入っても祈るつもりだね。それでも汚くないよ。私は、お前がこういう所でお祈りするのが気持ちいいんだ」と言われるのではないかと思います。

私はよく、バスの中でお祈りします。トイレに座っても、よく祈ります。考える時間があるからです。歩きながらも、よく祈れます。

私自身は、いつもこんなことを考えるのです。バスの中でよく「私の誓い」を宣誓しますけれども、その時、たくさんの人たちがこのバスを使ったでしょうが、いったい誰が「私の誓い」を宣誓しただろうかと考えるのです。ハイドパークに行くと、ベンチがあります。このベンチに座って宣誓する時には、「今までに、ここでこういうお祈りをした人が何人いただろうか」と考えながらするのです。そうしたら、神が喜んでお祈りを聞いてくれますから、このベンチも喜んでくれるだろうと考えます。

先生は、時々、山に登ると、岩にお座りになってお祈りされます。すると、「その岩が本当に喜んでいるのを感ずる」と言われます。というのは、たくさんの人たちが山に登ってきて、たまには自分の上に座ってくれた、しかし、その人たちは真の人でなかったから喜べなかった、というのです。万物は、真の人に主管されるのを願いますから……。ですから、先生が座ってくれたことによって、岩がこの世に存在して以来、これほどの栄光の日はないというのです。

自分の責任で体を管理

先生はいつも、「霊界の助けは、自己の限界を克服しなければあり得ない」とおっしゃっています。それと同じように、体の管理においても、無理をしてほったらかしにしておいて、神が全部助けてくれるから健康になる、という考えはあり得ません。

自分が管理すれば管理できるのに、怠けて管理しないでいるにもかかわらず、神が全部やってくれるだろうと考えてしまうのです。しなければならないことがあって無理をしたときには、神に任せるより仕方がありません。しかし、自分の体を管理できるにもかかわらず、神がすっかり病気を治してくれるということはありません。

病気にかかったメンバーがいました。彼は無理をしていたのでした。こういう場合は、どのようにして治したらいいのでしょうか。自分で病気にかかるようにしたのに、「病気を治してくれ」と言ったら、どうなるのですか。病気にかからないようにするのは、自分がやることです。高い所から飛び降りながら、「神様、どうぞ私がけがをしないようにしてください」と言うのと同じです。

先生が五年という刑期を無事にもちこたえるためには、御自身の健康を顧みなければなりませんでした。先生は健康の管理法として、六時が起床時間だとしたら、その一時間前に起床して、みなが寝ている間に運動されました。御承知のとおり、先生は特に水がお好きです。しかし、興南《フンナム》では、夏でも水は少ししかもらえません。そこで先生は水を飲みたくても、それを少しだけ飲んで、少し残されました。そして小さな手ぬぐいをその残した水でぬらして、次の朝、体を摩擦されました。

そして、その摩擦が終わったら、深呼吸から始めて運動をするのです。こうして神の聖殿としての体を守られたのです。先生には、先生だけの運動があるのです。ヨガというものがありますが、先生にもヨガに似たような運動があるのです。いつも、そうして健康を保たれました。そういう難しい中にあっても、刑務所を出られた時の体重が七十キロあったということは、いかに運動を怠らなかったかを示しています。運動のおかげだったというのです。

私は神の代身者である

牢屋では、二つのことが禁止されていました。たばこを吸うことと、起きる時間と寝る時間を絶対に守ることです。どこの国でも、それは同じだと思います。たばこを吸うためには火が必要です。もし牢屋に火をつけたら、囚人が全部逃げていきますから、火に一番気をつけるのです。また、脱出するためには、起床時間前に起きて工作しなければならないので、時間を厳守させるのです。そういう中にあって、先生はいつも刑務所の人たちの目を避けながら、朝一時間早く起きて、それを怠らなかったというのです。

先生が朝早く起きるというのは、非常に大事なことでした。それを見つけられたら、大変なことになります。ある人は、発見されて、独房に入れられたこともありました。先生にとって、身体を保つということにも意味がありますけれども、先生の体は神の実体として人類を救わなければならない身であると考えられたのです。その時、この身は自分個人の身ではなく天の身であると考え、この身を大事にし、清らかにしなければならないという内的意義があったことを、私たちは考えなければならないと思います。

先生のいらっしゃった牢屋の中には、いつも二十人の人たちが収容されていました。牢屋の中で、空気の流通の良い場所もありますけれども、先生はそういう所には行かず、手洗いのそばに座席を決められたのです。というのは、空気の流通の良い所は窓のある所で、多くの人たちが体の上をまたいで越えていくからです。天の身を、これらの人たちにさらしたくない、触れさせたくない、清く保とうと思われたのでした。外的に見れば汚い所ですが、そういう所を自ら進んで選び、そこで二年半という長い間、生活されたというのです。

先生御自身は、天宙復帰の責任を果たさなければならない、言わば天の代身者であるという、その自覚を忘れなかったのです。神のみ旨を成就しなければならない、神の代身者としての身なのでした。

この身は私の体ではない、神の体であるから、その体は神殿、聖殿であるというのです。ですから先生は、御自身が神の代身者であることを悟ったので、今一緒に生活している人たちと区別しなければならない身であるとして、対処されたのです。

窓際に眠る位置を定めてしまうと、数多くの人が出たり入ったりして、先生の体を越えて通るというのです。神のみ旨に添わない不義の人々に、そういう先生の体を越えさせるのを許すことはできないのでした。ですからくさい場所であっても、人々は先生の体を越えないのですから、そこを眠る場所に定められたのでした。

こういうお話は、皆様の心の中に、そう強く響かないかもしれませんけれども、神のみ旨を成就する中で、皆様は大山という人であれば、大山その人ではないのです。神の代身者であり、先生の分身であるのです。ですから皆様は、どこへ行っても、「私は神の分身である。代身者である」というプライド、あるいは自覚をもっているなら、不義を働くことはできないのです。普通の人々と同じような生活はできないというのです。ですから、先生の刑務所での生活を見て学ぶべきは、平素から「私は神の代身者である」ということを守らねばならない私である、ということです。

先生は不義なる人と一緒に暮らしても、くさい所であっても、その身は汚さないというのです。心情は言うまでもなく、身さえ汚れることを許さないというのです。共産党は、ベッドから起き上がっただけで、「体を動かした」ととがめます。それで先生は、ベッドから起きないで「私の誓い」の三番目にある「父母の心情、僕の体で、汗は地のために、涙は人類のために、血は天のために流す」ということを、ベッドに横になったままで、足を動かしながら誓いをされたと伺っています。

　ですから一つの場所ばかりでなく、どういう所でも、どんな形でも、お祈りはできるのです。皆さん、聖地は教会の中ではなく、すべて外にあるではないですか。神の心情でお祈りする所は、どこでも聖地になり得るのです。

先生のような生活をするには

　私が巡回していた時のことでした。私は、「どうしたら、先生のような生活ができるのだろうか」という考えで、胸がいっぱいでした。韓国で、非常に奥深く高い山を、冬に越えなければならなかったことがありました。誰も人がおらず、雪が真っ白く降る中を、一人で歩いていました。

　その時、天は父を象徴し、地は母を象徴するという「原理」のみ言を、ふと思い出しました。私は今、この地を踏んでいるから、お母様の体を踏んでいるのだと考えました。そう思うと〝痛い〟のです。それで、そーっと歩いたのです。そうしたら、本当に体を踏んでいるような気持ちがしてくるのです。

　一歩を踏む時に、「私は親のために孝行します、忠節を尽くします、貞節を守ります」という心持ちです。白い雪の上に誓いながら行くのです。雪の上に字を一つ書いて、また書いて、忠なら忠を、孝なら孝を足で書きながら歩みます。このことが、私には非常に強く心に残りました。

　韓国には、本当に親孝行な子供がいました。親が亡くなって三年間、毎日のように親の霊魂を慰めるために、墓の所まで行ってお祈りをしたのです。それで、墓までの道と、祈った場所には、芝生が生えませんでした。私たちが神に、真の父母に、そのように心を尽くして侍らないならば、「私は親にさえもこんなにしたのに、あなたたちは真の父母と神が分かっていながら、なぜできなかったのですか」と問われることになるでしょう。

　先生は、神に侍るに当たり、どのようにされたのでしょうか。世の中には、国のために忠義を尽くした人たちがたくさんいます。その人たちが「あなたには及びもしません」と言う先生になるために、どういう道を歩まなければならなかったのでしょうか。

神の国を建設するに当たっても、国のために、世界のために尽くした以上に、神の国のために、神の世界をつくるために心を尽くさなければならないのが、先生の基準なのです。もしそうしなければ、イエス様、お釈迦様、マホメット（ムハンマド）、いろいろな聖人、あるいは神のために尽くした王様、忠節を尽くした親孝行者たちに、先生は訴えられるのです。ですから、国のために尽くした最高の人は誰だろうと、いつも考えながら、この国をそれ以上に愛するという条件をお立てになるのです。

そこで、先生が三百六十軒を訪問するに当たって私に教えてくださったことは、その三百六十軒のために尽くした人々がいて、先祖たちがいたのだから、その人たち以上の心で、その区域を愛し、真心を尽くしていかなければならないということでした。例えば、熱心なイスラム教徒（ムスリム）がいるとしましょう。その人以上に神を愛したとするならば、イスラム教（イスラーム）の先祖の霊たちが私を助けてくれる、ということなのです。

先生のお母様の愛

韓国の三十八度線の南側がソウルとしますと、平壌《ピョンヤン》は北側で、この北の方に先生の故郷、定州《チョンヂュ》があります。興南は、半島の東の方です。

先生が刑務所にいらっしゃった時、御家族、親戚のすべての人たちは、北のほうにいらっしゃいました。先生のお母様は、興南から四百キロほど離れた所に住んでいらっしゃったのです。最も先生のことを心配されたのは、お母様でした。

故郷からお母様が訪ねてこられました。そして先生との面会を終えて帰る途中、先生のお世話をしておられた玉《オク》おばあさんの家で、私は初めてお母様にお会いすることができました。その当時、韓国動乱が始まって人々は全部疎開し、玉おばあさんと私だけが残って、日曜日には、玉おばあさんの家で二人で礼拝をしていました。その時、お母様は私に向かって、「学生の時から苦労しているのを見ると、母の心として、たまりかねます。今度帰ってきたなら、これからは、私のそばから離さないようにしましょう。私が守りたい」と話されました。

先生は学生の時から、罪なくしてたびたび牢屋で苦しまれるということを経験されたので、お母様としては絶対に自分のそばから離したくないという心が起こるのも、当然なことと思います。お母様は、兄弟の中でも、特に先生を信頼していました。また、愛していらっしゃいました。先生が終戦前から官憲に捕らえられて、苦しまれたということをよく知っていらっしゃいました。

今度も、先生がこういうことになって苦しんでいるということを考えて、年を取っている身ですが、乗りにくい汽車に乗って、四百キロも遠い興南《フンナム》の地まで訪ねてこられたのでした。それゆえに、帰る時には泣きながら家まで帰っていったそうです。

そして家に帰ると、「私はもう、息子を訪ねない。また、何も持って行かない」と言われたそうです。というのは、お母様が真心を尽くして持っていった物を、先生は御自分では食べられないで、他の人に分けてあげたからです。それで、「心が痛くて痛くてなりません。持っていっても、他の人に全部あげてしまうから」というのです。寂しい心に耐えきれなかったのです。ですから、再び先生の所へは行かないと言うのでした。しかし、お母様は次の機会を準備して、先生の所を訪ねたのでした。

お母様の御家庭は非常に大きく、また農家でしたので、農作業の面倒も直接見なければならないというように、いろいろな仕事に携わっていました。先生のお父様は、口数が少なく非常にまじめで、一つのことを始めたら終わりまでなさるお方でした。村の人とは、そんなに交際することはない様子で、家のことすべては、お母様がやっておられたようです。そういう中でも、愛する子供のことを考えて、差し入れのためにいろいろな食べ物などを準備なさいました。先生のために何カ月もかけて食べ物やら服を準備して、先生の所を訪ねたのですから、お母様の心は、先生だけが食べてほしいということであって、それが自然だと思います。お母様は、先生を本当に愛していらっしゃいました。

一九四五年八月に、私たちの国は解放されたのですが、それ以前、先生は日本で勉強していらっしゃり、戦争のために故郷へ帰ることになりました。ずっとさかのぼりますけれども、先生は四三年八月に短縮卒業され、韓国に帰る前に、何日の何時に船で帰る、という電報を打ちました。ところが韓国に向かうその船（崑崙丸《こんりん》）は、途中で沈没して、乗客は全員亡くなったのです。

そこでお母様は、電報に書かれていた先生の乗る予定の船が沈没したというニュースを聞いて、先生の安否を気遣って気が狂わんばかりになり、確かな情報を得るために、そのまま履物も履かずに定州《チョンヂュ》邑の中心街まで八キロメートルの道のりを走っていきました。足の裏に太いとげが刺さったことにも気づかないで、魂が抜けたように先生の名前ばかりを呼ばれたそうです。

先生は、この世を救わなければならないという神のお告げのことや、どういう道を歩んでいるのかを、お母様にも御兄弟にも全然話していらっしゃいませんでした。

では、その時、先生はその船に乗ったのでしょうか、乗っていなかったのでしょうか。それについてお話しします。

先生は、その船で出発するつもりで電報を打って、その日に埠頭に出掛けたのですけれども、途中で足が地にくっついて動かなくなったのです。行こうとしたら足がくっついて、なかなか行けないので、「何か事が起きる」と思い、その日のスケジュールを変えたのでした。先生も、その船が沈没するとは、気がついていらっしゃいませんでした。ところがお母様は、それを知らずに、とても切ない思いをされたのでした。

その上、さらにお母様が心に痛みを感じたのは、面会の時のお母様に対する先生の言葉でした。子供がいくら成長したといっても、母親の目から見れば、いつも幼い子供のように考えるのが通念です。子供がおじいさんになっても、外に出掛ける時には、そのお父さんは、「体に気をつけて」と言うのが親の心です。

そこで、先生の囚人服、散髪された様子、自由のない姿、惨めそうな様子を眺める時に、お母様は最初から涙を流さざるを得なかったのです。監視する人がいて、自由に話すこともできない環境で話すのですから、涙をこらえきれないというのも当然であると思います。

ところが、お母様が泣かれるのが、先生には気にかかったのでした。本当に愛しているお母様が泣いている姿、先生に面会するために田舎のおばあさんが、忙しい中をやって来たのです。そして、今までの過去のことが連想された……。先生にしても、どんなに心が痛かったことでしょうか。

我が子が苦しんでいることに、お母様がただ肉親の情で涙を流すのを、先生はお喜びになりませんでした。先生としてはお母様に、「我が子はほかの人とは違うのだ。神と全世界の人のために立派に働き、牢屋の中でも、このように苦労をする私の息子は、本当に立派である。元気でいるのが素晴らしい。勝利して無事に行ってほしい」と、そのように思ってほしかったのです。そのような涙なら、その涙は受け入れるというのです。

先生は、お母様が一、二度面会に行っても、故郷の親戚、あるいは父母に対しては、一言も安否を気遣うお話はされず、信仰によって結ばれた食口《シック》たちのことを、いつも心配してくださったのです。

それで、はるばる忙しい中を訪ねてきて、泣いているお母様に対して、先生は「息子が苦労しているのをかわいそうに思って泣くのなら、早くお帰りになってください。そういう涙を見せるならば、再びここを訪ねないでください」と、きっぱりとお話ししたのでした。面会の時間が限られており、時間になると厳しく、別れなければならないのでした。お母様としては、話したいことがたくさんあったのでしょうけれども、涙が先立ち、いつの間にか、話したいことも話せないで帰るようになりました。

本当に、人情の厚いお母様の後ろ姿を眺める先生の心には、どのようにしながら家に帰っていくのだろうか、家ではどんな心でいるのだろうか、とお母様に対する情が、いつもいつも誰よりもあったのでした。

このようにお母様は、我が子が正しく、人のために善いことをしているということを御存じでしたけれども、牢屋の生活をするたびごとに、内心、大きな悩みと心の苦しみを受けたのでした。

人情と天情、自己否定

先生は、食口が教会を訪ねて帰る時には、食口の後ろ姿が見えなくなるまで、門の所でじっと立って見送られました。食口がまだ帰って来ない時には、外に立って待っていらっしゃる先生でした。そういう先生であるがゆえに、お母様が帰ったとしても、親孝行の思いは、いつまでも、いつまでも、心から離れるはずがないのです。

皆さんも、神のために決心してやっているのに、愛する兄弟、愛する友達、愛する親がこの道を理解できないで、「家に帰るように」、あるいは「一緒にいるように」と言って涙を見せるならば、心が非常に弱くなります。そして親の所に、友達の所に戻っていくということもあるのです。もし、教会員が皆様を訪ねて、「私はどうしたらいいのでしょうか。家に帰ったらいいでしょうか」と尋ねますと、皆様自身も、どのように指導してあげたらいいのか、心が弱くなるときがあると思います。

我々は人情と天情に対して、こんがらがるときがあります。もともと、堕落しなかったとすれば、人情は天情に通じ、天情はそのまま人情に通ずるものでした。ところが堕落した結果、人情と天情は一致しないものとなりました。それゆえに、私たちはまず天情を結び、その次に人情を立てなければならない、そういう復帰の道を行くようになったのです。

そこで、二千年前に来られたイエス様も、私たちに教えてくださったのは、まず「だれでも、父、母、妻、子、兄弟、姉妹、さらに自分の命までも捨てて、わたしのもとに来るのでなければ、わたしの弟子となることはできない」（ルカ一四・二六）ということです。その事情がよく分かっていたイエス様は、「地上に平和をもたらすために、わたしがきたと思うな。平和ではなく、つるぎを投げ込むためにきたのである」（マタイ一〇・三四）と表現しました。誰よりもイエス様を愛さなければならないことを教えました。イエス様との情は、天情を意味します。自分の兄弟や親子との情は、人情を表します。ですから、「私をより愛せよ」とは、人情よりも天情を立てなさい、ということです。

そういう点をはっきりさせていないときには、今の私たちであっても、神の道をまっすぐに行けないことがあります。この世の中の人情を切ることが目的ではありません。堕落して汚れた因縁をもっている人情を一度分別して、天情につながることによって、再び人情を立てるためです。ですから、過去の自分、堕落した自分を否定することによって、初めて本然の自分を立て得るのと同じです。宗教が自己否定を主張したのも、その点からなのです。

しかし、自己否定は、本然の自分の否定ではありません。私たちも、最初にみ旨の道に入ったころ、すべてを分別する生活をしました。親との関係、社会との関係も全部分別していました。その当初は、兄弟でも親でも、サタンの血統圏にいるように考えて、分別する生活をしたこともありました。先生は、そのように教えたのではないのですけれども、私たちには、そういう心がありました。親子の関係も、社会の関係も、全部永遠に切るものだと思いました。

分別するのは一体化のため

一九六〇年以降になり、先生はたびたび氏族復帰のことを教えてくださいました。今まで完全に切ってしまっていた関係を、これから復帰しなければいけないということは、ほかの人にはどうか分かりませんが、私としては非常に大きな仕事でした。分別するもともとの目的が復帰することであったと、はっきり分かってきました。分別する時代は、分別そのものに目的があるのではなく、統一というところに目的があることがはっきり分かったのです。私たちが神の人となるために、こういう厳しい分別の時代があるということを忘れてはなりません。

私たちが、兄弟の中にあって、間違ったことを見たとしましょう。私たちはその兄弟が分別できるように、厳しく教えてあげるのは当然だと思います。また厳しく分別するように教えなければいけません。分別する時は、厳しいものです。

分別というのは、誰と誰を分別することでしょうか。何を分別することですか。間違っている人を分別してあげるとは、どのようにすることですか。何を分別することですか。(「悪いことをする思い」、「邪心」)。ですから、サタン的な要素を厳しく分別してあげなければいけないでしょう。分別する目的は何でしょうか。(「サタンを分別するため」)。誰と一つになることですか。(「神」)。

ところが、「こうしてはいけません」とか、「こういうふうにしましょう」と言う人は、言う前の気持ちが必ず悪いのです。それは、真の授受作用がないからです。気持ちが悪いというのは、早く授受作用しなさいということなのです。ですから、授受作用するためには、分別してあげなければならない部分を取り除かなければなりません。そうしたら一体化するのです。その人が好きになるのです。

ところが、現実はそうではありません。理論的にはそういう結果が出なければいけないのに、結果として、もっと嫌になるのです。

統一教会を理解していない人たちに会うと、皆さんは一体化できません。ところが、その人の心を変えて、統一教会に対して正しく理解してもらうと、その次にはどうなりますか。一つになります。その人が好きになります。

私たちを理解できないで反対していた時には、皆さんは一つになれませんでした。その人に対して気持ちが良くなかったからです。私たちがその人に原理を教え、教会を教え、神の道を教えるということは、結局は理解できない部分を取り除いて一体化するためです。人に話してあげるのは、一体化することに目的があります。

皆様が忠告してあげても一体化できないということ

は、目的を達成していないということです。ですから、一体化までが目的地だということを、はっきりと分かってほしいのです。話をしてあげただけで、その人に対する忠告が終わったと考えてはいけません。神のみ言を中心として、私と相手が一体化して非常に気持ちが良いという立場まで到達しなければいけません。

皆様が兄弟に、「こうしなさい」と話したとしましょう。そうしたら、その人は、「はい」と答えます。しかし、それで終わったと考えてはいけません。必ずその人が喜んで帰るようにさせなければいけません。涙を流して出て行ったりさせてはいけないのです。涙を流しても、出て行く時には喜んで行くようにしなければいけません。話した人も、その人に対して、本当に良いという心が残っていると言えなければなりません。

先生はたびたび、私たちをお叱りになる時があります。しかし、そのあとでいつも、この人が本当に喜んでいるのかいないのか、感謝しているのかどうかを見られるのです。それで、たびたび慰めてあげることがあります。ですから私たちは、いくら叱られたとしても、いつもいつも先生に対して、有り難いという感謝の心が出てくるのです。

先生も牢屋の中で、あのようなかたちで帰ったお母様を考えると、天情と人情をはっきり区別しなければならない世界があるというのです。お母様の涙を見る時には、先生でも弱い心が起こるのです。先生は、誰よりも人情が強いだけに、そういう心があるのです。先生も神からこういうふうに訓練された、ということをお話ししてくださいました。

これから先は、いくら近いものでも、長い間付き合ったものでも、神のみ旨を中心としては、厳しく切らなければならなくなるでしょう。二十年、三十年、五十年、長い間付き合って、深い情の関係をもっている人であっても、神のみ旨を中心としては、厳しく分別しなければならない時があるでしょう。その時に切ることができるかどうか。神は先生をそのように訓練されるというのです。

皆さん、サウル王のことを考えてごらんなさい。神様はサウル王に、「アマレクを撃ち、そのすべての持ち物を滅ぼしつくせ」(サムエル上一五・三)とおっしゃいました。しかし、サウル王はそうしないで、いろいろな貴重なものを持ち帰ったのです。サウル王が神の言いつけを守らなかったというのは、そういうことでした。

分別の時というのは、厳しいものです。神がこういうふうにお告げになるのも、先生が人情の深いお方だから、なおさらのことだと思います。ですから先生も、牢屋の中でいろいろな試練がありますけれども、もう一つの試練は、お母様の情をいかに乗り越えるかということであったと、私は考えております。

分別の目的は、何ですか。(「統一すること」)。神と一体化することは言うまでもないですが、その次に、忠告する人と一体化することです。いつも自分というものが介在します。私があなたに、「こうしなさい」と話したとしましょう。そう言う前の私の気持ちは、一体化できない状態ですので、いい感じではありません。その人自体が嫌になるのではなく、先ほども話したように、早く神の道を中心として、神のみ意《こころ》を中心として一体化しなさいということなのです。ですから言う前より、言ったあとのほうが、もっとその人に近くならなければいけないということです。それをはっきり分かってほしいのです。

人間は、分別してあげよう、よくやってあげようと思って始めるけれども、往々にして結果は反対の状態になるのが現実なので、先生の路程の中で、注意しなければならないことをお話ししました。

十、約束と誓い

神は約束を守る

先生は必ず約束を守られる、ということについてお話ししたいと思います。

何回も皆様にお話ししましたが、約束というのは必ず相対性をもっています。約束は一人でするのではなく、必ず二人の間でなされます。あるいは、たくさんの人の前で約束します。そこで、私たちは二人でする約束について知らなければならないことがあります。

約束は、両方がプラスになるという目的を中心として、します。二人の人が結婚するのもそうですし、また社長と雇用されている人との間もそうです。国を治める責任者と国民の間もそうです。神と人間の間にも一つの約束がありました。それは神の幸せのためだけの約束ではなく、人間の幸せのためだけの目的でもなく、神と人間の幸せを目的にしたものでした。心と肉身の関係も同じです。

すべてがお互いの喜び、お互いの幸福を目的にしたものであることを忘れてはなりません。それぞれの個人のための目的ではなく、お互いのための目的ですから、「全体目的」とか「全体のために」と表現されるのです。主体と対象という二者にとってプラスになる、全体の目的というものが考えられます。

さらに、時間性を考えなければなりません。約束は、ある時期までに果たすという時間性をもっているので、ある時期になって全部終わるのです。ですから最初に主体と対象の関係、次にその目的、三番目に時間性、この三つのことをいつも考えなければなりません。

では、二者の約束がいかに守られ、またいかに破られるかについて話してみましょう。

まず、神と人間との約束から見てまいりましょう。この約束は、神と人間は主体と対象の関係ですから、このように当てはまります。二番目には、約束というものは、人間だけが幸せになる、神だけが幸せになるというのではなく、神も人間も幸せになるという創造目的があり、それは創造理想の実現ということでした。三番目の時間性について言えば、その約束は永遠性をもつものです。

その次に皆さんが考えなければいけないことは、神と人間の約束を立証する天使がいたように、二人の約束を認める立場の者がいなければなりません。それが天使です。夫婦が約束するとしましょう。そこには必ず、二人の約束を立証する人がいなければいけません。国と国との条約も同じです。

人間は神との約束を守れませんでした。ところが神には永遠性があるゆえに、人間は約束を守らなかったけれども、神は約束を守りました。そうしたら、どうなるでしょうか。お互いが破ったときに、完全に約束が破られたということが決定されます。一方は守り、他方は守らないのでは、破られたという決定はできません。世の中でも、片方だけが破り、他方は守るとするならば、離婚はあり得ません。二人とも、よろしいという形になって、初めて確定されるのです。

神と人間との約束で、人間は破っても神が守るとするならば、神の約束はどうなるのでしょうか。創造理想の実現はどうなるのでしょうか。創造理想の実現という神の目的は、そのまま残っています。人間復帰の摂理がなされ得るのは、神も人間も約束を守った時です。神も同時に約束を守らないという立場に立つならば、永遠に理想の実現はあり得ないでしょう。

人間が守らなくても、神が守っていくとするならば、どういうことになるでしょうか。目的というものは、永遠に立てられたものです。その永遠の目的に対して、神が永遠に守るならば、対象としての人間は、代わりの人を立てることができるというのです。人間同士でも、一方が約束の目的を中心として変わらずに守るならば、ほかの人を代わりに立ててでも、最初の目的を実現するというのです。

ですから、アダムだけでも神の約束を守ったとするならば、エバを再創造できたでしょう。何の意味か分かりますか。ところがアダムは約束を破ったがゆえに、二人とも再創造することができませんでした。そこで神は蕩減復帰の摂理をなさいました。その当時、アダムだけでも残れば、エバを全部なくして、新しく再創造することができたというのです。それは私たちがよく分かっているように、完全なプラス極が出てくると、自動的にマイナス極が生まれてくるからです。

人間が約束を守らなくても、神は永遠に守りますから、人は代わっても神の理想の実現は可能だということが分かります。ですから、ある面から見れば、神の六千年の人類復帰摂理は、神が人間との最初の約束を守り通しているという歴史にもなるのです。そういう神の道を、先生も歩まれるのです。

堕落したゆえに、私たちが約束する時は、私と相手のほかに、神とサタンが一緒にいることを忘れないでほしいのです。メンバーたちがこの道に入って、先生の前に約束するとしましょう。そこには必ず神もいれば、サタンもいるのです。ところが、先生と私たちの約束は永遠の約束です。ただこの世にいる時だけ一緒になりましょうという約束ではありません。

時々、私たちは、先生との約束を破ることがあります。先生の前で神に誓った霊能者たちは、その約束を忘れました。ところが、先生はそういった方に対しても、約束を破棄しませんでした。その人が先生との約束を破ったことをよく御存じでありながら、先生は相変わらずその人のためにお祈りし、約束を守られました。さらに、その人が約束を守らないばかりでなく、かえって反対したとしても、先生はその人との約束を守りました。そうなった場合、その人の代わりにほかの人を立てても、先生との約束を守らせていくのです。

私たちは、相手が約束を守らないと、「あなたとは絶交します」と宣言して別れます。国際関係も、そうなって戦争が起こるのです。神と人間との間、あるいは先生と私たちの間において、もし神がそして先生がそうなさるならば、私たちはどうなるのでしょうか。そこでは永遠も理想も考えることができないでしょう。

リーダーと教会員との間において、リーダーが約束を守らないことがたびたびあったときに、教会員はどうしたらいいのですか。一つ私たちが忘れてはいけないことは、相手が約束を守らなくても、こちらが守ったならば、前よりもっといい相手が必ず出てくるということです。そのことに対して、確信をもってほしいのです。

教会員とリーダーとの間で約束したにもかかわらず、教会員は守り、リーダーが守ってくれなかったというときに、その後もその教会員が約束を守っていくならば、もっと高い次元でそれを補ってくれる主体者が、必ず出てくるということです。もっといいリーダーが出てくるということです。メンバーが約束を守らない時には、前よりもっといい教会員が現れるということです。それはなぜでしょうか。

相手が約束を守らないときには、こちらも守りたくなくなります。しかし、死んでも守りたくないのを守ることによって、自己の限界を超えるからなのです。

約束の永遠性と誠意

約束が成し遂げられるまでには、必ずある期間を経過しなければいけません。約束は、未来の目的を成就するために、今するのです。時間性があるのです。ですから約束をした主体と対象の二人の人は、必ずその約束を守っていかなければならない過程をもっているのです。相手が途中で破ったとしても、こちらが目的地まで完全に守ったというところまで行くならば、完全なるプラスには完全なるマイナスが自動的に現れるのと同じように、神はその代わりに新しい人を準備してくださるのです。

ですから、アダムが上まで上がったとして、エバが途中で堕落した場合に、神はもう一人のエバを採用してくれるということになります。ですから、約束を破った人が問題なのではなく、約束を守る人が問題になるのです。

神から見れば、一方が最後まで約束を守ったならば、別の人を立てることができるのです。ところが、どちらも守れないときには、神の基盤がありません。そこでまた二人を造って出発しなければならないということが起こるのです。すると神の摂理は延長されますか、短縮されますか。それは延長されます。一人だけでも守ってくれれば、その人によって延長しないで、順調に進めることができるのです。一人が約束を完全に守るならば、たとえ相手が守らなかったとしても、もっといい相手が現れるということです。

夫婦でも同じです。一方が約束を守らなかったとしましょう。しかし片方が、「私はこの相対者を求めて幸せな家庭をつくる」という心を変えずに、約束を守っていくならば、代わりの者が現れて、理想家庭をつくるという目的が、結局は成り立つようになるのです。ところが、「世の中はむなしい、信ずるものがない」と言って、二人ともそうなれば、その家庭から幸せは生まれないでしょう。

ですから、先生が今まで歩んでこられた道は、たとえ兄弟が先生を信じないで教会を出ていくとしても、先生が常に約束を守られたので、その人に代わるいい人がどんどん現れて、摂理が成し遂げられてきたのでした。

先生と私たちの約束には、必ず神とサタンがいるということをお話ししました。その例え話を一つしてみましょう。

一九六七年、先生は韓国の幹部一行を連れて、日本に行かれた時に、当時、日本の兄弟に祝福を予定していました。ところが先生は日本を離れる時に、一つの儀式を行われました。それは神の前で、「日本の祝福を延長しなければならない」という儀式でした。先生も神様に、「これをこうします」と必ず報告して、それがそのとおりにならないときには、必ずその理由を説明して、変えていかれるのです。

教会員がリーダーと約束して、「私はきょう、いつまで、どこどこへ行ってまいります」と言いながら、事情によってそれができない場合はどうしますか。世の中でも、それができなかった理由を必ず話さなければいけません。それもできなければ、リーダーは教会員を信頼できなくなります。

韓国で、先生は聖日の五時に敬礼式をされて、必ず私たちに説教してくださいました。本部教会から相当離れた所に清平《チョンピョン》があります。そこにおいでになりました。その次の日は聖日でしたので、そこから出発して本部教会の礼拝に参加されることになりました。その日は、たくさんの人たちが集まるようになっていたのです。

先生は早めに出発しましたが、雨が降って、船やもろもろの状況によって、何分か遅れるようになりました。そこで先生は、約束の時間に遅れるときには、約束を守れないことに対するお祈りをするとおっしゃいました。

その日、先生は、「公的な約束の時間を守れないときには、その時刻から悔い改めの祈りをしなければいけない」と話してくださいました。このように、約束とは大変なことなのです。先生御自身がそのようにして守っていらっしゃるのです。二番目に、「あなた方は時間を約束したにもかかわらず、まだ全員集まっていない」と指摘されました。心情的にも、時間的にも、外的にも、先生御自身としては約束を守っているということを、はっきり証してくださったのです。事情が変わって遅れたけれども、先生はその前に既に出発していたことを、はっきり証されているのです。

分かりやすく言えば、オックスフォードからランカスターゲートまで、一時間半かかるのであれば、先生は、一時間半前のさらに十分前に、もう出発していらっしゃるのです。しかし、途中で車が故障して遅れました。それで約束した時間になると、先生はその時から悔い改めのお祈りをされるということです。「私が遅れたがゆえに、この人たちは今、この時間に待っているでしょう」と言って、その人たちのためにお祈りをするのです。

ところが、私たちはどうでしょうか。より上の立場の人は遅れるのが普通だと思うし、それが権威あるものと考えています。先に来るのは下の者だと考えるのです。皆さん、そういうことはありませんか。約束を守らなくても、何の呵責も感じないでしょう。私たちがそうだから、メンバーもそうなるのです。にもかかわらず、メンバーが遅れたら、「なぜ遅れたのか」と叱ります。先生がこういう外的な時間の約束もそのようにされるとするならば、私たちは永遠なる生命を懸けた約束に対してはどうすべきか、考えてみてください。

足の折れた朴正華《パクチョンファ》さんのことを聞いたでしょう。先生が牢屋から出られて、平壌《ピョンヤン》に帰られた時、その人は足を打たれて骨が折れて歩けない状態でした。彼は自分のお姉さんの家に一緒にいて、治療していたのです。そしてお姉さんの家庭が避難する時に、足が折れている彼を連れていくことができないので、置いたまま行ってしまったのです。一人で残されたら殺されてしまいます。

それで先生は心配して、彼の故郷まで問い合わせて、居所を調べ出しました。そして私が彼を連れてきて、先生に会わせました。その後、その太った人を自転車に乗せて連れてきたのです。ところが、先生の愛する母親、父親、兄弟姉妹は全部、北にいらっしゃいました。すぐ近くの所でした。しかし、その人たちを連れてこないで、朴さんを連れてきたのです。そういうことは、できることではありません。先生は、神との約束を守ったのです。約束と朴さんとの約束を、生命を懸けて守ったのです。約束というものが、どんなに難しいことか分かると思います。

約束は互いがするもの

世の中のすべての問題は、約束を守らないことから起こるのです。そして、いつも考えなければならないのは、約束はお互いが幸せになるためのものだということです。それゆえに、約束をする時には、一方的にしてはいけません。ややもすればリーダーになった人は、一方的に約束を強要することがあります。そうではなくて、相手を「そうしましょう」という立場に必ず立たせて約束をするのです。ですから、必ず相手の話を十分に聞くようにしてください。

皆様は、いいアイデアをもっていて、教会員が全然頭も上がらないような人であっても、教会員の意見を先に聞いて、それから自分の意見に納得させ、「それじゃ、私の考えよりも、あなたの考えはもっといいです」という立場に立たせて話していくのです。自分がしたくて、したような立場に立たせなければなりません。そうでないと、プッシュされたという印象を与えます。プッシュというのは、自分の意志がないということです。

神の創造の理想は、約束から始まったということをよく御存じだと思います。神は人間に対して約束をなさいました。創造理想は、約束が成就することによって初めて地上に実現するということを推し量れます。

しかしながら、まだまだ神の約束は約束として残っていて、いまだに神はその約束が成る日を待っていらっしゃるのです。そういう摂理が復帰の摂理です。

神の理想は、神御自身で成すことができればいいのですけれども、それは、人間が信じてついていかなければ実現できないものなのです。神と人間との約束が果たされるのか、それとも果たされないのかということが、神の理想が実現できるか、実現できないのかという問題に直結されると思うのです。

約束というのは一人ではできません。約束には必ず主体と対象、約束をする者と約束をされる者がいて、お互いが良き理想を実現せんがために約束をなすのです。実現すべき目的が大きいにしろ、小さいにしろ、その目的を中心として主体と対象との間になされるものが約束なのです。

神の創造理想の実現という課題を中心として、神と人間との間に約束が結ばれたのです。その約束の実現のためには、神の対象である人間の誓いというものが伴うのです。

実現するためには、約束だけでは済まないのです。その約束を成就せんがための誓いが必要です。ですから、出発して必ず誓いを全うしてから目的が成るのです。ところが、約束はしたけれども、約束が成就されるような環境になっていません。黙っていても自動的に約束が成されるような環境になっているのではなく、神に対する人間の誓いの心情が変わらないことによって、初めて成されるというのです。

黙っていても約束が守れるという環境に置かれなかっ

たのは、人間を完成させ、万物を主管し得る、神の身代わりとしてつくらんがためであったのです。これが、私たちが原理で習っている人間の責任分担なのです。

神御自身も、ただ約束しただけで待っていたのではなく、神としても人間に対して約束したとおりに、その誓いによって約束を成就する人を待っていたのです。神御自身も人間が約束を守るように、守れなかったらどうなるのだろうと、そういう心情をもって待っていらっしゃったことを知らなければなりません。

人間自身が神を中心として一度約束したその約束というものは、一時的な約束ではありません。永遠の約束として成就しなければならないという神の心情は、いつまでも変わらないのです。その約束が成るその日まで、誓いの心情を継続しなければならなかったのが、人間の立場であったのです。人間はその約束を守れなかったけれども、神は人間に対して永遠の約束として守ろうとされたことを知らなければなりません。人間が変わっても、神は人間に対するその約束を変えることはできなかったというのです。

なぜならば神は、永遠なる神です。ですから、神の約束は永遠の約束であったのなのです。そういうことで、その約束が守られなかったために、復帰摂理は六千年の長い路程となったことを理解しなければならないと思います。

人間は、約束を忘れてしまって、心安らかになるかもしれませんけれども、神は、守っているその約束を果たすことができないでいるのです。

約束の背後にいるサタン

二人に共通する利益が成り立たないと、二人の約束は成り立ちません。私は損をし、あの人だけ利益になる、そういったような約束というものは成り立ち得ません。お互いが利益を得る共通の目的を中心として、二人は約束をするのです。ところが、その約束はよく破られてしまいます。これは、なぜなのでしょうか。

堕落する以前の世界も、神と人間をして、自然にその約束が守られるような環境ではないのです。なぜそういう環境ではなかったのかというと、人を神の身代わりとして造らんがためであったということをお話ししました。

私たちが生きている世界といい、環境といい、私たちをして約束を守らしめるような環境になっていません。

というのは、人を中心として約束を守ろうとしても、神がいます。神を中心として人が約束を守ろうとしたら、これを妨げるサタンがいます。

私たちは、神に対して約束がよく守れるような環境の中にいないので、私たち同士は、約束したその時点から、それを守るために、お互いが誓うのです。お互いが約束をして、誓う時のその瞬間的な関係なり、一時的な関係があります。お互いが約束をする、その関係です。心情が高まっている関係です。その関係がいつまでも続くものと考えやすいのです。

皆さんは、誓いを立てなければなりません。互いが約束するときは、主体と対象の二人ですけれども、実際は二人だけではないということなのです。約束している主体と対象の背後には、見えないサタンがいることをはっきり知らなければなりません。

約束は共通目的のため

その二人の中には必ず主体と対象がなければならないのに、二人とも主体の立場にあったり、二人とも対象の立場にあったりという関係では、約束は成り立たないのです。主体があり、その共通する目的があります。二人合わせて神の対象の立場であり、そしてまた二人には主体と対象の立場があります。

目的を中心として、より中心的な人で目的に従う人が主体の立場に立たせられるのです。こういう内容があって約束が成り立てば、その次に、この約束を守るために、主体の立場に立っている者は、どういう心情で臨まなければならないのかを話したいと思います。

約束には必ず目的があります。けれども、主体に立った者は、対象の立場に立っている人が約束を守っているとは一〇〇パーセント信じるなというのです。ある時は、約束を守る環境の中に、ある時は約束を守れない環境の中に落ち込んでしまうことがあるのです。

相手は必ず約束を守ってくれるだろうという心をもっているけれども、必ず守ってくれるとは期待できないと感じなければいけません。守ってくれないとき、どういう心構えで約束を守るように導いていくのですか。その人が守れない場合、主体に立っている人は、相手が約束を守れるような立場に導いていかなければならないのです。自分の責任分担以上に、対等の立場でなさなければならない、その人の分担までも負って立つという心構えで、自分の責任を果たさなければいけないのです。

その次に、主体に立っている人が、対象の立場の人に対して、必ず約束を守るとは考えられないということです。主体の立場に立っている人が約束を破ったら、対象の人は、その約束をあくまでも守るわけにはいかないのではないかと思うのです。ですから、対象の立場の人も、この約束を廃棄してしまおうというようになりやすいのです。けれども、約束したのはその人のためではなく、共通の目的のためであるということをはっきり知らなければなりません。

主体の立場に立っている人は、相手が約束を破っても、その目的は破られていないと考えるのです。

神は人間に約束をなさいました。アダムは約束を破ったけれども、その理想を実現するという目的を中心として約束なさった神の心が変わらない以上、その変わらない心と、神が立てた理想の実現という創造の目的が一致した場合、ここにもう一つの繁殖があったのです。これが第二のアダムです。この第二のアダムが現れるまでの四千年という長い間を、神が救ったその人を通して信じさせて、神は四千年を展開したというのです。そうした場合、第二のアダムの権限としてイエス様は現れたということを考えなければなりません。

過程的現象として見る神

私たちも、すべてが約束から始まるのです。皆さんがこの道を知った時、あるいは皆さんが「統一原理」を聞いた時、あるいは神に触れた瞬間から、神と皆様各個人との間にあって、その人だけが知っている約束があったと思います。そしてその約束を成就せんがために、皆さんは必ず誓ったと思います。

皆さんは心の中で誓ったその誓いを携えて、奪い取られたその約束をもとがえすために、さらに誓ってやまない、そういう生活の繰り返しを、今もなおされていると思います。神は愛なる神です。神は人と約束をしましたけれども、人間は約束を破りました。その約束を守らなかったけれども、神にとって愛する子女ですから、神は子女を愛するゆえに、み言を破ったという立場に立たせたくないというのです。これは神が人間を愛するからです。神は絶対に神の前に約束を破ったことがないという立場に人間を立たせたいのです。

神御自身は、絶対に約束を破られません。そして神は、約束を破ったその人間を、一つの過程の現象として見たいというのです。

堕落したのは、完全な、完成的な上にあって堕落したのではありません。過程の中にあって堕落したのです。そして神は、堕落し、約束を守れなかった人をして、また心を奮起させて約束を守れる立場に立たせるのです。そういう立場に立たせるためには、人間は完成基準までの過程の中にあって約束を守れなかった者として見たいのです。

サタンに対しても、これは完成基準で犯したことではありませんから、罪の前の基準であるというのです。神はひたすら、こういうふうに弁明しているのです。サタンが神に対して、「あなたの約束を守れないその人は、罪人ではないか」と言った場合、神は「いや、完成の基準に立って、約束を守れなかったのではなく、これは過程的現象であるから、罪とは言えない」と、そういうふうに弁明されます。そして私たちに個人的理由があっての罪だと言ったら、それは認めるというのです。神の心情はそういうものなのです。

神は、私たちの罪、人間の罪というものは、蘇生的過程においての罪と認めてあげよう、あるいは長成的過程にあっての罪の時は認めてあげるというのです。二つまでは、まだ神の基準が残っているというのです。その犠牲を払って守られれば、それは罪ではなかったのです。結局は、人間が完全な善のものになろうとするための過程的現象として、神は見たいのです。ですから、もし神が破棄してしまったら、それは罪になるのです。罪として決定されるのです。しかし、神が約束を破棄しない限り、罪にならないのです。

許してあげるとか、その人を許すというのは、痛めつけられた立場に立っていながらも、痛めつけられていないという立場に立たせようとすることなのです。

そういう場合に、結局は、あの人は私を痛めつけたという立場には立たないというのです。

蕩減条件を立てる資格

誰もが蕩減条件を立てられるのではありません。苦しむだけが蕩減の条件になるというものではないのです。蕩減の条件を立てる資格のある人でなければ、蕩減というものは立てられないのです。蕩減条件を立てる資格とは何でしょうか。

人は神との約束があっても、誓った心が薄れてしまいました。しかし、自分ではないほかの力を借りて、それを取り戻しました。そして、その約束を守り続けていくための蕩滅の条件を立て得る、資格のある立場に立っています。とにかく、自分の力ではないけれども、人の力に頼って、奪われたその心を取り戻すことができたのです。その上で、約束に向かって直進するための蕩滅条件を立てる基台がつくられたのです。ところが、それは蕩滅の条件を立てた基台ではなく、蕩滅条件の基台を立てることができる資格を得たものなのです。

その資格を得たならば、必ず蕩滅の条件を立てる基台をつくっていかなくてはなりません。そのためには、必ず以前つまずいたような状勢、態度というものが私の身に起こるのです。その時に当たって、自分の力でこれを乗り越えて、初めて蕩滅条件を立てた者になれるのです。人の力によって力を得たときに、蕩滅条件の基台がつくられたように考えます。しかし、これでは資格を得たものにしかならないのです。

約束をして誓っても、薄れていきます。そして他人を頼ろうとしますが、また薄れていきます。また力をもらうのですが、また薄れていきます。その人は、何度も繰り返すのです。そういう環境を厳しく見つめながら、私たちに合わせてくださった神の心を私のものとして、たとえ相手が約束を守ってくれなかったとしても、私はその人との約束を守る、あるいはその目的に徹していく、そのように変わらない心情で行かなければならないと思うのです。

啓示や教えを自分のものにする

長い間先生に仕えながら、私が見たのは、今話したその心情でした。私が幼くして入った時に、たくさんの役事さんや霊能者がいました。啓示によって先生に侍ったのです。それぞれの人たちは、すべて神の啓示によって先生と出会い、先生に知られた方たちでした。そして、先生の前に、神を前にして、「私は一人でもあなたのために尽くします」と誓った人々がたくさんいました。しかし、その人たちは一人も残っていません。神のお告げによって導かれたのは、自分の力によるものではないのです。

それで、自分の力による立場に立つために、神の啓示を自分のものとして生活していかなければならない過程があったのです。神の啓示があれば、誰でも行けます。どんなに難しくても行けるのです。しかしその啓示はあくまでも神の啓示であって、自分のものではないのです。神が私たちに下さる啓示の内容は、「み言を自分のものにしてください」ということなのです。

啓示するのは、「あなたをして、このみ言を数多くの人に必ず分け与えてくれたまえ」という意味なのです。霊能者たちは、神からの啓示をたくさん受けます。そうすると、黙っていられないのです。必ず数多くの人たちに、その啓示を伝えます。伝える人は、必ず神の教えを私のものとしなければいけません。そうすれば、神の啓示は自分のものです。神のものを告げる者にならなければいけないのです。

神は人間に対して約束をなさいました。幸福は、もともと誰のものであったのですか。神御自身のものであったのです。それを自分のものとして、そして、数多くの人のものとして分かち与えていくということなのです。神の啓示も同じく、自分のものにしなさいということです。

洗礼ヨハネは、「この方がメシヤです」と証しました。実はそれ以前は、イエス様がメシヤであることは分からなかったのです。ただ啓示という現象を見て、これがイスラエル民族の待ちに待ったメシヤであるということを知ったのです。洗礼ヨハネは、その啓示をもってキリストを見て、神の子として証したのです。ところが、神の子を証す前に、自分に証さなければならなかったのです。

自分を伝道する

人が変わると、心が移ります。神の啓示は、心になされます。そして、心になされた啓示というのは、体に結びつけなければならないのです。その時、体と心と一致するのに時間がかかります。私たちが普通に言う「み言の受肉」ということです。み言を聞いて、そして体と一つになるのです。その期間が、受肉する期間であるのです。

洗礼ヨハネは、神の啓示しか証さなかったのです。ところが、証は心に対して証されたのです。証された者は、次には自分自身に証さなければならないのです。

約束をする場合は、いつも心と体が一つになって約束するのですが、いつも心と体は一致していないのです。それで、一つの自分に証された場合は、もう一つの自分に対して証さなければならないのです。ところが私たちは、それに気づかないのです。み言を聞けば、心が高まります。熱くなります。ところがその心は、ある期間がたてば冷えていきます。自分が、もう一人の自分に証さなかったからです。

サタンが活動する舞台となっている肉身に対して証さなければいけないのです。自分に証すとは、自分が自分を伝道するということなのです。これは、言わば修身です。身を修めるということです。自分で自分を伝道するということなのです。

霊能者たちが自分で自分に証さなければならなかった期間は、借りものです。自分のものになっていなかったのでした。自分のものにせずして、証したのです。いろいろなことを証したけれども、結局、ついて来られなかったのです。霊能者でない人たちもまた、み言を聞いたのちに、自分に対して証さなければならないのです。

啓示するのは神であったり、「統一原理」自体、あるいは実体の人間であったり、そういう相違はあるかもしれませんが、自分自体に証すという根底的な問題に対しては、変わりがないのです。自分に対して啓示することには変わりがないというのです。

先生は牢屋の中にいても、そういう人たちが誓いながらも去っていくことを、よく知っていらっしゃいました。それでも一日に三回、そういう人たちのために、お祈りされたのです。長い二年八カ月という生活が終わり、帰られてからも、この人たちのためのお祈りはやめられませんでした。そして、先生は直接、その人たちにお会いになりました。あるいは、人を訪ねさせてお会いしました。しかし、その人たちは、ついてきませんでした。

先生は、「私と一緒に因縁をもつ者は、非常に幸せな者である」と言われます。先生と一緒にみ旨を歩んでも、嫌になれば出ていくことができます。また、ついていきたければ、ついていくことができます。自由自在にできるというのです。しかし先生は、自由自在にはできないのです。先生のおっしゃることを聞かなくとも、先生はその人を見守っていらっしゃるのですから、その人は幸いであるというのです。

先生は、こう話されました。「皆さんを中心としては、一歩も進むことができない。しかし皆さんは、こういう基準になれるだろうと考えて、今の皆さんではなく、十年後の皆さんを希望として摂理をする」。そうでなければ、一歩も進むことができないというのです。失敗しながらも六千年後、あるいは一万年後においては、このようになれるという、そういう希望をもちながら、その理想を望みながら、現在の痛みを忘れてくださるというのです。

許しの心情

そういうことを考えるときに、私たちは、こういうかわいそうな神に対して、主に対して、どういう心構えで行かなければならないのでしょうか。侍る例をとってお話しすることによって、この話を終わらせたいと思います。

同じ立場に立たなければ、許すということは成り立たないのです。人が私を殴ったりして私を痛めつけたとすると、殴ったその人を許すためには、私が痛めつけられたそれに価する痛みを払ったときに許されるのです。子が親を悩ませたとき、親が子供を許すには、子供が親の言葉を聞くのがつらいという心情を抑えて、親の言葉を聞き入れたならば、親はその子供を許してあげるのです。

神もそうです。約束をした人間が、その約束を破って神を捨てました。捨てられた神は、捨てた人間を許すために、どういう立場に立たなければならないのでしょうか。

人がみ旨を捨て、神を捨てたのですから、今度は神が人間を捨てた立場に立てば、同じ立場になるのです。

人間の代表として現れたメシヤを、そのような立場に立たせることによって、人間を赦《ゆる》すようにされたのです。メシヤは、罪を背負った人ではないのです。ですからメシヤに罪はないのですけれども、罪を全部担ったのですから、罪人ではないのですが、罪人であるというのです。

皆さんは、自分の部下が誤ったら自分が責任を取ります。その部下が守れなかった責任を自分が担うという場合には、自分は責任を果たしているにもかかわらず、自分をして自分が誤ったという立場に立てて、その責任を取るという立場に立つのです。

ですから、その人の罪を負っても耐えられなければ、人の罪を担うことはできないのです。人はよく自分の部下が罪を犯した場合、代わって責任をもちますと言います。責任をもちますと言う場合、その代わりに処刑されたとしても、生き残るような気持ちがある者でなければできないのです。

人の罪を担うというのは、ただ言葉だけではできないのです。その人間の罪というのは、神をだまし、神を捨てたことなのですから。神の愛を捨てた人間の罪の身代わりとして罪を担ったメシヤですから、そのメシヤは、神を捨てたメシヤの立場なのです。罪を負うたのだから、神を捨てた立場に立ったのです。そのメシヤが神から許されるということは、すなわち全人類が神から許されるということなのです。

神は全人類を許さんがために、メシヤに対してどういう立場に立たなければならないのですか。神は人間を捨てた立場に立たなければならないので、メシヤを捨てたのです。なぜですか。赦さんがためです。そして愛さんがためです。神はどういう心情で捨てられるのですか。神の心情の中にいる時に捨てられるのではなく、神か人か、愛か愛でないのか、そういう分別できない限界で捨てられるのです。

皆さんの心が高まっている時には、耐えられます。神は、どのような時に、神のために尽くすという立場に私たちを追い出すかというと、私たちの心が高まっていない時なのです。「これが神のみ旨かな。これが本当に神のみ旨なのか」という限界に立っている時に捨てるのです。また、そうした中にあって、神は救うというのです。そういう中にあって、「神のために私は行きます」と言うことができますか。

もう一つの例があります。メシヤは、「私の思うようにするのではなくして、神のみ意《こころ》のままにしてください」というお祈りをします。メシヤに自分自身の思いがあるはずがないのです。メシヤ自身の考えがあるはずがないのです。寝ても覚めても、疲れていても、一瞬たりとも神から離れられない心情なので、メシヤ自身の考えというものはないのです。

皆さんも、「自分のためにするのは私的。私は神のために、公のために、み旨のために食べている。み旨をなすために食べているのだから、公的であって、私的ではない」と答えます。私的と公的というのは、肉体と心との限界と同じ意味なのです。どこまでが肉体か、どこまでが心か、限界がないのと同じです。私的と公的というのは、そういう話なのです。肉と霊の関係なのです。私的とは自分のためにするのであり、公的とは公のためにすることというのは分かります。しかし私たちの場合、自分のためにというのは何のためかというのです。

私たちの場合、私のためにするといっても、公的な目的のために行うのです。自分の世界はあっても、公的な基準の一番小さい基準のものを私的というのです。私たちの私的というのは、一番小さい公的なものと言わなければなりません。許すというのは、同じ立場に立って許されるのです。神は、神から離れた人間を神に返さんがために、神の立場でありながら、人間の立場に立って歩まれたというのです。神は人間の立場に立って、人間を神の立場に立たせて侍ったというのです。

これは、自分を捨てて犠牲の道を歩いたということであり、父母の心情をもちながら僕《しもべ》となったということです。神というのは、人間に対して父母の立場なのです。父母の立場でありながら子女の立場に立ち、子女よりもっと下って僕の立場、言い換えれば、天使長という立場に立ってくださったというのです。

神がそういう立場に立ったのですから、人間はどういう立場に立たせられたのでしょうか。人間を人間の立場、あるいは神の立場に立たせたというのです。ですから、いくら感覚のない人でも、木石のような人であっても、このように対してくれれば、動かざるを得なかったというのです。神は人類に、そういう道を示してくださいました。先生の行かれる道も、その道を歩まれるのです。

神もこういうふうに歩まれたのです。あなたもこの道を歩かなければならないのです。メシヤのメシヤとしての悟りというものは、ここにあったのです。

（一九七二年七月九日、東京教会）

十一、神を慰める者となりましょう

価値ある生活

きょう、皆様と一緒に礼拝を聞きながら、私としては非常に考えさせられる数々のものを得まして、非常に感謝しております。

先生は、韓国に帰られると、日本の皆様が本当に苦労していらっしゃいます。神の摂理の中にあって、その摂理の一部分を支えている日本の皆様に、心から感謝していらっしゃいます。

先生は皆様に、そう言われないでしょうけれども、兄弟の中には、一つのことを何年も担当しているということを聞かれて、先生御自身もそのことに対して非常に気にかけていらっしゃいました。皆様はつまらないことと考えるかもしれませんけれども、先生は、そのことをお手本として、私たちに話してくださったことを覚えています。

皆様は、毎日の活動が神様にとって、あるいは先生にとって、どれほどの支えになり、助けになるのだろうかと、そう考えるかもしれません。しかし、韓国の食口《シック》たちは、日本の皆様がやっていることに対して非常に心深く思い、比較しながら、日本の皆様に負けまいという心構えで頑張っているのです。そういうことを皆様方は知って、さらに、日々の生活がいかに世界の国々の兄弟に、あるいはこれから神の圏内に入るべきすべての人たちに大きな恩賜を与えているかを自覚してもらいたいのです。

どうか、皆様の毎日の生活が非常に大きな価値あるものと考えて、「ひょっとしたら、変わらない生活が続くのでは」と気が沈むということもあると思いますが、そんなことがないように気をつけてほしいと思います。

聖歌を愛する心情

私たちは、いつも先生をお手本としています。あるいは夢の中において、あるいは他の形を通して、世界中の統一教会の兄弟が、いろいろ先生から教えていただいています。きょうは、私が先生から教えられたことを、皆様にお話ししたいと思います。

日本の姉妹が聖歌の編集ということで、韓国へいろいろと聞きに来られましたが、聖歌には、先生が作られた歌もあり、我々が作った曲もたくさんあります。そして、聖歌を作ったのち、教会から一時離れている人もいます。

私たちは、兄弟の中で何か良いことがあると、その人の良いこととして考えます。しかしその人の良いことが、私の良いこと以上の良いこととして、それを見守ってあげるのは、非常に難しいと思います。先生は、神との触れ合いで、いろいろと感激された喜びを、書き表されたり、作曲されたりすることがたくさんあります。先生御自身が作詞されなくても、作詞したその人以上に、また作曲したその人以上に、その曲を、その歌詞を、非常に愛されるのです。

皆さんが一つの歌を作ったとしましょう。そうすると、作った人は非常に感激して作ったのですから、その歌を非常に愛します。自分が作った歌だから愛するのだろうと思います。ところが先生は、その歌を作った人がその歌を愛する以上に、その歌を愛されるというのです。これは簡単な話ですけれども、非常に意味深い話だと私は考えます。

聖歌の歌を作って、また世の中に帰ってしまった人もいるでしょう。だからといって、この歌を作った人はこういう人であるから、その歌を私は絶対に歌う必要がないというのではありません。その歌を作った人がどういう人であってもかまわないのです。その歌が神の心を歌ったものであり、神の心情が描かれているとするならば私は歌う、それでいいのです。

その人は、大変神の心情に触れて、その心情を描いたのです。先生は、その人が神の心情に触れた程度を数字で表すということは決してなさいませんが、その人が特別、自分の心を表現しようとしたのを、先生御自身が書く以上のものとして、これを受け入れるということなのです。

私たちが神のための捧げ物を大事にしたいとするとき、天から見ればこれは非常に低いものですが、先生はそれを低いものとして見るのではなく、それをもっと高めて、そして神のものとして見つめてくださるのです。私たちは神のために、み旨のために働いたけれども、その実というものは、私たちから考えても、そう大きいものではありません。しかし、先生はそれを受け入れる時に、天の摂理路程において非常に大きな貢献をしたかのように、褒めたたえてくださることを、私たちはたびたび見ます。私が心を打たれたのは、そういうように、歌を作ったその人以上に、もっとその歌を愛されたことでした。

愛する人が主人に

歌のことを話しましたが、私たち自身も同じなのです。私たちは先生を非常に尊敬し、愛し、お慕い申し上げています。自分の実の親の言葉と、先生のみ言が対立する場合、私はどちらの言葉についていくかということがあります。それを自分に当てはめて考えてみると、私は自分の実の親よりも先生の言葉についていくと考えます。なぜそうなったのでしょうか。それは、実の親が愛するより、もっと高い次元で先生は私を愛してくださるからです。

愛は、すべての生命の根源です。ですから、どういう存在であっても、サタンであっても、一番大事なものは愛です。それは生命の根源です。ですから、神がサタン圏の人を神の圏内に移行させるためには、話だけでは駄目なのです。サタンがサタン圏内にいる人を愛する以上に神が愛すると、サタン圏内にいた人はサタン圏の人ではなくなります。その人をサタンが愛する以上に愛するとするならば、愛はすべての生命の根源ですから、その愛にすべてのものはついていくというのです。ですから我々がサタンの圏内から神の圏内に行くのは、より高い愛を見つけたからです。

その歌も、その人が神の心情を愛して歌を作り、歌って神を賛美し、慕うのです。ですから先生は、その人が神を愛する以上の愛をもって、その歌を愛して歌われるのです。そうするとその歌は、その人が作った歌ですけれども、その歌の主人は誰になりますか。作った人以上にその歌を愛した人が、その歌の主人になるというのです。

我々の実の親が我々を愛する以上の愛で私たちを愛する人がいるとするならば、我々は誰のものになりますか。それは、私自身の親、実の親ではないのですけれども、私を実の親以上に愛してくれる人のものになるのです。そういうことなので、人類の誰よりも神を愛する人がいるとするならば、その人こそ神に愛される人になるというのです。中心になれるのです。

では教会の主人は、誰がなるのでしょうか。本来ならば、誰よりも教会を愛する人がいるとするならば、その人が教会の主人になるというのです。

ここに宝物があって、私がこの宝物をもっているとしましょう。するとこの宝物を、私は愛します。貴重なので、誰にも言わないで、見ることのできない奥深い所にこれを保管して、私だけが見たいと思うのです。私はこういう考えですが、この私の宝物を私以上に貴重にし、大切にする人がいるとするならば、この宝物はどこに行くでしょうか。私以上に大事にしてくれる人がいて、それを私が知ったとき、きっと私は、この宝物をその人にあげなければ気が済まないようになるでしょう。

そのことが理解できますか。あなた方が大事にしている万年筆があるとしましょう。それは何かのお祝いの贈り物として、誰かからもらったとします。ですから、それを大切にするのです。ところが傍らにいる人が、私が大事にする以上に、この万年筆を大切にするとします。この万年筆を一日使わなければ、あるいは触れなくては気が済まない、といって大切にしてくれるのです。それが一日だけではなく、一年も何年もかけて大切にしてくれるとするならば、その人にその万年筆をあげざるを得ないというのです。

より愛ある人に主管される

もしここに、持ち主よりその存在を愛して価値あるものとして大事にしてくれる人がいるとしたら、すべての存在の主人は、その存在を自分のものとしたいと思わず、愛してくれる人のものにしたいと思うのです。自分自身をも、あなたのものとしてあげたいというのです。そうすることによって喜びが生じるというのです。そういう方が誰かというと、神であるというのです。

神が、神御自身のためより、私のためになってくれるということを知るとき、「あなたのみ意《こころ》のままにしてください」と言えるのです。

ですから、先生が常に私たちに言ってくださるのは、そのことなのです。人をアメリカに送る時、あるいは宣教師を送る時にも、「あなたは、その国の人ではないけれども、アメリカの人となって、アメリカの人がアメリカを愛する以上の愛でもってアメリカを愛するとするならば、アメリカは神の愛するあなたの国となることでしょう」と言われるのです。ですから、先生が日本やアメリカに出発する時にも、そういう心持ちで、そういう心情で、今もなお働いていらっしゃるのです。

先生は、アメリカに行かれると、アメリカで一番苦労し、アメリカのために非常に尽くした人はどういう人か、それをまず探し求めるのです。そこで、その国に対してその人が尽くした以上の愛と心情をもって力を尽くしていくならば、必ずアメリカは神に帰るというのです。

誰でも、すべてを自分のものにしたい、何もかも自分の心のままにしたいという心があります。それは自分中心の思いから出るのではないのです。悪い心ではないのです。もともとそういう心を神が与えたのです。人を通じて神の愛を受けた、ということがありますか。直接受けた愛です。私たちは直接の神の愛に触れたいのです。ですから神の愛を、私を通じてすべてに与えたいと考えているのです。その考えが悪いのではないのです。神から与えられた考えです。

そうなるためには、どうしなければならないかということが問題です。そのことを考えないで、私を通じてすべてに与えたいということだけを考えてしまうのです。ですから結局、願うようにはならないのです。私は、こうなりたい、ああなりたいと言いながら、どうしてそうならないのですか。

そのためには、まず、神のためになることです。そして神のためになることによって、私を通じてすべてに与えるのです。私たちにまずもって犠牲、あるいは奉仕を強調するのは、そういう意味です。

先生が私たちに見せてくださるのは、今話したように、私のものであるけれども、私のもの以上に非常に大切に愛してほしいと、そういうことなのです。

ですから先生が韓国に帰られた時も、四十日、五十日もの間、韓国に滞在されましたけれども、その間、朝早くから夜遅くまで、聞く人が「もうこのくらいでちょっと休ませてもらいたいなあ」と思うほど話されました。それを先生は御存じです。それでも周りに座っている人の中で、終わりまで元気な人がいるのです。そして、その人がこれで帰っていいというまで、先生は帰られなかったということです。その一例として、こういう話をしてくださいました。

尽くす者が主人となる

　昨年のことです。海に出て、魚釣りをしたことがありました。この魚釣りに関しては摂理的意義があったことは御存じのことですので話しませんが、ニューヨークの幹部たちを連れて出掛けられました。もう本当に元気な人でも、それが十日、二十日と何日も続きますと、先生が今釣っていらっしゃるのに、部屋の中に入ったり出たり、休んだりするのです。この船の中で誰が最後まで残るのだろうか、と心の中で思いながら、熱心に釣っていらっしゃいました。

　ところが、その連れ立った者は全員くたびれて、「海に行こう」と誘うと、「何か用事がある」と言って行かなかったり、行っても疲れて休んだりしているというのです。ずっと見つめていたら、船長がいました。その人だけがいつも同じ顔ぶれなのです。その人だけが残ったのです。そこで先生は岸に着きました。そうしたら彼は、まあこれで休むことになった、と気を楽にしたらしいのです。ところが先生は、陸に着いたらすぐにお食事を終わらせて、すぐまた船に帰っていきました。すると、さすがのその人も、本当に疲れたということで、もうよしましょう、ということになったというのです。

　先生は、そういった人々に比べると、年を取っていらっしゃいますが、若者がいくら力を尽くしても耐えきれないというその限界を超えるまでは、御自分からはやめられなかったというのです。

　そのように、私たちから考えてみたらくだらないことのように思うかもしれませんが、先生は釣りをするにしても、何をするにしても、すべてのことに対して心を尽くし、あるいは力を尽くされます。誰にも耐えることのできない心をもって尽くさなければならないと思われて、対していらっしゃるのです。

　先生は、すべての国にたくさんの宣教師を送って、命令だけをして黙っていらっしゃるのではありません。先生は、世界の人々が心を尽くす以上の高い次元で、休まず心を尽くしていらっしゃるのです。

　家庭では誰が主人になるかといいますと、主人は中心であり、親ですから、普通は親がなっています。しかし、もし子供の中で、他の兄弟よりも、親よりも家庭を大切にし、家庭のために尽くす子供がいるとすれば、その家庭の主人、その中心は、その子供になるのです。親がいても、親の責任を子供が果たし得るというのは、そのことを言うのです。幼い子供であっても、親がその家の中心になれずして、あるいは兄さんがなれずして、末っ子の弟がなることがいくらでもあるのです。

同じように、み旨を知っている私たちは、教会長だから教会の主人であると言います。もちろん形状的にも性相的にも主人でしょう。しかし、もしその教会長が、中心でありながら、その教会を大事にすることができなかったとします。教会の人々も全部がそうであるとするならば、その教会の主人は誰がなるでしょうか。誰もなれません。その主人には、サタンがなるというのです。

世の中でも、親兄弟がみんな家を大事にしないとしたら、他の人がその家を大事にします。下僕が大事にしたら、その家の主人は誰がなるのですか。下僕がその家の主人になるというのです。世の中には、そういうことがいくらでもあります。

教会長であるからこそ、誰よりもその教会を愛さなければいけません。ところが、それをしなければ、その教会を支えるために教会長以上にその教会を愛し、大事にする兄弟がいるとするならば、その人によってその教会は支えられていくのです。

神と共に苦しみを越える

そういうことを考えてみると、六千年の間、たくさんの人が神の身代わりになって、復帰摂理の責任を果たしてきたと思うのです。ところが、その人たちがその責任を果たし得ずして、摂理がどんどん延長してきました。このすべての復帰摂理を成就しなければいけない使命を受けたお方は、どんな道を行かなければならないのでしょうか。それは並大抵のことではありません。

そういう点からして、さっきの話にもあったように、つらいことがあっても、その時には、このつらいことを自分のものとして考えてはいけません。私たちは、つらいことがあると、「ああ、つらい」と考えてしまいます。

つらいことを、どのようにして感謝していくのですか。「つらいのに、どうして感謝の心が出てくるのですか。無理です」。そういうことでは、世の中にはもう対策はありません。「つらい時とか、心が苦しい時、一、二、三と数えなさい」。そういうことを言ったり、いろいろしたりしています。しかし、それは非常に無理な考え方であり、やろうとしても難しいのです。

私たちは、神の心情がどれくらいつらいか、どれくらい苦しいかということが分かりません。ですから神は、私たちにそのことを通じて知らせてくれるのです。「つらいだろう、私はこのようにつらいのだよ」ということなのです。誰のため？　「人間のために、私はこんなにつらいのだ、苦しいのだ」ということを知らせてくださるのです。しかし、私たちは、「この苦しみから何とかして逃れることができないか」ということばかり考えます。しかし、逃げ道がないのです。

私たちの心の中に、「神は私のために、こんなにつらいのですか」という思いが神に対して出てきた時は、「このようにつらいけれども、神は、そして先生は、私を罰しない、何も私に言わない」と、こう考えるのです。こういう時に神に対する感謝があるのです。まず慰められて「自分」が解決できないと、感謝の念が出てこないのです。

ですから慰めようとしても、自分一人だけつらい、寂しい、苦しいとするならば、これでは道がないのです。逃れる道がないのです。ところが、私が嫌なのは神の心でもあるとするならば、慰めになるというのです。というのは、相対基準ができて授受作用ができるからです。一人だとすると、「私はつらい、つらい」という世界に押し込められるのです。一人だけでいるので、寂しいと思うのです。一人だけでいるということは、非原理的であるというのです。ですから、早く原理に入れということなのです。

原理に帰るためには相対者がいなければならず、授受作用をする、そういう相対者がいなければなりません。ですから、悪いことをした人は苦しいのです。しかも、非原理的です。けれども、そういう悪い人の仲間が見つかれば、そこで慰められるというのです。私たちは天のお父様の子であるとするならば、天のお父様は善なるお父様ですから、善の授受作用が起こり、慰める授受作用が起こるのです。

その次は、私よりも高い基準の主体者がいらっしゃることを知って、そのお方は私よりつらいことがあっても、私のために、「つらい」とは言わないで、かえって私を慰めようとしている人であると考えついた時に、感謝の念がわき起こるのです。

そうした時に、感謝できた人には「つらい」という言葉がなくなるのです、自然に。もうその時には、ちょっと苦しんでみよう、味わってみようとしても、既に苦しみはないというのです。なぜならば、一人であると思うから苦しいのです。ところが一人ではなく二人になると、その苦しみを再び求めようとしても、求められないのです。そこで感謝が出るのです。

先生がこの神の道を切り開かれた時に、いつも神のことを考えて祈られたといいます。もっとつらい神様がいらっしゃったのです。先生の苦しい立場を眺め、苦しい立場に追い込まなければならないけれども、それを見捨てなければならない神の御心情はもっとつらかったでしょう、ということを先生は考えられたのです。

先生が牢屋の中に捕らわれた時にも、「私が苦しむのを見る神の御心情はいかばかり苦しいことだろうか。その苦しみは、私よりも、もっと苦しいでしょう。だから私よりもつらい苦しみを見つめた時に、私の苦しみは、その苦しみの中に包含されてしまう」と、そう思われたのです。ですから先生は、いつも神と一緒に苦しみ、一緒に泣かれるのです。

ところが私たちは、神と共にそういうことをしないから、泣いても、自分のために泣くということになります。そして自分が泣いたばかりでなく、神をもっと泣かせることになるのです。

しかし先生はいつも、いろいろな苦しいことがあっても、恨みの境地をお歩きになっても、ののしることができなかったというのは、恨みの中にいらっしゃる神の心情を御存じだからです。

本人以上に心配して伝道する

そのようにして、摂理の中をお歩きになる先生は、惨めな私たちですけれども、私たちが大事にし、私たちが愛するそれ以上に愛し、大事にしてくださるお方です。そのことを思い、それに倣《なら》って、私たちも伝道するに当たって、その人が自身を心配する以上の心掛けで伝道するならば、その人は分からないとしても、その人の先祖には分かるのです。

自分の子孫に私が非常に心を掛けているということを、本人は分かりませんけれども、その人の先祖には分かるというのです。それが成り立った場合は、その先祖は、気がつかない子孫に降りて、知らせてくれるのです。

世の中にも、そういうことがあるのです。対人関係において、人のためにやったとします。ところが、その人には分からないのです。しかし、その人の親は分かっています。自分の子供に対して、他の友達が自分のことを非常に心配して、ためになっているということが、親には分かるというのです。そしてそのお父さんが気づいたときは、子供に言って聞かせるのです。

ですから先生は、その伝道する人のために祈るならば、必ずその人の先祖が霊にでも、幻の中にでも現れて教えてくれるとおっしゃるのです。先生が世の中の人や私たちに現れたり、教えてくれたりする奇跡みたいなことが起こりますが、それは奇跡ではなく、当然のことです。それは、先生がそのように私たちの先祖を感動させたからなのです。そしてその先祖が私たちに、私は全然見聞きもしないのに、現れて教えてくれるというのです。

先生は牢屋（興南《フンナム》収容所）の中では全然語らなかったのですけれども、その牢屋の中で、ある人に先祖たちが現れました。その人は、先生のことを全く知らないのです。囚人たちにはみな番号がありますけれども、先祖の霊が、「何々番の人にこれを捧げなさい」と言いました。牢屋の中で、そのようにして伝道された弟子が十二人もいたのです。

先生のそういう面をお手本として、これから私たちは生活の中で一つ一つこれを実践して、熱心に頑張ってまいりましょう。これでもって、私の話を終わりたいと思います。

（一九七六年四月四日、東京教会）

※本書は、金元弼《キムウォンピル》先生が日本、イギリス、アメリカで語られた講話を編集したものです。イギリスでは一九七九年に指導者向けの修練会で、アメリカでは、八一年の百二十日修練会で語られました。

第一部では、一九四六年に平壌で文鮮明《ムンソンミョン》先生と初めて出会ってから、興南《フンナム》で、さらに釜山《プサン》での様子を証されています。

第二部の講話は、『成約の鐘』『聖徒』『ファミリー』などの誌上に掲載されたものです。文先生に身近に侍られた金先生の文先生への深い愛と、教会員への細やかな信仰指導が語られています。

なお、本書は一九八七年に『信仰と生活第二集・伝統の生活化』として出版、九八年に『伝統の源流—主と歩んだ教会創立以前の道』と改題されたものに、さらに加筆訂正して改題したものです。

【著者略歴】

金元弼（キム・ウォンピル）

1928年9月	平壌《ピョンヤン》で出生
1946年3月	平壌師範学校卒業
7月	文鮮明《ムンソンミョン》先生と出会い、師事する。
	弘益《ホンイク》大学西洋絵画科受講
1962年2月	韓国統一教会全国巡回師室長
1963年10月	統一財団理事長
1968年4月	ソウル龍山《ヨンサン》地域長
1972年9月	ソウル本部教会教会長
12月	イギリス、アメリカ家庭教会責任者
1986年5月	ヨーロッパ信仰指導責任者
2010年4月7日	聖和

信仰の伝統　教会創立以前から文鮮明先生に侍って

2011年6月7日　初版発行
2020年3月26日　初版第2刷発行

著　者　金元弼

発　行　株式会社光言社
〒150-0042　東京都渋谷区宇田川町37-18
TEL（代表）(03) 3467-3105
https://www.kogensha.jp
印　刷　日本ハイコム株式会社

ISBN978-4-87656-164-3